Die erfolgreiche Gründung einer Kindertageseinrichtung

Von der Idee bis zum laufenden Betrieb

Jenny Kühne · Matthias Reiche

3., überarbeitete Auflage 2021

Carl Link

ion der Deutschen Nationalbibliothek
Die Deutsche Nationalbibliothek verzeichnet diese Publikation in der Deutschen Nationalbibliografie; detaillierte bibliografische Daten sind im Internet über http://dnb.d-nb.de abrufbar.

ISBN 978-3-556-09070-1

Umschlagkonzeption: Martina Busch, Grafikdesign, Homburg-Kirrberg
Umschlagfoto: Hausbau © M. Schuppich/fotolia.com
Satz: Datagroup-Int SRL, Timisoara, Romania
Druck und Weiterverarbeitung: Wydawnictwo Diecezjalne i Drukarnia w Sandomierzu, Sandomierz, Polen

Gedruckt auf säurefreiem, alterungsbeständigem und chlorfreiem Papier.

Inhaltsverzeichnis

Vorwort

Im letzten Jahrzehnt ist die Kindertagesbetreuung enorm ausgebaut worden und das wird sie immer noch. Gerade in westdeutschen Großstädten wurden und werden viele neue Kitas eröffnet, aber auch im ländlichen Raum machen sich zahlreiche Menschen auf den Weg, eine liebevolle Kinderbetreuung zu gründen und zu betreiben.

Dieses rege Interesse zeigt sich auch an den Verkaufszahlen dieses praktischen Ratgebers. Er ist nicht nur DIE Einstiegsliteratur ins Thema, sondern wird mittlerweile auch von bestehenden Einrichtungen als Standard-Literatur für den Kitabetrieb verwendet. Dies freut uns sehr!

Uns alle vereint ein großartiges Ziel: Für Kinder die bestmöglichen Räume und Strukturen für ein Aufwachsen in Freiheit, Freude und Gemeinschaft zu schaffen.

In Deutschland werden aktuell rund 3,7 Millionen Kinder in ca. 57.000 Einrichtungen und bei ca. 44.000 Tagespflegepersonen betreut, gebildet und erzogen. Der Ausbau wird stetig weiterbetrieben, da es immer noch eine große Diskrepanz zwischen Betreuungsbedarf und tatsächlicher Betreuung gibt.

Die verwendeten Begrifflichkeiten

Um welche Angebote geht es nun im Einzelnen? Kindertagesstätten, im Folgenden Kitas genannt, sind Bildungseinrichtungen, die für alle Kinder vor Schulbeginn sowie für den Besuch im Anschluss an die Schule gedacht sind. Sie sind in Deutschland durch die Kinder- und Jugendhilfe organisiert und kein Teil der formalen Schulbildung. Kitas haben einen eigenständigen Bildungs-, Erziehungs- und Betreuungsauftrag, der gesetzlich in § 22 SGB VIII abgesichert ist (siehe Baustein 1, *Gesetzliche Bestimmungen kennen*). Die Firmen, die Kitas betreiben, werden als Träger bezeichnet. Es gibt öffentliche Träger: Zum Beispiel betreibt die Stadt Wuppertal über 50 Kitas. Zudem gibt es kirchliche, private und freie Träger, wobei Elterninitiativen eine Sonderform darstellen.

Auch die Schulkinderbetreuung im Rahmen von Horten ist in beinahe allen Bundesländern über die Kita-Gesetze geregelt. Zeitgleich werden Ganztagsangebote an Schulen etabliert, die in der Regel an das Schulgesetz angebunden und in den meisten Fällen auch als Schulergänzung gedacht sind. Diese schulischen Formen werden im vorliegenden Buch nicht berücksichtigt, da sich die Rahmenbedingungen gänzlich anders darstellen. Dennoch können sich selbstorganisierte Träger von Ganztagsangeboten an Schulen inhaltlich an vielen Punkten wiederfinden, betreiben sie doch ganz ähnliche Einrichtungen.

Die Kindertagespflege ist eine inzwischen gleichwertig anerkannte Betreuungsform, die im Zuge des Rechtsanspruchs einen großen Auftrieb erfahren hat. Sie beinhaltet eine wohnortnahe familienähnliche Betreuung der Kleinkinder, deren Aufgaben und Ziele mit denen der Kitas gesetzlich gleichgestellt wurden (siehe Baustein 1, *Gesetzliche Bestimmungen kennen*). Dies ist eine selbstständige Tätigkeit, die meist als Einzelunternehmung geführt wird.

Deutschlandweit werden 2,5 Millionen Kinder in Kitas und der Kindertagespflege betreut, wobei der Anteil der Kindertagespflege mit ca. 15 % im Vergleich zu den Vorjahren gleichgeblieben ist. Die Versorgungsquote der U3-Kinder steigt noch weiter an, besonders in den westlichen Bundesländern.

Ziele und Anlage des Buchs

Das Buch ist wie folgt angelegt: Für alle an einer Kita-Gründung Interessierten haben wir grundlegendes Handwerkszeug zusammengestellt, welches Sie in die Lage versetzen soll, die für Sie richtigen Entscheidungen zu treffen und direkt loszulegen. Neben der Motivation zur bevorstehenden Gründung kann das Buch auch als Nachschlagewerk dienen. Vorkenntnisse sind in dieser Beziehung also erst einmal nicht nötig.

Ausgangspunkt unseres Vorgehens ist dabei, dass eine Kinderbetreuung in erster Linie für Kinder gedacht ist. Daher müssen stets deren Bedürfnisse im Blick behalten werden. Aufgrund der bundesweiten Bemühungen zum Ausbau der Kinderbetreuung unter Gesichtspunkten der elterlichen Erwerbstätigkeit kann der Verdacht entstehen, dass die Bedürfnisse der Kinder hierbei zu kurz kommen könnten. Dieser Ansicht sind wir nicht, wir wollen stattdessen zeigen, wie Einrichtungen konzipiert werden können, die sich an den Bedürfnissen der Kinder ausrichten. Träger haben daneben auch die Aufgabe, die Lebenslagen der Eltern und deren Vereinbarkeitsbemühungen zu kennen und zu berücksichtigen – auch davon soll die Rede sein – dennoch ist uns auch hierbei wichtig, die Perspektive der Kinder nicht aus den Augen zu verlieren.

Aus unserer Sicht ist es unerlässlich, sich vor der Gründung einer Kita mit dem pädagogischen Konzept der geplanten Einrichtung auseinanderzusetzen. Dies bedarf neben der Expertise der Fachkräfte einer vorigen Richtungssetzung durch den Träger. Vielfach bringen die Mitarbeiter*innen eigene Ideen mit in die Einrichtung. Sind diese sehr unterschiedlich und gibt es kein klares Konzept, an dem sich die Mitarbeiter*innen ausrichten können, muss in langwierigen Prozessen in der täglichen Arbeit ausgefochten werden, nach welchen pädagogischen Grundlinien gearbeitet werden soll. Davon halten wir nichts. Eine Vorgabe diesbezüglich ist die Grundlage für eine erfolgreiche Arbeit. Ohne klare pädagogische Idee sollten Sie aus unserer Sicht nicht an den Start gehen. Lassen Sie sich von uns inspirieren, daran zu arbeiten – es ist nicht so schwer, wie Sie vielleicht denken.

Umgekehrt kann es auch der Fall sein, dass Träger die pädagogische Ausrichtung bis ins kleinste Detail ausgearbeitet haben, jedoch die unternehmerischen Gesichtspunkte außer Acht lassen. Eine Kita zu gründen ist eine Aufgabe, die einiges an Know-how erfordert. Dazu gehören nicht nur betriebswirtschaftliche Kenntnisse, sondern auch eine gewisse Managementqualität, die beinhaltet, dass das unternehmerische Handeln unter zuvor festgelegten Gesichtspunkten stattfindet und nicht beliebig ist.

Aufbau und Vorgehen

Diese Vorüberlegungen finden sich im Aufbau des Buchs wieder: In der **Einführung** thematisieren wir sogenannte »Einsteiger-Fragen«, zum Beispiel mögliche Beweggründe eine Kita zu gründen und wie eine gute Kita aussehen sollte. Auch erfahren Sie hier, was Sie im Gründungsprozess in etwa erwarten wird. **Baustein 1** behandelt allgemeine Rahmenbedingungen wie Rechtsgrundlagen, Finanzen, Gemeinnützigkeit, Rechtsformen und Gruppenformen. Um Entscheidungen treffen zu können, lernen Sie hier, den Behörden die richtigen Fragen zu stellen. **Baustein 2** befasst sich mit den Punkten, die für eine Realisierung unbedingt benötigt werden: das Konzept, die Räume, Personal und die Öffentlichkeitsarbeit. Nach der Eröffnung geht es an den laufenden Betrieb, mit dem sich **Baustein 3** beschäftigt. Zu guter Letzt schließen sich **Nützliche Hintergrundinformationen** an, insbesondere Rechtsvorschriften der einzelnen Bundesländer sowie Literaturhinweise.

Darüber hinaus haben wir verschiedene Stilmittel verwendet: Ein Bezug zur aktuellen Situation in den Einrichtungen bzw. Bundesländern besteht durch zahlreiche Beispiele, die Sie in den Kästen finden. Dabei erheben wir keinen Anspruch auf Vollständigkeit, dies würde den Rahmen des Buchs sprengen. Uns war es wichtig, durch lebendige Beispiele von Gründer*innen und Gründern einen Praxisbezug herzustellen. Hierzu sind zwischen den einzelnen Kapiteln des Buchs Interviews zu finden, die vom Gründungsprozess berichten und Ihnen einen anschaulichen Eindruck vermitteln.

Hier noch einige formale Hinweise:

- Jeder Teil schließt mit einer kurzen Zusammenfassung, die nochmals das Wichtigste in einem bzw. zwei Sätzen darstellt.
- Oft wird im Text die Kita-Gründung erwähnt, wobei natürlich auch die Gründung von Tagespflegestellen gemeint ist. Dies ist der besseren Lesbarkeit geschuldet.
- Weiterhin wird die Fachkraft »Erzieherin« in der weiblichen Form verwendet, da nur ein Bruchteil der Berufsgruppe Männer sind. Natürlich sind selbstverständlich auch Erzieher damit gemeint. Alle anderen Berufsgruppen sind wegen der besseren Lesbarkeit ebenfalls in der weiblichen Form beschrieben.
- Für die Altersgruppen der Kinder verwenden wir eine Kurzform: Kinder unter drei Jahren werden als U3-Kinder und Kinder über drei Jahren als Ü3-Kinder bezeichnet.

Wir wünschen eine inspirierende Zeit beim Lesen und hoffen, Sie durch unser Buch zur Gründung einer Kita oder Tagespflegestelle zu ermuntern und in der Umsetzung zu unterstützen.

Jenny Kühne und Matthias Reiche

Kita-Gründung in *Bayern*

Wo: Bayern
Wann: 2002
Was: Kita für Kinder von 1 bis 6 Jahren mit 18 Plätzen
Eigene Position: 1.Vorsitzende
Dauer des Gründungsprozesses: 9 Monate

Erzählen Sie mal, wie war das damals mit der Kita-Gründung?

Wir waren damals an der Fachhochschule mehrere Studierende, alles Frauen, die selber Kinder hatten und auch etwas für Kinder tun wollten. Bei einem Auftakttreffen zu Gleichstellungsfragen namens »Total-Equality-Tag«, haben wir in einem Workshop die Idee erarbeitet, eine Kita zu gründen. Wir erhielten sofort Unterstützung durch die Gleichstellungsbeauftragte, sie hat uns innerhalb der Fachhochschule unterstützt und für passende Räume gesorgt. Drei Monate später hatten wir im April 2002 den Verein gegründet und haben die Politiker aller Fraktionen angeschrieben. Wir wurden dann in die Fraktionen eingeladen und mussten unser Konzept vorstellen. Das war schwierig, weil wir damals erst die zweite Krippe waren, die überhaupt Kinder unter drei Jahren aufnehmen wollte. Im Oktober, also sechs Monate später, haben wir im Hausmeisterhaus der Fachhochschule eröffnet. Einrichtungsgegenstände hatten wir noch nicht, weil wir den Investitionskostenzuschuss erst kurz vorher bewilligt bekommen hatten. Wir starteten mit geschenkten Möbel und Spielsachen, die wir von anderen Kitas bekommen hatten.

Wo gab es für Sie die meisten Schwierigkeiten bei der Gründung?

Am schwierigsten fand ich das Gespräch vor der CSU-Fraktion, die die Mehrheit im Stadtrat hatte. Dort wurde uns vermittelt, dass Frauen die Kleinkinderbetreuung zuhause übernehmen müssten. Sie waren einfach argumentativ gegen die Kleinkinderbetreuung, obwohl sie uns später finanzierten und es diesbezüglich keine Probleme mehr gab. Das war schwierig.

Es war auch eine sehr große Hürde, passende Räume zu finden. Wir hörten von dem Hausmeisterhaus, und die Gleichstellungsbeauftragte sorgte dafür, dass wir es bekamen. Ursprünglich war es als Übernachtungs- bzw. Wohnmöglichkeit für Gastprofessoren vorgesehen. Die Zusammenarbeit mit der Fachhochschule war spannend, obwohl sie uns wohlgesonnen war, das muss man schon sagen.

Wo hatten Sie am meisten Rückenwind?

Das Tolle war, dass wir ein Team gefunden haben, das mittlerweile im zwölften Jahr vollständig dort tätig ist. Da hatten wir echt Glück. Wir konnten einfach gut arbeiten und auf dem Weg gemeinsam mit ihnen lernen. Natürlich hat man am engsten mit der Leitung zusammengearbeitet, was sehr fruchtbringend war.

Und dann war noch unser Glück, dass eine Landtagsabgeordnete dafür gesorgt hat, dass wir in die neue Finanzierung nach dem damals neuen BayKiBiG kamen. Zu der Zeit war es noch in der Erprobung und ein oder zwei Jahre vor der Umsetzung des Gesetzes. Unsere Förderung hieß »Innovationsklausel«. Durch eine gezielte Belegung der Plätze konnten wir sehr viele Bedarfe der Eltern nach tageweiser oder wenigen Stunden Betreuung berücksichtigen. Zudem schrieben wir so kein Minus, sondern schwarze Zahlen. Das war für uns sehr vorteilhaft.

Wie viele Leute waren Sie am Anfang?

In der Gründungsphase waren es sieben, aber aktiv im Vorstand waren wir immer zu dritt oder viert. Das widerspricht der klassischen Elterninitiative, wo sich alle Eltern regelmäßig beteiligen. Das heißt, der Vorstand hat regulär in Abstimmung mit den pädagogischen Fachkräften die Geschäfte geführt. Die Eltern, die wir dann gesucht haben, bei 18 Plätzen waren das durch Doppelbelegung ungefähr 25 Familien, nutzten die Einrichtung als Dienstleistung. Es war weniger die Zeit, wo alle mitbestimmen wollten, sondern wir hatten als Träger die Aufgaben klar verteilt, und haben in den Vorstandssitzungen die Ergebnisse rückgemeldet bzw. wieder neu entschieden. Ich denke, diese Regelung ist bis heute so geblieben, sodass ein Teil der Eltern im Vorstand ist und der Rest das Angebot der Kita als Dienstleistung in Anspruch nimmt. Wobei viele der Familien Vereinsmitglieder sind, aber das wird nicht zwingend vorausgesetzt.

Sie hatten gerade erwähnt, dass Sie Plätze doppelt belegt hatten. Kann man das so verstehen, dass ein Kind montags und dienstags in die Einrichtung ging und das andere Kind dann mittwochs bis freitags?

Genau, das ist nach dem Kitagesetz in Bayern möglich. Auch dass ein Kind jeden Tag fünf Stunden kommt und das nächste nur drei Stunden. Wir hatten mehrere Bring- und Abholzeiten, um 12, um 14 und um 17 Uhr. Ein Kind konnte bis um 12 Uhr kommen, und das zweite Kind kam dann eben um 12 oder um 14 Uhr. Das war möglich, und wir haben das von Anfang an so geplant, weil die Kleinkinderbetreuung darauf angewiesen ist, welchen Bedarf die Familien an Betreuungsmöglichkeiten haben.

Würden Sie mit dieser Erfahrung von damals heute noch eine Kita gründen?

Ja, ich bin total begeistert davon. Ich hätte natürlich Lust und habe auch schon selber in diese Richtung Bemühungen angestellt, da ich selbst auch noch einmal ein Kind bekommen habe. Wir hatten damals einfach ganz viel Glück, denn so eine Firmengründung ist schon etwas ganz Besonderes. Die Finanzsituation in den meisten Bundesländern macht es jedoch nicht leicht, weil Träger in der Regel 5 bis 10 % hinzufinanzieren müssen. Letztendlich braucht es einige Bedingungen, die zusammenkommen müssen, dass so etwas überhaupt gelingen kann.

Denken Sie denn, dass die Bedingungen heute besser sind als damals?

Ich denke, an der Förderung hat sich nichts geändert. Was wir damals nicht wussten ist, dass man auch schon zwei Monate vor Eröffnung der Einrichtung Personalkosten finanziert bekommen hätte. Das hatte uns keiner gesagt. Wenn man im Vorfeld also die Frage nicht kennt, dann wird sie einem niemand beantworten. Also ist man letztendlich auch darauf angewiesen, dass man die richtigen Fragen stellen kann.

Wie haben Sie sich gegenseitig motiviert?

Wir waren schon ziemlich motiviert. Meine beste Freundin war Schatzmeisterin, und wir haben uns einfach super verstanden. Die gute Beziehung hat dann auch die Arbeit in der Kita getragen. Zum Teil wechselten ja auch die Leute, das muss man ja auch sehen. Ich selbst bin ja auch nach zweieinhalb Jahren nach Nordrhein-Westfalen gezogen, und dann hat das ja auch jemand anderes übernommen. Aber insgesamt hat es allen Spaß gemacht, die Einrichtung aufzubauen und einen Teil zur Entwicklung beizutragen. Wir lernten ja, wie man Buchhaltung, Pädagogik, Konzept und Außendarstellung, zum Beispiel Pressetermine im Fernsehen, unter einen Hut bringt.

Was würden Sie anderen Gründungswilligen unbedingt ans Herz legen?

Bei uns war es ein harter Kern von drei, vier Leuten, die ehrenamtlich aktiv waren. Letztendlich kann man das nebenbei nicht alleine schaffen. Man sollte mindestens zu dritt sein, wenn man eine Kita gründet.

Eine wichtige Erfahrung war, wie wir die Protokollführung geregelt hatten: Wir haben immer wortgetreu im Protokoll festgehalten, was wir beschlossen hatten. So war das für uns selbst und auch später klar und hatte auch eine Verbindlichkeit. Das musste dann auch jeder unterschreiben, und es wurde danach für alle kopiert. Das fand ich sehr wichtig, auch so im Zusammenhang mit der Einrichtung. Gegenüber der Leitung waren die Beschlüsse ja bindend.

Was eben auch wichtig ist, das hatte ich auch bereits am Anfang erwähnt, dass man mit den Politikern, die ja über die kommunale Förderung entscheiden, als auch generell mit dem Jugendamt in enger Abstimmung ist. Eine regelmäßige Information ist gut, und dass man in der Regel eher mehr anruft oder hingeht und Fragen stellt als zu wenig. Und auch, wenn man bereits gegründet ist, kann man weiter berichten. Wir haben dann den Oberbürgermeister eingeladen, der kam dann auch und brachte die Landtagsabgeordnete mit, die für unsere Förderung gesorgt hatte. Das war schon sinnvoll.

Was braucht man aus Ihrer Sicht, um eine Kita zu gründen?

Die Erfahrung hat mir einfach gezeigt, dass man damals erst einmal für »durchgeknallt« gehalten wurde, weil man an der Fachhochschule eine Kita gründen wollte. Das hatte keiner für voll genommen. Und letztendlich hat beharrliches »Daran-Arbeiten« und dabei immer nett zu sein tatsächlich geholfen. Das war für mich der besondere Lerneffekt, dass man einfach am Ball bleiben muss. Zum Teil haben sich die Leute im Ton vergriffen oder man wurde komisch behandelt. Und dabei trotzdem nett zu bleiben und immer wieder hinzugehen, wie ein Stehaufmännchen, das hat es gebracht. Letztendlich muss man wirklich überzeugt sein. Man kriegt Mut, dass man selbst eine Firma gründen kann. Das ist einfach so.

Vielen Dank.

Einführung oder Warum Sie eine Kita gründen wollen

Der erste Teil behandelt allgemeine Themen, mit denen Sie sich gut zu Beginn Ihres Gründungsprozesses beschäftigen können: Wir beginnen mit verschiedenen Beweggründen, die es für eine Kitagründung gibt (Kapitel 1). Hierbei sollten stets die Bedürfnisse der Kinder im Mittelpunkt stehen (Kapitel 2). Auch die Fragen und Bedürfnisse der Eltern im Hinblick auf Kinderbetreuung und Berufstätigkeit sollten Berücksichtigung finden (Kapitel 3). Anschließend gehen wir auf die Frage ein, was eine gute Kita ausmacht (Kapitel 4). Zudem ist es sinnvoll zu wissen, wie sich die Kinderbetreuung in anderen europäischen Staaten gestaltet (Kapitel 5). Schließlich möchten wir Ihnen nicht vorenthalten, was Sie bei der Gründung einer Kita erwartet und welche Hürden unter Umständen auf Sie zukommen (Kapitel 6).

1 Welche Gründe gibt es für eine eigene Kita?

Sie haben sicher verschiedene Gründe, eine Kita gründen zu wollen:

- Als engagiertes Elternteil haben Sie trotz eigenem Betreuungsbedarf bisher noch keinen Kita-Platz für Ihr Kind erhalten. Das möchten Sie nun gerne ändern.
- Sie haben bereits Erfahrungen mit Kitas durch Ihre Kinder und finden, Sie könnten das besser machen.
- Sie möchten gern eine frühpädagogische Bildungseinrichtung gründen.
- Sie möchten mit anderen Eltern Kontakte knüpfen und/oder selbst in der Einrichtung mitarbeiten. Sie wollen gern Ihre Erziehungskompetenz erweitern. Sie möchten gerne Zeit mit Ihren Kindern verbringen.
- Sie sind Erzieherin mit Berufserfahrung und möchten gerne selbst Ihre eigene Chefin sein. Sie möchten selbstbestimmt arbeiten und ein regelmäßiges Einkommen erzielen. Sie wollen vielleicht neue Impulse in der Arbeit erhalten und setzen. Zudem ist Ihnen die Anerkennung Ihrer Arbeit wichtig.
- Im eigenen Betrieb bzw. in Ihrer Firma gibt es die Idee, eine Betriebskita zu gründen. Der Bedarf ist gegeben, und die Firmenleitung würde das unterstützen.
- Sie wollen gern eine Firma gründen, die Kindertageseinrichtungen betreibt. Die erzielten Gewinne möchten Sie gern weiter investieren.
- Sie wollen gern als Tagesmutter arbeiten, weil Sie dies gut mit der Betreuung Ihrer eigenen Kinder vereinbaren können. Vielleicht möchten Sie auch gerne mit Kindern zusammen sein, aber Ihre Familienplanung ist schon beendet.
- Sie wollen gern etwas Gutes für Kinder tun.
- Sie möchten eine bestimmte pädagogische Richtung unterstützen.

Jede Leserin und jeder Leser hat seine eigenen Motive zur Gründung einer Kita. Je klarer Ihnen diese sind, desto bewusster können Sie mit Ihren Ressourcen umgehen. Hier ein Beispiel: Sollten Sie beispielsweise einen Platz für Ihr Kind suchen, so kann die Gründungsfrage mit einer Platzzusage in einer anderen Kita möglicherweise schon gelöst sein. Dies wäre im Übrigen ein ganz legitimer Grund, denn eine Kita-Gründung ist für wenigstens mehrere Monate eine Vollzeittätigkeit. Damit wird deutlich, dass eine solche Gründung genauso wie jede andere Unternehmensgründung neben der normalen Berufstätigkeit zumindest für eine Person alleine relativ schwierig umzusetzen ist.

Es kann folglich sinnvoll sein, wenn sich mehrere Menschen zusammentun. Demgegenüber ist abzuwägen, dass dann Entscheidungs- und Abstimmungsprozesse langwieriger sein können. Wichtig ist daher eine klare Aufgabenteilung, sodass nicht jeder über die Farbe des Teppichs entscheiden muss.

Wenn Sie für die Tätigkeit der Kita-Gründung bezahlt werden, erleichtert dies die Situation ungemein. Das kommt zum Beispiel bei der Umsetzung einer Betriebskita infrage. Andererseits könnte dafür auch ein externer Dienstleister beauftragt werden, der Aufbau und Betrieb der Kita übernimmt. Aber auch der muss ja finanziert bzw. beauftragt werden und braucht einen Ansprechpartner für Abstimmungen.

Wenn Sie sich als neuer Träger auf dem Kita-Markt etablieren möchten, haben Sie sehr viel vor. Dennoch sind die Zeiten gut dafür. In den letzten Jahren gab es viele Neugründungen in diesem Arbeitsfeld, und die meisten Bundesländer erlauben sogar kommerzielle Rechtsformen (siehe *Nützliche Hintergrundinformationen*).

2 Was die Kleinen brauchen

Momentan scheint es im Zuge des Ausbaus der Kinderbetreuung in der öffentlichen Diskussion vor allem um die Bedürfnisse der Eltern zu gehen: Vereinbarkeitserfordernisse werden genannt und Bedarfe formuliert. Dies ist interessant, denn diese Entwicklung wird in den Kitas selbst eher kritisch gesehen. Mitarbeiter*innen und Trägervertreter*innen haben verständlicherweise die Bedürfnisse der Kinder im Blick. Und auch die Eltern wollen in der Regel das Beste für ihr Kind.

2.1 Entwicklungspsychologische Bedürfnisse

Eine Kita sollte so gestaltet sein, dass sie die Bedürfnisse der Kinder in den Mittelpunkt stellt. Diese Bedürfnisse sind relevant:

- Kinder brauchen Bezugspersonen, zu denen sie Vertrauen fassen und eine belastbare Bindung entwickeln können.
- Kinder brauchen Zuneigung sowie ein verlässliches und sicheres Umfeld.
- Kinder brauchen aktive und ruhige Zeiten, die sich abwechseln und in einem altersentsprechend ausgewogenen Verhältnis stehen.
- Kinder brauchen regelmäßige Mahlzeiten und Getränke.
- Kinder brauchen eine inspirierende Umgebung, die sie einlädt, die Welt zu entdecken und sie mit sich in Beziehung zu setzen.
- Kinder brauchen soziale Kontakte.

Diese Bedürfnisse sind altersentsprechend unterschiedlich ausgeprägt. Forschungsergebnisse des *National Institute of Child Health and Development* haben unter anderem in einer Langzeitstudie[1] gezeigt, dass Kinder unter zwei Jahren den Aufenthalt in einer Kita als dauerhaften Stress erleben. Daher könnte beim Aufnahmeprozess berücksichtigen werden, wie sich das Kind in der Kindergruppe fühlt, z. B. ob es an anderen Kindern interessiert ist und sich schon der Welt öffnet.

---

1. Early Child Care Research Network (2005): »Child care and child development. Results from the NICHD study of early child care and youth development«. New York, Guilford Press.

2.2 Wie Sie in der Einrichtung damit umgehen

Die Bedürfnisse von Kindern können wie folgt in die Rahmenanforderungen für eine Kita übersetzt werden:

- Die Trennung von den Eltern sollte sanft über mehrere Wochen verlaufen und täglich von einer Bezugserzieherin begleitet werden. So kann die Bindung zu mindestens einem für das Kind »neuen« Erwachsenen gelingen.
- Die Haltung der Mitarbeiter*innen den Kindern gegenüber sollte positiv und wertschätzend sein, sodass jedes Kind liebevoll begleitet wird. Zudem sollten die Kinder als eigen- und selbstständige Persönlichkeiten wahrgenommen werden, die im Rahmen ihrer Möglichkeiten eigene Entscheidungen treffen. Es sollten altersentsprechende sowie feststehende Regeln und Grenzen geben. Die Kinder sollten diese kennen und zum Teil selbst darüber mitbestimmen.
- Der Tagesablauf sollte die verschiedenen Phasen der kindlichen Entwicklung berücksichtigen. Jedes Kind sollte entsprechend begleitet werden, z. B. können die Schlafenszeiten der Kinder voneinander abweichen. Aktivitäts- und Rückzugsräume sollten zur Verfügung stehen und deutlich voneinander abgetrennt sein.
- Essen und Trinken sollte die kindlichen Bedürfnisse, z. B. bezüglich des Geschmacks berücksichtigen. Es sollte zudem auf eine ausgewogene Ernährung geachtet werden.
- Die Räume sollten so gestaltet sein, dass sie den Kindern vielfältige (Selbst-) Bildungserfahrungen ermöglichen. Die Mitarbeiter*innen sollten Aneignungsprozesse bei den Kindern fördern und mit ihnen gemeinsam Antworten auf die Fragen der Kinder finden. Es sollte Raum zum Ausprobieren geben, zum Beispiel sollten auch gefährliche Situationen kennengelernt und gemeistert werden können.
- Das gemeinsame Spiel der Kinder untereinander sollte gefördert werden. Die Kommunikation der Kinder als auch der Kinder und Erwachsenen sollte ebenso thematisiert werden wie die Lösung von Konflikten.

Eine Kita wird jedoch nicht nur aus der Sicht der Kinder geplant, auch die gesetzlichen Rahmenbedingungen geben eine grobe Richtung vor. Diese Rahmenbedingungen stellen sich in jedem Bundesland anders dar. Bezogen auf die täglichen Öffnungszeiten für einen Ganztagsplatz sind zwischen acht und zwölf Stunden Betreuungszeit »normal«, dies kommt auf das Bundesland an. Dementsprechend müssen Sie davon ausgehen, dass in den Bundesländern mit zehn und mehr Stunden Betreuungszeit andere

Vorstellungen von angemessener Kinderbetreuung bestehen als in Bundesländern mit höchstens acht Stunden.

> In den Bundesländern Thüringen, Brandenburg, Mecklenburg-Vorpommern, Sachsen-Anhalt, Bayern, Bremen und Hamburg werden täglich zehn und mehr Stunden finanziert.

Die Öffnungszeiten einer Kita allein sind jedoch kein Kriterium, welches über die Erfüllung kindlicher Bedürfnisse entscheidet. Es geht vielmehr darum, einen Raum für Kinder zu schaffen, der ihre Bedürfnisse erfüllt und Möglichkeiten für individuelle Entwicklung bietet.

3 Die Wünsche und Bedürfnisse der Eltern

Wie bereits erwähnt, geht es beim Ausbau der Kinderbetreuung auch um die Ermöglichung der Erwerbstätigkeit der Eltern, in der Regel vor allem der Mütter. Um sich in die Lage von Eltern hineinversetzen zu können, ist ein Blick auf deren Lebenslagen notwendig:

3.1 Wie stellt sich der Arbeitsmarkt für Eltern dar?

Frauen nehmen heute zunehmend am Arbeitsmarkt teil. Durch den Rechtsanspruch auf einen Kindergartenplatz seit 2013 wurde die Berufstätigkeit von Müttern in vielen Familien nochmals beflügelt, wenngleich die Frauen in der Regel in Teilzeit tätig sind. Aktuelle Zahlen verdeutlichen dies: Im Auftrag des Bundesministeriums für Familie, Senioren, Frauen und Jugend wurden im Jahr 2010 Eltern mit Kindern unter 18 Jahren befragt.[2]

wöchentliche Arbeitszeit	Väter	Mütter
36 bis 50 Stunden	94 Prozent	35 Prozent
35 bis 20 Stunden	6 Prozent	41 Prozent
unter 20 Stunden	0 Prozent	24 Prozent

Tabelle 1: Prozentuale Verteilung der wöchentlichen Arbeitszeit

Dementsprechend ist für die Mütter die Frage relevant, wie sie ihre Arbeitszeiten mit den Betreuungszeiten der Kita koordinieren können. Väter haben diesbezüglich kaum Kapazitäten, zumal Väter statisch gesehen zwei bis drei Stunden mehr arbeiten als ihre kinderlosen Kollegen.

Dazu kommt, dass atypische Arbeitszeiten zunehmen, Erwerbsarbeit am Wochenende oder nachts kommt bei Müttern mit jungen Kindern häufig vor. Ein Grund hierfür könnte die bessere Möglichkeit zur Arbeitsteilung in der Partnerschaft sein.

2. Institut für Demoskopie Allensbach: »Monitor Familienleben 2010. Einstellungen und Lebensverhältnisse von Familien Ergebnisse einer Repräsentativbefragung – Berichtsband.« Online verfügbar unter http://www.bmfsfj.de/RedaktionBMFSFJ/Abteilung2/Pdf-Anlagen/familienmonitor-2010,property=pdf,bereich=bmfsfj,sprache=de,rwb=true.pdf, zuletzt geprüft am 10.11.2017.

Darüber hinaus finden sich weitere Lebenslagen von Eltern: Alleinerziehende machen mittlerweile etwa 10 % aller Eltern aus und sind zu 95 % Frauen. Um überhaupt einer Berufstätigkeit nachkommen zu können, benötigen sie eine verlässliche Kinderbetreuung. Familien mit Migrationshintergrund und Familien aus eher bildungsfernen Milieus werden auf Dauer einen immer größeren Anteil der Eltern ausmachen. In vielen westdeutschen Großstädten liegt der Anteil der Kinder mit Migrationshintergrund bei den Geburten deutlich über 50 %. Hier geht es folglich auch um Teilhabe an Bildungschancen.

Die oben genannte Umfrage ergab, dass 63 % der Bevölkerung die Vereinbarkeit von Familie und Beruf als schlecht einschätzen. Zudem besteht ein Zusammenhang mit der Verhinderung von Berufstätigkeit: Mehr als die Hälfte der Mütter, die nicht erwerbstätig sind, würden gern wieder arbeiten.

3.2 Wünsche von Eltern

Demgegenüber gibt es eine Studie, die sich mit den Wünschen der Eltern befasst hat.[3] Sie zeigt, dass sich Eltern eine bessere Ausrichtung der Öffnungszeiten an ihrem Bedarf wünschen, zudem mehr Ganztagsplätze und generell ein flexibleres Angebot mit tageweiser flexibler Betreuung, kürzeren Betreuungszeiten und kurzfristigen Betreuungsänderungen. Natürlich wünschen sich Eltern auch von ihrem Arbeitgeber mehr Entgegenkommen, wie beispielsweise flexible Regelungen im Krankheitsfall der Kinder oder die Möglichkeit zur Heimarbeit.

3.3 Was Eltern in den Kitas bezüglich Vereinbarkeit vorfinden

Die Realität, die die Eltern in den Kindertageseinrichtungen erwartet, entspricht selten ihren Lebenslagen. So wird meist grundsätzlich erwartet, dass die Kinder täglich in die Einrichtung gebracht werden.

> Ausnahmen bilden Bayern für alle Kinder und Hamburg für U3-Kinder.

3. Bertram, Hans; Spieß, Katharina (Hrsg.) (2011): »Fragt die Eltern! Ravensburger Elternsurvey Elterliches Wohlbefinden in Deutschland.« Baden-Baden: Nomos.

Zudem wird teilweise die Öffnungszeit mit der Betreuungszeit gleichgesetzt. Aber wer bringt sein Kind schon Punkt sieben Uhr in die Kita, damit eine neunstündige Betreuung gewährleistet wird, wenn der Bedarf erst ab 8:00 Uhr besteht?

> Beispiele für Öffnungszeiten: Baden-Württemberg 7:15 bis 16:15 Uhr, Thüringen 06:00 bis 18:00 Uhr.

Auch können Eltern in Ausnahmefällen, wie zum Beispiel bei einem längeren Termin, oder bei regelmäßiger tageweiser zusätzlicher Betreuung eher selten mit Hilfe rechnen.

> Es gibt nur wenige Einrichtungen, die eine Randzeitenbetreuung außerhalb der gesetzlichen Regelungen anbieten. Da dabei auch auf externe Kräfte wie zum Beispiel Tageseltern zurückgegriffen wird, was zusätzlich bezahlt werden muss, ist diese zudem umstritten.

Teilweise kann es schwierig sein, jüngere Geschwisterkinder in der gleichen Einrichtung unterzubringen.

> Ein Beispiel aus Nordrhein-Westfalen: Wenn das jüngere Geschwisterkind drei Jahre alt ist, kann es vorkommen, dass es keinen Platz bekommt, da alle Plätze mit U3-Kindern belegt werden (müssen).

Diese Beispiele zeigen, dass es für Eltern, in der Regel für Mütter, sehr schwierig sein kann, bei der Vereinbarkeit von Familie und Beruf durch die Kita unterstützt zu werden.

Natürlich darf an dieser Stelle nicht unerwähnt bleiben, dass gerade die Familienarbeit und damit auch die Elternrolle durch den Ausbau der Kinderbetreuung eine Innovation erfährt. Immer mehr Paare teilen sich die Erziehungs- und Betreuungsaufgaben. Väter möchten verstärkt Zeit mit ihren Kindern verbringen. Und wenn junge Mütter wieder arbeiten gehen, steht dies der Mutterschaft nicht mehr entgegen.

4 Was eine gute Kita ausmacht

Neben den zuvor genannten Gegebenheiten, die aus der Sicht der Kinder relevant sind, gibt es darüber hinaus eine Vielzahl an Bedingungen, die für eine gute Kita ausschlaggebend sind. Die folgende Aufzählung erhebt keinen Anspruch auf Vollständigkeit, sondern ist von der Sicht der Autoren geprägt. Es gibt einige wichtige Rahmenbedingungen und aktuelle Themen, die auf jeden Fall berücksichtigt werden sollten.

Kinder bei der Persönlichkeitsentwicklung unterstützen

Die erste und wichtigste Aufgabe einer Kita ist es, die Kinder zu begleiten und zu unterstützen. Dabei geht es darum, die Entwicklung der Kinder zu selbstbewussten und starken Persönlichkeiten zu fördern, sodass sie ihre eigenen Neigungen und Talente kennen, die eigene Meinungen vertreten und auch »Nein« sagen können. Dies ist der beste Schutz vor Übergriffen. Teil des Konzepts sollte auch sein, die Kinder in die Entscheidungen der Einrichtung mit einzubeziehen. Sie sollten darüber hinaus die Möglichkeit und Mittel haben, sich zu beschweren, wenn sie sich ungerecht behandelt fühlen. In der Gruppe sollten die Kinder miteinander lernen, Konflikte zu klären und Argumente zu formulieren.

Bildungstheoretische Verortung, Bildungskonzept und Dokumentation

Die heutige Kindheit stellt neue Anforderungen an Bildungseinrichtungen.[4] Ging es früher noch um Wissensvermittlung, besteht heute die Aufgabe, Kinder auf eine komplexe und schnelllebige Welt vorzubereiten, indem wir ihre Kompetenzen stärken. Dies kann mit dem Ansatz der Ko-Konstruktion geschehen, wo Kind und Umwelt aktiv sind, um gemeinsam Wissen und Sinn zu generieren. Bildung wird somit als sozialer Prozess verstanden. So wird die Pädagogin eine Partnerin beim Finden von Lösungen. Der Selbstbildungsansatz nach Piaget, der auf der natürlichen Lernneugier des Kindes beruhte, ist somit für die heutige Zeit nicht mehr ausreichend. Die Umwelt, sprich die Mitarbeiter*innen, sind heute nicht mehr passiv,

4. Der folgende Absatz wurde zusammengefasst aus folgendem Vortrag: Fthenakis, Wassilios (2011): »Ko-Konstruktion – ein neuer Ansatz in der frühkindlichen Bildung.« Online verfügbar unter http://www.akademie-fruehe-bildung.de/fileadmin/pdf/berlin-westermann_20_10_2011.pdf, zuletzt geprüft am 10.11.2017.

sondern begleiten Bildungsprozesse aktiv und suchen gemeinsam mit den Kindern nach Antworten. Lassen Sie sich darauf ein und richten Sie das pädagogische Handeln darauf aus.[5] Dann werden auch Sie Neues über sich und die Welt lernen.

Die Kita ist heute Teil des Bildungssystems geworden und wird von (fast) allen Kindern besucht. In jedem Bundesland gibt es einen **Bildungsplan** o. ä., welcher die Bildungsbereiche und Ziele benennt. Dieses Werkzeug wird pro Träger bzw. Team bei der Beantwortung der Frage genutzt, wie Bildungsprozesse in den einzelnen Bereichen umgesetzt werden.

Daneben ist die **Beobachtung und Dokumentation** der Entwicklung ebenfalls ein Grundpfeiler der frühpädagogischen Arbeit. Die Fachkräfte beobachten und dokumentieren diese im Rahmen sogenannter quantitativer bzw. qualitativer Erhebungsverfahren. Dies bildet die Grundlage für die weitere pädagogische Arbeit.

Rechtsanspruch umsetzen

Da der Rechtsanspruch auf einen Betreuungsplatz ab dem 1. Lebensjahr bundesweit seit August 2013 besteht, haben viele Einrichtungen noch immer mit Problemen bei der Umsetzung zu kämpfen. Einerseits haben die Einrichtungen den gesetzlich vorgeschriebenen Personalschlüssel vorzuhalten, andererseits müssen sie darauf achten, die in der Betriebserlaubnis vorgesehene Kinderzahl nicht zu überschreiten. Weiter soll es durch den Ausbau nicht zu einer Absenkung der Kita-Qualität kommen.

Qualitätsentwicklung

Während einige Landesgesetze schon heute genaue Methoden zur Qualitätsentwicklung vorsehen, wird dieser Prozess in den nächsten Jahren noch einmal an Zugkraft gewinnen. Dies ist auch deshalb von Vorteil, weil im Rahmen dieses Prozesses geklärt wird, welche Aufgaben überhaupt anfallen und wie diese ablaufen sollen. Übrigens: Qualitätsentwicklung ist für Träger ebenso relevant. Auch im Verein oder in der gGmbH sollten personenunabhängige Handlungsabläufe und Qualitätskriterien formuliert werden.

5. Ein Beispiel dafür liefert der Hessische Bildungsplan, der seit 2008 als Instrument genutzt wird.

Raumgestaltung am Konzept ausrichten

Im pädagogischen Konzept sollte die Raumgestaltung bereits unter Berücksichtigung der entsprechenden Möglichkeiten festgelegt werden. Neugründungen und in besonderer Weise der Neubau einer Kita bieten hier besondere Gestaltungsmöglichkeiten.

Die Funktionen der Räume sollten bereits im Vorfeld festgelegt werden. Idealerweise sollte es mehrere Räume geben, ebenso Räume, die verschieden genutzt werden können. Dabei muss nicht jeder Gruppenraum die gleichen Angebote vorhalten, besser ist, wenn die Räume verschiedene Spiel- und Lerngelegenheiten bieten. So ermöglichen sie den Kindern vielfältigste (Selbst-)Bildungserfahrungen.

Teilhabe an Bildung ermöglichen

Wie neueste Studien der frühkindlichen Bildung zeigen, müssen sich Einrichtungen zunehmend mit der Frage beschäftigen, ob und inwieweit Bildungsangebote bei Kindern bildungsferner Familien ankommen[6]. Zentral ist hierbei die Sprachbildung und Sprachförderung, die in der Kita grundsätzlich gegeben sein sollte. Darüber hinaus geht es auch um die interkulturelle Arbeit. Ein weiteres aktuelles Thema für Kitas ist Inklusion, bspw. von Kindern mit Behinderung und die Erarbeitung eines inklusiven Konzepts.

Vereinbarkeit von Familie und Beruf unterstützen

Die Vereinbarkeit von Familie und Beruf ist ein Thema, welches nicht nur für Eltern, sondern auch für Mitarbeiter*innen eine Rolle spielt. Es gilt folglich, in beide Richtungen zu schauen: Zum einen können die gesetzlichen Regelungen ausgeschöpft sowie der elterliche Bedarf einmal im Halbjahr schriftlich abfragt und das Angebot entsprechend angepasst werden. Zum anderen kann eine betriebliche Methode wie zum Beispiel das *»audit berufundfamilie«* zur Vereinbarkeit von Familie und Beruf angewendet werden, so wie sie in zahlreichen Unternehmen und öffentlichen Einrichtungen Verwendung findet. So stehen nicht nur die Bedarfe der Eltern im Fokus, sondern auch die der Mitarbeiter*innen.[7]

---

6. Tietze, Wolfgang; Becker-Stoll, Fabienne; Bensel, Joachim; Eckhardt, Andrea G. (Hrsg.) (2012): »NUBBEK. Nationale Untersuchung zur Bildung, Betreuung und Erziehung in der frühen Kindheit. Fragestellungen und Ergebnisse im Überblick.« Online verfügbar unter http://www.nubbek.de/media/pdf/NUBBEK%20Broschuere.pdf, zuletzt geprüft am 10.11.2017.
7. Mehr dazu unter *Nützliche Hintergrundinformationen.*

Personalgewinnung und -bindung

Im Zuge des Kita-Ausbaus und des Ausbaus der Ganztagsbetreuung an Schulen ist der Fachkräftemangel mittlerweile in den Einrichtungen angekommen, zudem wird er sich in den nächsten zehn Jahren noch deutlich verschärfen. Dies bedeutet für Träger von Einrichtungen, Strategien zu entwickeln, motiviertes Personal zu finden sowie dieses dauerhaft zu binden. Dabei ist zu berücksichtigen, dass in einer alternden Gesellschaft auch die Erzieher*innen altern. Sie benötigen eine Arbeitsumgebung, die gesund hält und nicht krank macht. Da der Arbeitsplatz »Kita« sehr schwierige Bedingungen bereithält, wie zuletzt auch wissenschaftlich belegt werden konnte[8], sollte darauf besonders Wert gelegt werden.

Geschlechtergerechte Angebote

Das Bewusstsein für das Thema »Geschlecht« in der Kindertagesbetreuung wurde unter anderem auch durch die angestrebte Erhöhung von männlichen Fachkräften in der Frühpädagogik angestoßen. Grundsätzlich sollten Räume und Angebote geschlechtergerecht gestaltet und das Geschlecht zum Thema gemacht werden, ohne jedoch in geschlechtsstereotype Muster zu verfallen. So könnten ein Werk-, Action- und ein Toberaum für körperintensive und laute Tätigkeiten bereitstehen. Jungen und Mädchen sollten geschlechtertypische und geschlechteruntypische Erfahrungen machen dürfen und diese im Nachgang besprechen. Auch die Mitarbeiter*innen sollten ihre Haltung zum eigenen Geschlecht im Team reflektieren und überlegen, wie männlich zugeschriebene Verhaltensweisen Platz finden können. Erste Studien zeigen beispielsweise, dass männliche Fachkräfte den Kindern mehr Raum lassen, Dinge selbst auszuprobieren und erst später eingreifen als Frauen. Der weibliche Stil ist eher auf Kommunikation und Vermittlung angelegt. Hier können Männer und Frauen im Team einerseits voneinander lernen, andererseits sollten reine Frauenteams überlegen, wie männliche Tatkraft Platz finden kann.

Diese Aufzählung wäre sicher noch um einige Punkte zu erweitern.

---

8. Voss Anja, Viernickel Susanne Mauz Elvira Schumann Maria (2012): »Strukturqualität und Erzieherinnengesundheit in Kindertageseinrichtungen (Stege). Eine qualitative Untersuchung in Nordrhein-Westfalen.« Online verfügbar unter http://www.bildungsserver.de/onlineressource.html?onlineressourcen_id=50502, zuletzt geprüft am 10.11.2017.

5 Europäische Vergleiche

Zunächst ein kurzer Überblick über die Kindertagesbetreuung im europäischen Kontext: Nordeuropa bietet sehr gute Bedingungen für Kinderbetreuung bei einer gleichzeitigen Erwerbstätigkeit beider Elternteile. Im angelsächsischen Raum ist die Erwerbspause der Frauen kurz, die Kinderbetreuungslage zugleich aber eher schwierig, weshalb die Teilzeitquote hoch ist. In Mitteleuropa, einschließlich Deutschland, ist die Erwerbspause der Frauen lang, und die Kinderbetreuung setzt erst später ein. In Südeuropa und den post-sozialistischen Staaten ist die Erwerbspause von Müttern ebenfalls lang. Da es kaum Kinderbetreuungsmöglichkeiten gibt, liegt eine große Differenz bei der Erwerbsteilnahme von Männern und Frauen vor.

Wollen Sie Argumente für eine Kinderbetreuungseinrichtung anbringen und verstehen, wie das Bild einer guten Kindheit mit den bestehenden Rahmenbedingungen zusammenhängt, ist ein detaillierter Blick in ausgewählte europäische Länder von Vorteil.[9] In anderen europäischen Ländern ist es zum Beispiel normal, dass sich die Kinderbetreuung zeitnah an die häusliche Betreuung anschließt.

In **Finnland** erhalten Kinder ab einem Alter von 10 Monaten bis 6 Jahren einen Platz in einer Einrichtung, spätestens vier Monate nach der Bedarfsmeldung. Es gibt Tagespflegepersonen, Kinderkrippen und Kitas, die von den Kommunen bereitgestellt werden. Die Eltern zahlen einen einkommens- und pro-Kopf-abhängigen Beitrag, der monatlich zwischen 20 und 250 € liegt.

In **Schweden** wird zwischen Erwerbstätigkeit und Arbeitslosigkeit unterschieden, bis die Kinder drei Jahre alt sind: Erwerbstätige Eltern erhalten für Kinder ab dem 1. Lebensjahr einen Platz entsprechend ihrem Bedarf. Arbeitslose Eltern können einen Platz mit 15 Wochenstunden erhalten, wenn sie dies wünschen. Wenn die Kinder drei Jahre alt sind, stehen die Plätze für alle zur Verfügung. Die Kosten sind am Einkommen der Eltern orientiert: Für das erste Kind werden 3 % des Einkommens bezahlt, für das zweite 2 % und für das dritte 1 %.

---

9. Allmendinger, Jutta (2010): »Verschenkte Potenziale? Lebensverläufe nicht erwerbstätiger Frauen.« 1. Aufl. [S. l.]: Campus Verlag (Sozialwissenschaften 2010).

Dänemark hat eine gut ausgebaute Betreuungslandschaft von Tagespflegestellen, Krippen und Kitas. Ab dem Alter von einem halben Jahr bis zum Schulbeginn steht in der Regel ein Ganztagsplatz zur Verfügung. Die Elternbeiträge sind einkommensabhängig, sie entsprechen etwa 25–30 % der Kosten eines Betreuungsplatzes.

In **Frankreich** stehen für die U3-Kinder familienergänzende Angebote im Vordergrund: Es gibt einerseits Krippen sowie Tagespflege, die vielfach bei den Eltern zuhause stattfindet. An den Kosten beteiligen sich die Arbeitgeber bis zu 25 %, die Eltern zahlen zwischen 23 und 28 % eines Platzes. Ab drei Jahren gehen die Kinder in die Vorschule, auf die ein Rechtsanspruch besteht. Die Kosten hierfür übernimmt vollständig der Staat.

In **Großbritannien** ist die Kinderbetreuung für U3-Kinder wenig verbreitet. Kinder ab drei Jahren werden in *nursery classes* mit 15 Wochenstunden betreut. Die Platzkosten müssen zu 80 % von den Eltern getragen werden, für Eltern mit niedrigem Einkommen bestehen Steuervergünstigungen.

Die **Schweiz** hat kaum öffentliche Kinderbetreuung, einen Rechtsanspruch gibt es nicht. In einigen Kantonen ist eine Halbtagsbetreuung ab dem 4. Lebensjahr üblich. Dafür zahlen die Eltern monatlich etwa 300 €. In den letzten Jahren wurden einige Kitas neu eröffnet.

Auch in **Österreich** hat sich die Situation in den letzten Jahren verbessert: Ca. 20 % der U3-Kinder besuchen eine Einrichtung, von den Ü3-Kindern sind es um die 90 %. Es gibt allerdings auch hier bundeslandspezifische Regelungen und keine länderübergreifende Ausbildung für Fachkräfte.

Die **deutsche** Situation wird ebenfalls noch einmal zusammengefasst: Seit einigen Jahren wurde die U3-Betreuung ausgebaut auf eine bundesweite Quote von 37 % aller Kinder einer Alterskohorte. Dies wird umgesetzt durch Kitas, Krippen und Tagespflege. Im Osten liegt die Betreuungsquote deutlich höher: In dreiviertel aller Kommunen liegt sie bei mehr als der Hälfte aller U3-Kinder. Die Elternbeiträge sind kommunal geregelt, zwischen 0 und 500 € fallen monatlich an. Für Kinder ab dem 1. Lebensjahr besteht ein Rechtsanspruch entsprechend dem tatsächlichen Betreuungsbedarf. Alles Weitere regelt jedes Landesgesetz.

Es wird deutlich, dass Deutschland eine Entwicklung nachholt, die in anderen Ländern sowie in Ostdeutschland schon lange üblich ist. Diese Argumente sind hilfreich, wenn Sie Kommunalpolitiker überzeugen möchten. Natürlich gibt es europäische Länder, die schlechter abschneiden und in denen die Kinderbetreuung tatsächlich allein in der Hand der Mütter liegt. In Deutschland ändert sich das gerade, unter anderem deswegen, weil die Frauen gern wieder arbeiten wollen bzw. vielfach auch müssen. Zudem hat

Deutschland europaweit die niedrigste Geburtenrate. Für den Ausbau der U3-Betreuung gibt es genug Gründe. Und übrigens: Ein wichtiges Argument in diesem Zusammenhang ist auch das mäßige deutsche Abschneiden Deutschlands in der Pisa-Studie 2001, welches mit der frühkindlichen Betreuung zuhause in Zusammenhang gebracht wurde. Die Länder, die hier besser aufgestellt waren, schnitten auch bei der Studie besser ab. Diese und weitere Studien zur Bedeutung der ersten drei Lebensjahre zeigen deutlich, wie wichtig eine qualitativ hochwertige frühkindliche Bildung ist.

6 Was Sie bei einer Kita-Gründung erwartet

Sie möchten gern eine Kindertageseinrichtung bzw. Tagespflegestelle gründen. Hier erfahren Sie, welche Aufgaben und Hürden Sie dabei erwarten können.

6.1 Ablauf des Gründungsprozesses

Nach dem Lesen dieses Buchs kennen Sie den ungefähren Weg und haben schon jede Menge Handwerkszeug. Nun benötigen Sie Informationen über die geltenden Rahmenbedingungen in Ihrem Bundesland. Dazu können Sie sich in Ihrer Kommune nach § 25 KJHG (SGB VIII) beraten lassen (siehe Baustein 1, *Gesetzliche Bestimmungen kennen*). Auch die Wohlfahrtsverbände bzw. Dachverbände wie »Der Paritätische« sowie die verschiedenen Kontaktstellen der BAGE e.V. beraten Sie gern. Auch gibt es mittlerweile in vielen größeren Städten Seminare zur Gründung einer Kita.

Weiterhin sollten Sie mit dem örtlichen Jugendamt den in der Kommune/dem Stadtteil vorliegenden Bedarf abklären. Wenn Sie Mitstreiter gefunden haben oder je nachdem, wie Sie gründen wollen, starten Sie mit der Gründung der entsprechenden Rechtsform. Gleichzeitig beantragen Sie die Gemeinnützigkeit beim Finanzamt. Zudem geht es um die Frage, ob und ab wann Sie öffentliche Zuschüsse erhalten können. Wenn Sie eine Förderung erhalten, beantragen Sie die Betriebserlaubnis und stellen die entsprechenden Förderanträge. Zudem beantragen Sie die Anerkennung als Träger der freien Jugendhilfe.

Sobald die Rahmenbedingungen klar sind, können Sie sich auf den Weg machen: Die Konzeption wird gemeinsam erarbeitet, Räume, Personal und Eltern gesucht. Am Ende dieses Prozesses stehen die Eröffnung sowie der laufende Betrieb der Einrichtung.

6.2 Schwierigkeiten und mögliche Lösungen

Generell zeigt die Erfahrung, dass es auf dem Weg zur eigenen Kita jede Menge Stolpersteine gibt. Dies soll Sie aber nicht entmutigen, wir wollen Sie darauf vorbereiten! Dazu einige Beispiele:

- Aufgrund der Bedarfsplanung, nach der eine ausreichende Anzahl an Kita-Plätzen im Stadtteil bzw. der Kommune vorhanden sind, gibt es keinen Bedarf für eine zusätzliche Kita. In diesem Fall müssten Sie einen anderen Standort wählen oder die Einrichtungskonzeption überörtlich anlegen (siehe Kapitel 8 und 13).
- Auch wenn Sie in die reguläre Finanzierung aufgenommen werden, wird Ihnen schnell klar, dass das Geld trotzdem nicht ausreichen wird. Die meisten Bundesländer schreiben einen Eigenanteil des Trägers vor, der zum Teil auf kommunaler Ebene noch verhandelt werden kann. Zudem besteht die Möglichkeit, mit zusätzlichen Elternbeiträgen zu kalkulieren oder sich um Spenden und Sponsoren bzw. Stiftungen zu bemühen. Dies erschwert die Gründung, sollte Ihnen aber in jedem Fall bewusst sein (siehe Kapitel 10).
- Im laufenden Prozess springen Ihnen Mitstreiter ab, weil zu Beginn nicht klar war, wie viel Arbeit anfällt oder weil Einigungsprozesse schwierig sein können. Dies kann dazu führen, dass die Arbeit neu aufgeteilt werden muss und dass nicht immer ein Ersatz bereitsteht. Sich selbst und die anderen Aktiven dabei ein Stück weit zu entlasten, ist zum Beispiel mit einer guten Fachberatung, die im Hintergrund Fragen klärt und gängige Lösungen darstellt, möglich. Auch ist es sinnvoll, frühzeitig motivierte Eltern zu suchen. Sie finden möglicherweise nach persönlichen Gesprächen neue Mitstreiter (siehe Kapitel 7).
- Eine weitere große Hürde besteht darin, passende Räume zu finden. Dies kann in Großstädten besonders schwierig sein. Hier gibt es aktuell die Möglichkeit, mit Immobilienmaklern zusammenzuarbeiten, wie dies einige Kommunen schon tun. Schauen Sie einfach selbst, was leer steht. Dies ist mühevoll, hierbei kann aber so manche Immobilie ausfindig gemacht werden (siehe Kapitel 5).
- Auch die Personalsuche kann sich schwierig gestalten. Es gibt nicht genügend qualifizierte Bewerber*innen oder Sie zahlen als junges Unternehmen nicht die ortsüblichen Löhne, die zum Beispiel deutlich über dem Tarif des öffentlichen Dienstes (TVöD) liegen. Hier sollten Sie durch Ihr Alleinstellungsmerkmal überzeugen (siehe Kapitel 13).
- Generell sind im Arbeitsfeld Kita die Anforderungen an die Qualität der Arbeit gestiegen, während sich die Rahmenbedingungen jedoch nicht im gleichen Maß verbessert haben. Dies ist ein grundsätzliches Problem, wobei Sie als Träger ein deutliches Augenmerk darauf haben sollten, dies nicht ihren Fachkräften aufzubürden (siehe Kapitel 16).

Auf diese wichtigsten Hürden sollten Sie vorbereitet sein: Entwickeln Sie gemeinsam im Vorfeld Lösungen, wie Sie in diesen Fällen vorgehen könnten.

Zusammenfassung

- Machen Sie sich klar, warum Sie eine Kita gründen wollen und ob bzw. wie Sie die Ihnen bevorstehende Arbeit leisten können.
- In der Ausgestaltung des Kita-Alltags stehen grundsätzlich die Bedürfnisse der Kinder im Mittelpunkt.
- Vereinbarkeitswünsche von Eltern sollten zudem mitberücksichtigt werden.
- Es gilt viele Kriterien zu beachten, die eine gute Kita ausmachen.
- Als Argumentationshilfe ist es sinnvoll, die Situation der Kinderbetreuung in anderen europäischen Ländern zu kennen.
- Sie sollten auf eine Reihe möglicher Hürden vorbereitet sein, die bei einer Gründung unter Umständen auf Sie zukommen können.

Kita-Gründung in *Hessen*

Wo: Hessen
Wann: ab 2008–2009, insgesamt sieben Kitas gegründet, die letzte 2013
Rechtsform: sechs Elterninitiativen als Verein, siebte Einrichtung wurde an einen bestehenden Verein angeschlossen
Alter der Kinder und Anzahl: vier Einrichtungen mit jeweils zehn Kindern unter drei Jahren, eine Einrichtung mit 20 Kindern unter drei Jahren, eine Einrichtung mit 20 bis 25 Kindern von zwei bis sechs Jahren, eine Einrichtung mit 10 Kindern unter drei Jahren und 20 Kindern über drei Jahren
Eigene Position: Vereinsvorsitzende
Dauer des Gründungsprozesses: jeweils ein Jahr

Erzählen Sie mal, wie war das damals mit der Kita-Gründung?

Mein Mann und ich haben damit aus eigenem Bedarf angefangen, als wir einen Platz für unseren Sohn gebraucht haben. Als das dann so weit war, war klar, dass wir den Platz nicht mehr brauchen würden. Wir haben dann weitergemacht, weil wir gedacht haben, jetzt sind wir schon so weit, jetzt haben wir keine Lust mehr aufzuhören. Wir haben dann in der Gründungsphase jeweils beim Aufbau der Kitas mitgemacht, bis die Betriebserlaubnis vorlag. Wir haben dann noch bei der Erzieher*innensuche und bei den ganzen ersten Schritten geholfen. Mitgebaut, also umgebaut, gestrichen usw. haben wir nicht. Formal waren wir immer Vorstände und Vereinsgründer und haben uns dann abwählen lassen, sobald die Einrichtungen auf eigenen Füßen stehen konnten.

Und wie ging es weiter? Haben Sie nach der ersten Kita dann direkt die nächste gegründet?

Ja. Wir hatten Lust weiterzumachen und dann haben wir irgendwann zufällig wieder Räume gefunden. Und dann haben wir die Gründungseltern von der ersten Einrichtung gebeten, mit uns den neuen Verein zu gründen. Die erste Vereinsgründung lief so, dass wir uns bei uns in der Wohnung mit Nachbarn zusammengesetzt und auf die Schnelle einen Verein gegründet haben. Bei den nächsten Kitas haben wir dann immer die

Eltern aus dem vorigen Verein genommen und haben sie dann gebeten, dass sie die Vereinsgründer für die nächste Kita werden. Und das lief dann so. Es wurde immer einfacher von Mal zu Mal. Und entsprechend haben wir inzwischen eine ganze Datensammlung, die wir mitgeben können. Bei einer Kalkulation muss man ja zum Beispiel nur immer die Zahlen einsetzen, die Miete usw., vieles bleibt ja gleich. Es ist immer noch ein Haufen Arbeit, aber man muss das Rad nicht mehr neu erfinden.

Wo hatten Sie die meisten Schwierigkeiten und den meisten Rückenwind?

Rückenwind impliziert ja schon, dass einem jemand geholfen hat. Die meisten Schwierigkeiten hatten wir bei der zweiten Kita. Das war ein Riesenproblem. Wir hatten schon die mündlichen Zusagen von allen Politikern und vom Amt. Dann hat der Regierungspräsident eine Haushaltssperre verhängt. Und das hat das Ganze ins Wanken gebracht. In dem Jahr sah das ganz schlecht aus. Der Jugendamtsleiter hat uns Ende Januar ausdrücklich gesagt, dass wir das in diesem Jahr unter keinen Umständen mehr hinkriegen würden. Dann haben wir gesagt, das kann nicht sein, gefühlt waren wir ja schon so weit. Und die Eltern brauchten die Plätze, die wir dann auch schon gefunden hatten. Und dann sind wir an die Presse gegangen. Der Hessische Rundfunk hat über uns berichtet, und die Lokalzeitung hat einen Artikel über uns geschrieben. Dann haben wir hinterher auch gehört, dass das beim Jugendamt eingeschlagen hat. Dadurch ging es dann auf einmal doch. Was heißt auf einmal, es war insgesamt sehr mühselig. Ursprünglich wollten sie uns auf gar keinen Fall wegen der Haushaltssperre. Aber letztlich ging es aufgrund des Drucks der Öffentlichkeit dann doch.

Den meisten Rückenwind hatten wir durch die Jugendamtsmitarbeiter selber, die hier sehr hilfreich sind. Diejenigen, die die Beratung für gründungswillige Eltern machen, sind unglaublich hilfreich. Das Problem ist hier bei uns, dass es keine Stelle gibt, die gezielt die Aufgabe hat, Personen bei der Gründung zu begleiten. Das heißt, die Frauen sind total überlastet und antworten einem auf die blödeste Frage zum zwanzigsten Mal. Das ist supertoll, supernett und superhilfreich. Aber sie haben einfach nicht die Ressourcen, um von sich aus zu sagen, »Komm ich nehm' dich mal an die Hand. Das ist der nächste Schritt, und das müsstest du noch machen.« Das haben wir bei den nächsten Kitas dann gemacht. Wir haben den Eltern gesagt, was die nächsten Schritte sind. Wenn man das nicht hat, ist sehr, sehr viel zu bedenken, und der Überblick geht sehr leicht verloren. Es sind so Fragen wie: »Was muss ich eigentlich bedenken, wenn ich so eine Kita gründe?«, »Es gibt einen Arbeitsschutz, und das Gesundheitsamt muss da auch durch?« Das sagt einem keiner, dazu haben die Jugendamtsmitarbeiter nicht die Zeit.

Da haben Sie als Paar, wenn Sie das mit Ihrem Mann gemacht haben, ganz viel Know-how angesammelt und sich gemeinsam Rückenwind verschafft.

Wir haben einfach über die Jahre jede Menge Erfahrung gesammelt, sodass es von Mal zu Mal wesentlich einfacher geworden ist. Natürlich ist es immer noch viel Arbeit, weil die Erziehersuche und das Renovieren viel Zeit in Anspruch nehmen. Aber wenn man weiß, was man machen muss, ist es natürlich viel einfacher als vorher.

Wie viele Leute waren Sie denn am Anfang?

Wir haben immer sehr bewusst ganz alleine angefangen. Das erste Konzept habe ich alleine geschrieben, weil ich auch keine Lust hatte auf ewige Diskussionen. Ich habe mir gesagt, über das Konzept kann man stundenlang diskutieren, aber erst einmal muss der Laden laufen. Und außerdem sind die Erzieher*innen diejenigen, die später das Konzept anpassen. Und es muss auf die Erzieher*innen passen, und jede Erzieherin hat einfach auch ein unterschiedliches Konzept. Insofern haben wir den Anfang immer alleine gemacht. Erst zu dem Zeitpunkt, als aller Wahrscheinlichkeit nach klar war, dass es bei der Stadt durchgehen wird und wir die Erlaubnis bekommen werden, haben wir angefangen, uns Eltern dazu zu holen. Und dabei haben wir versucht, genauso viele Eltern zu finden, wie die Kita jeweils haben würde, um die Arbeit auf möglichst viele Schultern zu verteilen. Weil es durch das Bauen usw. natürlich noch jede Menge Arbeit gab. Im Gegensatz zu irgendwelchen Trägern, die das machen, lief ja alles rein ehrenamtlich. Es gab zwar Geld von der Stadt für die Materialien usw. und vom Land, aber nicht die Wahnsinnssummen. In Hessen waren das damals 4.500 € für jeden neu geschaffenen U3-Platz. Das Geld musste reichen für alle Bauarbeiten, alle Einrichtungsgegenstände und Spielsachen, einfach alles. Damit kommt man nicht weit. Und dementsprechend ist da wahnsinnig viel ehrenamtlich gelaufen. Wir hatten immer das Glück, dass jedes Mal Architekten dabei waren, die auch den Bauantrag stellen konnten. Auch das kostet ja, allein dadurch ist ganz schnell ganz viel Geld weg. So ist das natürlich rein ehrenamtlich von den Eltern aus gelaufen. Dementsprechend ist es dann gut, wenn es zehn Eltern sind und nicht nur zwei oder drei Familien.

Wie haben Sie sich gegenseitig motiviert?

Mein Mann und ich hatten Spaß daran, und bei den Eltern war es pure Not. Das war früher anders, so empfinde ich das. Wir sind selbst seit acht Jahren in einer Elterninitiative mit unseren eigenen Kindern. In denen, die wir gegründet haben, waren wir nie drin. Die Elterninitiative, in der wir sind, die besteht schon seit über 30 Jahren. Als wir damals aufgenommen wurden, wurden wir gefragt, wieso wir eigentlich unbedingt in eine Elterninitiative wollten. Ich hatte den Eindruck, dass man damals aus bestimmten Gründen in eine Elterninitiative gegangen ist. Inzwischen und in den letzten Jahren war es bei den Eltern pure Not, und zwar vor dem U3-Rechtsanspruch. Und da die Eltern einen Platz brauchten, um arbeiten zu können, mussten sie gründen. Das war die Kernmotivation. Für die anderen Eltern, die einen Platz brauchten, war es schon frustrierend, wenn jemand aus der Gruppe, die wir gefunden hatten, einen anderen Kita-Platz gefunden hatte. Sie hatten sich natürlich auch parallel bei bestehenden Kitas beworben und sind dann weggebrochen. Das war sehr frustrierend für die Eltern, die übrig geblieben sind. Bei der zweiten Gründung, wo das so problematisch war mit dem Regierungspräsidenten, haben am Ende nur ein oder zwei Familien durchgehalten. Das ist schon bitter für die Übrigbleibenden, die waren sehr frustriert. Aber es war pure Not. Es sind immer wieder neue Eltern dazugekommen, die noch keinen Platz gefunden hatten. Sie brauchten einfach einen Platz.

Für uns war es Hobby, uns hat es eigentlich immer nur Spaß gemacht. Für uns war es auch viel Arbeit, aber wir haben die Arbeit gerne gemacht, und für die anderen wäre es viel aufwendiger gewesen, eine Kita zu gründen.

(Kindergeschrei im Hintergrund) Wie viele Kinder haben Sie insgesamt?

Sechs.

Sie haben das ja schon öfter gesagt, dass Sie das aus Überschuss getan haben. Man kann sich gar nicht vorstellen, dass man bei so vielen Kindern dafür noch Überschuss hat.

Naja, wir haben auch angefangen aus eigenem Bedarf bei unserem Sohn. Ich habe damals gedacht, es kann doch echt nicht sein, dass ich nur wegen einem Kita-Platz nicht arbeiten kann. Für ihn haben wir ja dann auch einen anderen Platz gefunden, das war super. Und später haben wir festgestellt, dass wir es wichtig fanden. Wir hatten die Fähigkeiten und Erfahrungen dazu und die Freude daran. Und andere Leute brauchten einen Platz. Das war wirklich die Hauptmotivation. Wir haben dann aufgehört, als es nicht mehr nötig war. Irgendwann machte es einfach keinen Sinn mehr. Es ging nicht darum, auf Teufel komm raus zu gründen. Es ist total schön zu wissen, dass da jetzt 90 Plätze bestehen, die einfach so als Elterninitiativ-Plätze von uns geschaffen worden sind. Die erste Elterngeneration ist zum Teil ja schon wieder raus, die kennen uns auch nicht mehr. Ich finde das total klasse, ohne unsere Arbeit würde es diese sieben Elterninitiativen nicht geben. Diesen Familien wäre nicht geholfen, wenn wir das nicht gemacht hätten. Überschuss würde ich allerdings nicht sagen – wir sind beide voll berufstätig.

Das ist schon etwas Besonderes. Und was würden Sie anderen Gründungswilligen unbedingt ans Herz legen?

Die beiden letzten Kitas haben wir parallel gegründet. Bei der einen Kita war insgesamt eher Frust angesagt. Ich will nicht so weit gehen, dass die Eltern sich gegenseitig runterzogen, aber es gab einfach jede Menge Probleme, die so nicht vorhersehbar waren. Und bei der anderen waren wir schon längst nicht mehr dabei, aber wir sind da noch einmal hingegangen. Dort hatten sie Galgenhumor entwickelt. Sie standen zusammen, es tauchte ein neues Problem auf, und die fingen dann an, verdrehten die Augen und mit einem Lachen sagten sie: »Wer macht das jetzt wieder?« und wendeten sich dem Problem zu. Zwischen Weihnachten und Neujahr haben die geschuftet ohne Ende, denn sie mussten am 2. Januar eröffnen. Das war bestimmt nicht schön, aber sie haben ihren Humor behalten. Und dann ging es irgendwie. Es ist leichter gesagt als getan, aber man kann es trotzdem versuchen. Das ehrenamtlich zu machen, ist einfach verdammt viel Arbeit. Bei uns gibt es hier drei Monate Vorlauf, die Stadt finanziert drei Monate die Miete vor, zwei Monate eine Erzieherin und einen Monat den Rest der Erzieher*innen. Und innerhalb von diesen drei Monaten muss aus einem Gewerberaum, der teilweise in einem katastrophalen Zustand ist, eine Kita entstanden sein. In dieser Zeit muss der Bauantrag laufen und alle Arbeiten. Das ist eigentlich absoluter Wahnsinn, aber mehr Zeit gibt es nicht. Für ein Ehrenamt kann man in dieser Zeit seine freien Wochenenden knicken. Und die Stadt sagt einem das nicht, wieso sollte sie es auch tun, ist ja auch logisch. Bei der Eröffnungsfeier dann vielleicht schon. Natürlich ist es schön und macht stolz, aber es ist und bleibt ein Ehrenamt.

Würden Sie heute noch einmal eine Kita gründen? Die Frage erübrigt sich eigentlich, da Sie schon so viele gegründet haben.

Wenn, dann vielleicht einen Hort, aber das ist nur ein Gedankenspiel. Weil die Stadt keine Horte mehr gründet und wir dieses Jahr tatsächlich wieder ein großes Hortproblem haben. Und wenn wir hier zufällig geeignete Räume finden würden, dann würden wir es vielleicht noch einmal versuchen. Ansonsten ist der Bedarf einfach hier nicht mehr gegeben. Ich weiß von einer Gründung einer Gruppe, die wir gerne unterstützen, aber ich sehe den Bedarf bei uns nicht.

Was muss man aus Ihrer Sicht als Gründer einer Kita mitbringen, damit man erfolgreich ist?

Organisationsfähigkeit, das habe ich jetzt gemerkt, als mein Mann das allein gemacht hat. Das war mir nicht so bewusst. Die vorherigen Gründungen habe ich gemacht, und er hat sich um die letzte gekümmert. Es ist teilweise auch schwierig, den Überblick zu bewahren. Er ist Erzieher und kann das Inhaltliche natürlich wesentlich besser als ich. Aber die organisatorischen Sachen, alles im Blick zu behalten und sich nicht davon überfordern zu lassen, weil es schon verdammt viel ist, was man gleichzeitig überblicken muss. Inhaltlich wäre ich total überfordert, aber dann bin ich beim Organisatorischen mit eingestiegen und dadurch ist mir erst bewusst geworden, dass das gar nicht so selbstverständlich ist. Es sind eben verdammt viele Baustellen, die man eben in der Kürze der Zeit koordinieren muss. Und es muss dann, wenn das Gesundheitsamt zur Prüfung kommt, alles bereit sein. Wenn das Veterinäramt zur Prüfung kommt, muss es das auch sein. Man muss bauen und gleichzeitig auch schon an die nächsten Schritte denken können und dann die Kinder aussuchen. In seinem Fall war es noch einmal aufwendiger, da er es weitgehend allein koordiniert hat. Dafür hat er es eben hauptamtlich gemacht, er war bei dem Verein schon angestellt. Aber das ist natürlich noch einmal eine andere Herausforderung.

Es ist eine Unternehmensgründung, bei der klar ist, wo das Geld herkommt. Es gibt einen gesicherten Auftraggeber, aber ansonsten ist es eine Unternehmensgründung. Die Angestellten wollen eben ganz normal ihren gesicherten Arbeitsplatz haben, sonst kommen sie nicht. Und bei dem Erziehermangel muss man die auch erst einmal überzeugen, zu einem zu kommen. Man muss ihnen vermitteln, dass die eigene Kita tatsächlich als Kita und somit als sicherer Arbeitgeber funktionieren wird.

Und das hat geklappt?

Die Elterninitiativen bestehen alle, zumal sie jetzt teilweise schon mehrjährige Erfahrungen haben. Es gab in den ersten Jahren Anfangsschwierigkeiten. Ich fürchte, es ist fast Standard, dass die erste Gruppe von Erziehern auch wieder geht. Die Eltern glauben, wünschen oder hoffen in ihrer eigenen Motivation und dem Arbeitseifer, den sie reingesteckt haben, dass das Leben ab dem Tag X, wo die Kita eröffnet, endlich leichter wird und sie dann auch endlich etwas davon haben. Aber das ist leider noch nicht so. Man muss immer noch ganz viel Arbeit reinstecken. Und man muss Verständnis aufbringen, dass die angestellten Erzieher*innen nur 39,5 Stunden arbeiten wollen oder vielleicht auch ausnahmsweise mal 41 oder 42 Stunden und nicht einsehen, daraus eine Ehrenamtswoche von 50 Stunden zu machen.

In den Elterninitiativen hat bis auf eine ein nahezu vollständiger Erzieherwechsel stattgefunden. Die haben dann hinterher wieder neue gefunden, weil die Eltern auch was dazugelernt haben, auch das muss man erst einmal lernen. Man muss ja bedenken, es sind ganz normale Eltern, die dann lernen, Personalverantwortung zu übernehmen. Die meisten von uns haben das vorher noch nie gemacht. Das war erst einmal ein Problem, was aber alle gelöst haben.

Hut ab. Vielen Dank für das Interview.

Baustein 1: Rahmenbedingungen kennen und erste Entscheidungen treffen

In diesem Teil geht es um folgende Punkte: Zunächst wird der Frage nachgegangen, was eine Betreuungseinrichtung als soziales Unternehmen benötigt (Kapitel 7). Daran anschließend werden die bundesgesetzlichen Bestimmungen für die Kindertagesbetreuung und die Kindertagespflege beschrieben (Kapitel 8). Es folgen alle wichtigen Informationen zur Finanzierung und Förderung (Kapitel 9). Für eine Wahl der Rechtsformen benötigen Sie detaillierte Kenntnisse (Kapitel 10). Die Frage der Gemeinnützigkeit sowie die Steuerregelungen werden erörtert (Kapitel 11). Zum Abschluss sind die verschiedenen Gruppenformen dargestellt (Kapitel 12).

Die Klärung dieser Fragen sind sozusagen Voraussetzungen für die eigentliche Gründung. Wir verstehen den Baustein 1 als eine Phase der Orientierung, da Sie erst einmal verschiedene Möglichkeiten kennenlernen. Es könnte Schwierigkeiten bereiten, wenn Sie dafür zu wenig Zeit einplanen. Unserer Erfahrung nach sind zwei bis drei Monate des Umschauens und Lage-Sondierens Ihrerseits sinnvoll. Halten Sie sich erst einmal viele Möglichkeiten offen. Erkundigen Sie sich bei Ihrer Kommune, bei der Fachaufsicht sowie bei einem Verband, der Sie gern beraten wird. Ein nächster Schritt ist es dann, in der Gruppe bzw. als Einzelperson Entscheidungen zu treffen. Eine Klärung der eigenen Interessen sollte in einem geschützten Rahmen erfolgen, da es sein kann, dass die Beweggründe der beteiligten Personen sehr unterschiedlich sind. Ehrlichkeit zu sich selbst und Offenheit in der Gruppe erleichtert einen gelungenen Einstieg in ein gemeinsames Projekt.

Ob aus der Idee, eine Kinderbildungseinrichtung zu gründen, tatsächlich eine neue Kita wird, kommt auf das Zusammenwirken vieler Umstände an. Bleiben Sie realistisch, was die eigene Situation betrifft. Motivieren und unterstützen Sie sich gegenseitig!

7 Die Kita als soziales Unternehmen

Jedes Unternehmen will erfolgreich auf dem Markt bestehen. Dies gilt auch für Kinderbildungseinrichtungen.

7.1 Was macht die »Firma« Kita aus?

Generell gilt, dass eine Firma nicht nebenbei gegründet wird. Sie brauchen einen langen Atem, meistens Startkapital und anfangs sehr viel Energie. In der freien Wirtschaft gelten die ersten fünf Jahre als schwierig, nach drei Jahren existieren ein Viertel der Jungunternehmen nicht mehr. Im Kita-Geschehen bzw. im sozialen Bereich stellt sich dies anders dar: Nachdem von der Kommune eine Förderzusage getroffen wurde und Sie zudem in Ihrem Finanzplan eine kostendeckende Finanzierung gesichert haben, eröffnen Sie die Einrichtung mit entsprechendem Personal in geeigneten Räumen. Mit dem Erhalt der Betriebserlaubnis dürfte es keine Probleme mit einem dauerhaften Weiterbestehen geben, wenn die beteiligten Familien und Mitarbeiter*innen mit der Einrichtung zufrieden sind. Die Nachfrage sichert somit die Existenz der Einrichtung.

Unter betriebswirtschaftlichen Vorzeichen kann dies wie folgt dargestellt werden:

- Bedarf: Im Stadtteil bzw. in der Kommune leben genügend Vorschulkinder, deren Eltern Ihre Kinderbildungseinrichtung für die eigenen Kinder in Anspruch nehmen möchten.
- Finanzierung: Sie benötigen eine kostendeckende Finanzierung. Im Rahmen der kommunalen Finanzierung erbringen Sie nach Ablauf eines Kita-Jahres einen Verwendungsnachweis, in dem Sie finanzielle und sachliche Rechenschaft ablegen.
- Konkurrenz: Arbeiten Sie Ihr Alleinstellungsmerkmal heraus und stellen sich zum Beispiel bei den anderen Einrichtungen im Stadtteil vor.
- Marketing und Werbung: Sie benötigen einen Namen, ein Logo und entsprechende Werbemittel, die Sie bekannt machen und Inhalte transportieren. Dies kann vorab nicht finanziert werden, daher sind diese zusätzlichen Kosten einzuplanen.
- Öffentlichkeitsarbeit: Sie benötigen eine Strategie, wie Sie in der Öffentlichkeit auftreten wollen und wen Sie wie informieren.
- Arbeitgeber sein: Sie benötigen eine Betriebs- und Steuernummer und erledigen alle Arbeitgeberpflichten.

- Buchhaltung: Alle Aktivitäten finanzieller Art müssen festgehalten, ständig ausgewertet und das Budget an die bestehenden Geldmittel angepasst werden. Finanzplanung und -kontrolle fallen auch darunter.
- Qualität: Ihre Dienstleistungen und Ihre firmeninternen Abläufe sind durchdacht und nicht von handelnden Personen abhängig.

7.2 Die Person des*der Gründer*in bzw. der Gründer*innen

Über welche Eigenschaften erfolgreiche Gründer*innen verfügen, können Sie mittlerweile im Internet nachlesen. Zudem finden sich Persönlichkeitstests, die berechnen, wie gut Sie dafür geeignet sind.[10] Es wäre sehr nützlich, wenn Sie und Ihre Mitstreiter*innen über folgende Eigenschaften verfügen:

Offenheit für Neues

Sie interessieren sich dafür, wie eine Kita funktioniert und möchten sich dies gern aneignen. Dabei geht es nicht nur um Wissensansammlung, sondern auch um neue Beziehungen, die Sie sowohl mit Mitstreiter*innen als auch mit Verantwortlichen bei Behörden und Mitarbeitern eingehen. Dies finden Sie spannend.

Aufgaben angehen

Es fällt Ihnen leicht, größere Aufgaben in Einzelaufgaben zu unterteilen, diese unter Umständen an verschiedene Personen zu verteilen und zu erledigen. Dafür ist auch ein Ordnungssystem hilfreich. Dazu gehört es zudem, sich in gesetzliche Vorgaben einzuarbeiten und diese entsprechend umzusetzen. Bei auftretenden Problemen oder Schwierigkeiten sind Sie in der Lage, diese zu erkennen und mit gemeinsam abgestimmten Strategien anzugehen.

Engagement und der Blick nach vorne

Das Thema Kinderbildungseinrichtungen interessiert Sie brennend, und Sie wollen sich auf jeden Fall einbringen. Sie regen sich nicht nur über Gegebenheiten auf oder wollen diese ändern, sondern Sie interessieren sich dafür, wie die Umsetzung unter den gegebenen Rahmenbedingungen funktionieren kann. Sie verfügen über einen langen Atem.

---

10. Das Projekt *Frauen. Unternehmen. Soziale Arbeit.* der Hochschule Niederrhein stellt ein Onlinetool »*Profi(l) für Selbstständigkeit*« zur Verfügung (online verfügbar unter http://socon.hs-niederrhein.de/, zuletzt geprüft am 29.11.2017).

Im Team arbeiten wollen

Eine Firmengründung ist eine große Sache, die in der Regel nicht von einer Person in ehrenamtlicher Arbeit gestemmt werden kann. Daher sind Sie ein Teamspieler: Sie halten sich an Absprachen, diskutieren lösungsorientiert und nehmen Mitglieder der Gruppe mit. Sie lassen sich auf Aushandlungsprozesse ein, stellen Ihren eigenen Standpunkte dar und haben die bestmögliche Lösung im Blick.

Konstruktive Zusammenarbeit pflegen

Beim Sammeln von Informationen gegenüber Behörden machen Sie einen guten Eindruck, indem Sie einen guten Stil in der Kommunikation wahren. Dies gilt auch untereinander. In Entscheidungsfragen können Sie verschiedene Wege gehen, im Prozess der Entscheidungsfindung jedoch streiten Sie sich konstruktiv. Es können zum Beispiel Argumente aufgeschrieben werden, damit die Absichten deutlich werden. Vielleicht verfügen Sie über Erfahrungen im Umgang mit Meinungsverschiedenheiten und können die Gesprächsführung übernehmen. Sie haben zudem im Blick, dass es allen Gruppenmitgliedern gut geht und sich jeder optimal einbringen kann.

Pädagogisches Grundverständnis und Interesse

Als Eltern kennen Sie viele pädagogische Fragestellungen, weil Sie sich jeden Tag mit der Frage auseinandersetzen, was die eigenen Kinder gerade brauchen. Demnach verfügen Sie über ein pädagogisches Grundverständnis. Sie sind grundsätzlich interessiert an frühpädagogischen Themen, da Sie als Arbeitgeber zum Beispiel für die Weiterentwicklung der Einrichtung zuständig sind und den Mitarbeiter*innen neue Impulse mit auf den Weg geben werden.

Betriebswirtschaftliches Know-how

Grundsätzlich verfügen Sie sowohl über einige Kenntnisse der Betriebswirtschaft als auch über Wissen, wie eine Firma erfolgreich geleitet wird. Dies ist unabdingbar, denn Ihre Finanzierung bildet die Grundlage für Ihre Handlungsfähigkeit.

Wenn Sie einige der aufgezählten Eigenschaften für sich und Ihre Mitstreiter*innen erkennen können, ist das schon einmal sehr vorteilhaft.

Ehrenamtlich zusammenarbeiten

Gesetzt den Fall, Sie sind eine Gruppe von engagierten Eltern: Einige Eltern übernehmen die wichtigen Hauptaufgaben und damit den größten Teil der Arbeit. Zudem organisieren sie den Rahmen der Entscheidungsfindung. Vielleicht gibt es zudem einen oder mehrere Elternteile, die Geld zusteuern möchten. Andere helfen eher im Hintergrund und stellen Material oder Know-how zur Verfügung.

Grundsätzlich gelten für die ehrenamtliche Arbeit andere Kriterien als für eine Erwerbstätigkeit: Alle Ehrenamtlichen wollen mitarbeiten und mitentscheiden, unabhängig von ihrer Qualifikation. Jeder hat ein individuelles Maß an Zeit und Arbeitsbereitschaft, was Sie in der Gruppe besprechen können. Dementsprechend verteilen Sie die Aufgaben. Eine weitere Möglichkeit ist ein einfaches Prinzip: Wer mehr »macht«, entscheidet auch mehr. Da die Aktiven ständig im laufenden Prozess eingebunden sind, können Sie sich auf ihr Urteil verlassen. Sie müssen nicht alle über die Form der Lampen entscheiden. Weiterhin kann es sein, dass im Prozess einige Helfer abspringen und neue hinzukommen. Sie sind demnach offen für neue Menschen und binden die interessierten Eltern ein. Neben der gemeinsamen Arbeit nehmen Sie auch die Gruppe als solches in den Blick. Sprechen Sie darüber, wie Sie miteinander umgehen und wie Sie Lösungen für Probleme finden wollen. Planen Sie gemeinsame Aktivitäten ein, die für die Klärung dieser Fragen Raum lassen. Zusätzlich sind gemeinsame Freizeitaktivitäten mit den Kindern auch sehr beliebt.

Eine weitere Besonderheit ist die Arbeitgeberfunktion, die Sie ehrenamtlich innehaben. Es gelingt Ihnen, die Doppelrolle Eltern und Vorgesetzte zu meistern, was einige Schwierigkeiten aber auch Chancen birgt. Das Gütesiegel der BAGE zur besonderen Qualität von Elterninitiativen kann Ihnen dabei nützlich sein (siehe *Nützliche Hintergrundinformationen*).

8 Gesetzliche Bestimmungen kennen

Für Kindertageseinrichtungen und die Kindertagespflege gilt Bundesrecht, außerdem gilt für die Einrichtungen vor Ort das jeweilige Landesrecht.

8.1 Bundesrecht

Das Sozialgesetzbuch Achtes Buch (SGB VIII) enthält das Kinder- und Jugendhilfegesetz (KJHG), welches sich im dritten Abschnitt mit Kindertageseinrichtungen und Kindertagespflege befasst. Es ist seit 1990 in den neuen und seit 1991 in den alten Bundesländern gültig und hat seitdem viele Erweiterungen bzw. Änderungen erfahren. In der Kindertagesbetreuung waren die wesentlichen Änderungen:

- das Tagesbetreuungsausbaugesetz im Jahr 2005 (TAG),
- das Gesetz zur Weiterentwicklung der Kinder- und Jugendhilfe (KICK) 2005,
- das Kinderförderungsgesetz – KiföG im Jahr 2008 sowie
- das Bundeskinderschutzgesetz im Jahr 2012.

Die im Folgenden vorgestellten Paragrafen werden entsprechend der Reihenfolge des Gesetzes dargestellt. Da der Gesetzestext fast immer leicht verständlich ist, wurde er mit aufgenommen. Die Hervorhebungen dienen der Verdeutlichung der wichtigsten Aspekte. Es ist sinnvoll, diese Bestimmungen genau durchzulesen und zu kennen, da sie die Grundlage der Firmengründung bilden und wichtige Rahmenbedingungen der Arbeit beschreiben.

§ 5 SGB VIII Wunsch- und Wahlrecht

(1) Die Leistungsberechtigten haben das **Recht, zwischen Einrichtungen und Diensten verschiedener Träger zu wählen** und Wünsche hinsichtlich der Gestaltung der Hilfe zu äußern. Sie sind auf dieses Recht hinzuweisen.

(2) Der **Wahl und den Wünschen soll entsprochen werden**, sofern dies nicht mit unverhältnismäßigen Mehrkosten verbunden ist.

Der Elternwille wird demgemäß bei der Kita-Nutzung als gewichtig eingeschätzt. Eltern können nicht gezwungen werden, ihre Kinder in einer bestimmten Kita anzumelden. Dies ist auch ein Hinweis auf die Träger- und Konzeptvielfalt in der Kinder- und Jugendhilfe.

§ 8 SGB VIII Beteiligung von Kindern und Jugendlichen

(1) Kinder und Jugendliche sind entsprechend ihrem Entwicklungsstand **an allen sie betreffenden Entscheidungen** der öffentlichen Jugendhilfe **zu beteiligen**. Sie sind in geeigneter Weise auf ihre Rechte im Verwaltungsverfahren sowie im Verfahren vor dem Familiengericht und dem Verwaltungsgericht hinzuweisen.

(2) Kinder und Jugendliche **haben das Recht, sich in allen Angelegenheiten der Erziehung und Entwicklung** an das Jugendamt zu wenden.

(3) Kinder und Jugendliche haben **Anspruch auf Beratung ohne Kenntnis des Personensorgeberechtigten**, wenn die Beratung aufgrund einer Not- und Konfliktlage erforderlich ist und solange durch die Mitteilung an den Personensorgeberechtigten der Beratungszweck vereitelt würde. § 36 des Ersten Buches bleibt unberührt.

In Kitas und der Kindertagespflege werden Kinder an allen Entscheidungen, die sie betreffen, beteiligt. In Not- und Konfliktfällen haben Kinder einen Anspruch auf Beratung ohne das Wissen der Eltern.

§ 8a SGB VIII Schutzauftrag bei Kindeswohlgefährdung

(1) Werden dem Jugendamt gewichtige Anhaltspunkte für die Gefährdung des Wohls eines Kindes oder Jugendlichen bekannt, so hat es das Gefährdungsrisiko im Zusammenwirken mehrerer Fachkräfte einzuschätzen. Soweit der wirksame Schutz dieses Kindes oder dieses Jugendlichen nicht infrage gestellt wird, hat das Jugendamt die Erziehungsberechtigten sowie das Kind oder den Jugendlichen in die Gefährdungseinschätzung einzubeziehen und, sofern dies nach fachlicher Einschätzung erforderlich ist, sich dabei einen unmittelbaren Eindruck von dem Kind und von seiner persönlichen Umgebung zu verschaffen. Hält das Jugendamt zur Abwendung der Gefährdung die Gewährung von Hilfen für geeignet und notwendig, so hat es diese den Erziehungsberechtigten anzubieten.

(2) Hält das Jugendamt das Tätigwerden des Familiengerichts für erforderlich, so hat es das Gericht anzurufen; dies gilt auch, wenn die Erzie-

hungsberechtigten nicht bereit oder in der Lage sind, bei der Abschätzung des Gefährdungsrisikos mitzuwirken. Besteht eine dringende Gefahr und kann die Entscheidung des Gerichts nicht abgewartet werden, so ist das Jugendamt verpflichtet, das Kind oder den Jugendlichen in Obhut zu nehmen.

(3) Soweit zur Abwendung der Gefährdung das Tätigwerden anderer Leistungsträger, der Einrichtungen der Gesundheitshilfe oder der Polizei notwendig ist, hat das Jugendamt auf die Inanspruchnahme durch die Erziehungsberechtigten hinzuwirken. Ist ein sofortiges Tätigwerden erforderlich und wirken die Personensorgeberechtigten oder die Erziehungsberechtigten nicht mit, so schaltet das Jugendamt die anderen zur Abwendung der Gefährdung zuständigen Stellen selbst ein.

(4) In **Vereinbarungen mit den Trägern von Einrichtungen** und Diensten, die Leistungen nach diesem Buch erbringen, ist sicherzustellen, dass

1. deren Fachkräfte bei **Bekanntwerden gewichtiger Anhaltspunkte für die Gefährdung** eines von ihnen betreuten Kindes oder Jugendlichen eine **Gefährdungseinschätzung vornehmen**,
2. bei der Gefährdungseinschätzung eine **insoweit erfahrene Fachkraft** beratend hinzugezogen wird sowie
3. die **Erziehungsberechtigten sowie das Kind oder der Jugendliche** in die Gefährdungseinschätzung **einbezogen** werden, soweit hierdurch der wirksame Schutz des Kindes oder Jugendlichen nicht infrage gestellt wird.

In die Vereinbarung ist neben den Kriterien für die Qualifikation der beratend hinzuzuziehenden insoweit erfahrenen Fachkraft insbesondere die Verpflichtung aufzunehmen, dass die Fachkräfte der Träger bei den Erziehungsberechtigten auf die Inanspruchnahme von Hilfen hinwirken, wenn sie diese für erforderlich halten, und das Jugendamt informieren, falls die Gefährdung nicht anders abgewendet werden kann.

(5) Werden einem örtlichen Träger gewichtige Anhaltspunkte für die Gefährdung des Wohls eines Kindes oder eines Jugendlichen bekannt, so sind dem für die Gewährung von Leistungen zuständigen örtlichen Träger die Daten mitzuteilen, deren Kenntnis zur Wahrnehmung des Schutzauftrags bei Kindeswohlgefährdung nach § 8a erforderlich ist. Die Mitteilung soll im Rahmen eines Gespräches zwischen den Fachkräften der beiden örtlichen Träger erfolgen, an dem die Personensorgeberechtigten sowie das Kind oder der Jugendliche beteiligt werden sollen, soweit hierdurch der wirksame Schutz des Kindes oder des Jugendlichen nicht infrage gestellt wird.

Dementsprechend ist es Aufgabe jeder Einrichtung, bei Bekanntwerden von wichtigen Anhaltspunkten für eine Kindeswohlgefährdung eine Gefährdungseinschätzung vorzunehmen und diese entsprechend zu dokumentieren. Es besteht eine Verpflichtung, sich dabei von einer insoweit erfahrenen Fachkraft (Kinderschutzfachkraft beim Träger, bei einer Partnerorganisation wie dem Kinderschutzbund oder der Kommune beschäftigt) beraten zu lassen. Weiterhin gilt es, dabei das Kind und ggf. die Eltern mit einzubeziehen.

§ 8b SGB VIII Fachliche Beratung und Begleitung zum Schutz von Kindern und Jugendlichen

(1) Personen, die beruflich in Kontakt mit Kindern oder Jugendlichen stehen, haben bei der Einschätzung einer Kindeswohlgefährdung im Einzelfall gegenüber dem örtlichen Träger der Jugendhilfe **Anspruch auf Beratung durch eine insoweit erfahrene Fachkraft**.

(2) Träger von Einrichtungen, in denen sich Kinder oder Jugendliche ganztägig oder für einen Teil des Tages aufhalten oder in denen sie Unterkunft erhalten, und die zuständigen Leistungsträger, haben **gegenüber dem überörtlichen Träger der Jugendhilfe Anspruch auf Beratung bei der Entwicklung und Anwendung fachlicher Handlungsleitlinien**

1. zur **Sicherung des Kindeswohls** und zum Schutz vor Gewalt sowie
2. zu **Verfahren der Beteiligung von Kindern** und Jugendlichen an strukturellen Entscheidungen in der Einrichtung sowie zu Beschwerdeverfahren in persönlichen Angelegenheiten.

Als Mitarbeiterin in einer Kita haben Sie dementsprechend einen Anspruch auf Beratung durch eine insoweit erfahrene Fachkraft. Weiterhin haben Träger gegenüber dem Landesjugendamt einen Anspruch auf Beratung zu Konzepten zum Kindeswohl und der Beteiligung von Kindern.

§ 22 SGB VIII Grundsätze der Förderung

(1) **Tageseinrichtungen** sind Einrichtungen, in denen sich **Kinder für einen Teil des Tages oder ganztägig aufhalten** und **in Gruppen gefördert** werden. **Kindertagespflege** wird von einer geeigneten Tagespflegeperson in ihrem Haushalt oder **im Haushalt** des Personensorgeberechtigten geleistet. Das Nähere über die Abgrenzung von Tagesein-

richtungen und Kindertagespflege regelt das Landesrecht. Es kann auch regeln, dass Kindertagespflege in anderen geeigneten Räumen geleistet wird.

(2) Tageseinrichtungen für Kinder und Kindertagespflege sollen

1. die **Entwicklung des Kindes** zu einer eigenverantwortlichen und gemeinschaftsfähigen Persönlichkeit **fördern**,
2. die **Erziehung und Bildung in der Familie unterstützen** und ergänzen,
3. den **Eltern** dabei **helfen**, **Erwerbstätigkeit und Kindererziehung besser miteinander vereinbaren** zu können.

(3) Der Förderungsauftrag umfasst **Erziehung, Bildung und Betreuung** des Kindes und bezieht sich auf die **soziale, emotionale, körperliche und geistige Entwicklung** des Kindes. Er schließt die **Vermittlung orientierender Werte und Regeln** ein. Die Förderung soll sich am Alter und Entwicklungsstand, den sprachlichen und sonstigen Fähigkeiten, der Lebenssituation sowie den Interessen und Bedürfnissen des einzelnen Kindes orientieren und seine ethnische Herkunft berücksichtigen.

Im ersten Punkt werden Kindertagesbetreuung und -tagespflege gleichgestellt. Sie haben übereinstimmende Ziele und Förderaufträge, wenngleich Unterscheidungen in der Qualifikation und der Räumlichkeit der Betreuung gemacht werden.

§ 22a SGB VIII Förderung von Tageseinrichtungen

(1) Die Träger der öffentlichen Jugendhilfe sollen die **Qualität der Förderung** in ihren Einrichtungen durch geeignete Maßnahmen **sicherstellen und weiterentwickeln**. Dazu gehören die Entwicklung und der Einsatz einer **pädagogischen Konzeption** als Grundlage für die Erfüllung des Förderungsauftrags sowie der Einsatz von **Instrumenten und Verfahren zur Evaluation** der Arbeit in den Einrichtungen.

(2) Die Träger der öffentlichen Jugendhilfe sollen sicherstellen, dass die **Fachkräfte** in ihren Einrichtungen **zusammenarbeiten**

1. mit den **Erziehungsberechtigten** und Tagespflegepersonen zum Wohl der Kinder und zur Sicherung der Kontinuität des Erziehungsprozesses,
2. mit anderen **kinder- und familienbezogenen Institutionen** und Initiativen im Gemeinwesen, insbesondere solchen der Familienbildung und -beratung,

3. mit den **Schulen**, um den Kindern einen guten Übergang in die Schule zu sichern und um die Arbeit mit Schulkindern in Horten und altersgemischten Gruppen zu unterstützen.

Die **Erziehungsberechtigten sind an den Entscheidungen in wesentlichen Angelegenheiten der Erziehung, Bildung und Betreuung zu beteiligen**.

(3) Das Angebot soll sich **pädagogisch und organisatorisch an den Bedürfnissen der Kinder und ihrer Familien orientieren**. Werden Einrichtungen in den **Ferienzeiten** geschlossen, so hat der Träger der öffentlichen Jugendhilfe für die Kinder, die nicht von den Erziehungsberechtigten betreut werden können, eine **anderweitige Betreuungsmöglichkeit** sicherzustellen.

(4) **Kinder mit und ohne Behinderung** sollen, sofern der Hilfebedarf dies zulässt, in Gruppen **gemeinsam gefördert** werden. Zu diesem Zweck sollen die Träger der öffentlichen Jugendhilfe mit den Trägern der Sozialhilfe bei der Planung, konzeptionellen Ausgestaltung und Finanzierung des Angebots zusammenarbeiten.

(5) Die **Träger der öffentlichen Jugendhilfe** sollen die Realisierung des Förderungsauftrages nach Maßgabe der Absätze 1 bis 4 in den Einrichtungen anderer Träger durch geeignete Maßnahmen **sicherstellen**.

In Kindertageseinrichtungen und in der Kindertagespflege geht es demnach nicht nur um die Qualität der Einrichtungen, sondern auch um deren Weiterentwicklung mittels Evaluationsmethoden. Die Zusammenarbeit mit den Eltern ist zentral, wobei auch mit anderen Einrichtungen zusammengearbeitet werden soll. Das Angebot soll sich an den Bedürfnissen der Kinder und der Eltern orientieren. Behinderte Kinder sollen gemeinsam mit anderen Kindern gefördert werden. Die Träger der öffentlichen Jugendhilfe sind für die Einhaltung dieser Vorgaben zuständig.

§ 23 SGB VIII Förderung in Kindertagespflege

(1) Die Förderung in Kindertagespflege nach Maßgabe von § 24 umfasst die **Vermittlung** des Kindes zu einer **geeigneten Tagespflegeperson**, soweit diese nicht von der erziehungsberechtigten Person nachgewiesen wird, deren **fachliche Beratung, Begleitung und weitere Qualifizierung** sowie die **Gewährung einer laufenden Geldleistung** an die Tagespflegeperson.

(2) Die laufende Geldleistung nach Absatz 1 umfasst

1. die Erstattung angemessener Kosten, die der Tagespflegeperson für den Sachaufwand entstehen,
2. einen Betrag zur Anerkennung ihrer Förderungsleistung nach Maßgabe von Absatz 2a,
3. die Erstattung nachgewiesener Aufwendungen für Beiträge zu einer Unfallversicherung sowie die hälftige Erstattung nachgewiesener Aufwendungen zu einer angemessenen Alterssicherung der Tagespflegeperson und
4. die hälftige Erstattung nachgewiesener Anforderungen zu einer angemessenen Krankenversicherung und Pflegeversicherung.

(2a) Die **Höhe** der laufenden Geldleistung wird von den Trägern der **öffentlichen Jugendhilfe festgelegt**, soweit Landesrecht nicht etwas anderes bestimmt. Der Betrag zur Anerkennung der Förderungsleistung der Tagespflegeperson ist leistungsgerecht auszugestalten. Dabei sind der zeitliche Umfang der Leistung und die Anzahl sowie der Förderbedarf der betreuten Kinder zu berücksichtigen.

(3) **Geeignet** im Sinne von Absatz 1 sind Personen, die sich durch ihre **Persönlichkeit, Sachkompetenz und Kooperationsbereitschaft** mit Erziehungsberechtigten und anderen Tagespflegepersonen auszeichnen und über **kindgerechte Räumlichkeiten verfügen**. Sie sollen über vertiefte Kenntnisse hinsichtlich der Anforderungen der Kindertagespflege verfügen, die sie in **qualifizierten Lehrgängen** erworben oder in anderer Weise nachgewiesen haben.

(4) Erziehungsberechtigte und Tagespflegepersonen haben Anspruch auf **Beratung in allen Fragen der Kindertagespflege**. Für Ausfallzeiten einer Tagespflegeperson ist rechtzeitig eine andere Betreuungsmöglichkeit für das Kind sicherzustellen. Zusammenschlüsse von Tagespflegepersonen sollen beraten, unterstützt und gefördert werden.

Dieser Paragraf macht deutlich, dass Eltern an Tagespflegepersonen vermittelt werden sollen. Zudem definiert er die Aufgaben der Kommunen: Sie sind für die Beratung, Qualifizierung, Begleitung und Vergütung von Tagespflegepersonen zuständig. Geeignete Personen sind die, die einen qualifizierten Lehrgang absolviert haben und daher über vertiefte Kenntnisse verfügen.

§ 24 SGB VIII Anspruch auf Förderung in Tageseinrichtungen und in Kindertagespflege

(1) Ein **Kind, das das erste Lebensjahr noch nicht vollendet hat**, ist in einer Einrichtung oder in Kindertagespflege zu fördern, wenn

1. diese Leistung **für seine Entwicklung** zu einer eigenverantwortlichen und gemeinschaftsfähigen Persönlichkeit **geboten** ist oder
2. die Erziehungsberechtigten
   a) einer **Erwerbstätigkeit** nachgehen, eine Erwerbstätigkeit aufnehmen oder **Arbeit suchend sind,**
   b) sich in einer **beruflichen Bildungsmaßnahme**, in der **Schulausbildung** oder **Hochschulausbildung** befinden oder
   c) **Leistungen zur Eingliederung in Arbeit** im Sinne des Zweiten Buches erhalten.

Lebt das Kind nur mit einem Erziehungsberechtigten zusammen, so tritt diese Person an die Stelle der Erziehungsberechtigten. **Der Umfang der täglichen Förderung richtet sich nach dem individuellen Bedarf.**

(2) **Ein Kind, das das erste Lebensjahr** vollendet hat, hat bis zur Vollendung des dritten Lebensjahres **Anspruch auf frühkindliche Förderung in einer Tageseinrichtung oder in Kindertagespflege**. Absatz 1 Satz 3 gilt entsprechend.

(3) Ein Kind, das das **dritte Lebensjahr vollendet** hat, hat bis zum Schuleintritt Anspruch auf Förderung in einer Tageseinrichtung. Die Träger der öffentlichen Jugendhilfe haben darauf hinzuwirken, dass für diese Altersgruppe ein **bedarfsgerechtes Angebot an Ganztagsplätzen zur Verfügung** steht. Das Kind kann bei besonderem Bedarf oder ergänzend auch in Kindertagespflege gefördert werden.

(4) Für Kinder im schulpflichtigen Alter ist ein bedarfsgerechtes Angebot in Tageseinrichtungen vorzuhalten. Absatz 1 Satz 3 und Absatz 3 Satz 3 gelten entsprechend.

(5) Die Träger der öffentlichen Jugendhilfe oder die von ihnen beauftragten Stellen sind verpflichtet, Eltern oder Elternteile, die Leistungen nach den Absätzen 1 bis 4 in Anspruch nehmen wollen, über das **Platzangebot im örtlichen Einzugsbereich** und die pädagogische Konzeption der Einrichtungen zu informieren und sie **bei der Auswahl zu beraten**. Landesrecht kann bestimmen, dass die erziehungsberechtigten Personen den zuständigen Träger der öffentlichen Jugendhilfe oder die

beauftragte Stelle innerhalb einer bestimmten Frist vor der beabsichtigten Inanspruchnahme der Leistung in Kenntnis setzen.

(6) Weitergehendes Landesrecht bleibt unberührt.

Dieser Paragraf besteht in dieser Fassung seit 01.08.2013. Er besagt, dass alle Kinder ab dem vollendetem ersten Lebensjahr einen Rechtsanspruch auf einen Kita-/Tagespflegeplatz entsprechend ihrem individuellen Bedarf haben. Bei Kindern ab drei Jahren wird der individuelle Bedarf nicht erwähnt, es besteht ein grundsätzlicher Anspruch. Kinder unter einem Jahr haben auch einen Anspruch, es werden dazu Anspruchsvoraussetzungen definiert.

§ 25 SGB VIII Unterstützung selbstorganisierter Förderung von Kindern

Mütter, Väter und andere Erziehungsberechtigte, die die Förderung von Kindern selbst organisieren wollen, **sollen beraten und unterstützt werden**.

Dieser Paragraf wird in jedem Bundesland etwas anders verstanden. Da das Gesetz keine Aussage macht, wer beraten und unterstützen soll, lässt dies einigen Spielraum.

Manchmal werden Elterninitiativ-Dachverbände darüber finanziert, in anderen Kommunen wird diese Aufgabe von der Kommune umgesetzt, aber nur wenige Eltern wissen davon.

§ 26 SGB VIII Landesrechtsvorbehalt

Das **Nähere über Inhalt und Umfang der in diesem Abschnitt geregelten Aufgaben und Leistungen regelt das Landesrecht**. Am 31. Dezember 1990 geltende landesrechtliche Regelungen, die das Kindergartenwesen dem Bildungsbereich zuweisen, bleiben unberührt.

Hier wird der Bezug zum Landesrecht festgelegt. Die Konkretisierungen dieses Gesetzes sind demnach in den jeweiligen Landesgesetzen zu finden.

§ 43 SGB VIII Erlaubnis zur Kindertagespflege

(1) Eine Person, die ein Kind oder mehrere Kinder außerhalb des Haushalts des Erziehungsberechtigten während eines Teils des Tages und **mehr als 15 Stunden wöchentlich** gegen **Entgelt** länger als drei Monate betreuen will, bedarf der **Erlaubnis**.

(2) Die Erlaubnis ist zu erteilen, wenn die **Person** für die Kindertagespflege **geeignet** ist. Geeignet im Sinne des Satzes 1 sind Personen, die

1. sich durch ihre Persönlichkeit, Sachkompetenz und Kooperationsbereitschaft mit Erziehungsberechtigten und anderen Tagespflegepersonen auszeichnen und
2. über kindgerechte Räumlichkeiten verfügen. Sie sollen über vertiefte Kenntnisse hinsichtlich der Anforderungen der Kindertagespflege verfügen, die sie in qualifizierten Lehrgängen erworben oder in anderer Weise nachgewiesen haben. § 72a Absatz 1 und 5 gilt entsprechend.

(3) Die Erlaubnis befugt zur Betreuung von **bis zu fünf gleichzeitig anwesenden, fremden Kindern**. Im Einzelfall kann die Erlaubnis für eine geringere Zahl von Kindern erteilt werden. Landesrecht kann bestimmen, dass die Erlaubnis zur Betreuung von mehr als fünf gleichzeitig anwesenden, fremden Kindern erteilt werden kann, wenn die Person über eine pädagogische Ausbildung verfügt; in der Pflegestelle dürfen nicht mehr Kinder betreut werden als in einer vergleichbaren Gruppe einer Tageseinrichtung. Die Erlaubnis ist auf fünf Jahre befristet. Sie kann mit einer Nebenbestimmung versehen werden. Die Tagespflegeperson hat den Träger der öffentlichen Jugendhilfe über wichtige Ereignisse zu unterrichten, die für die Betreuung des oder der Kinder bedeutsam sind.

(4) Erziehungsberechtigte und Tagespflegepersonen haben **Anspruch auf Beratung** in allen Fragen der Kindertagespflege.

(5) Das Nähere regelt das Landesrecht.

Für die Kindertagespflege ist eine Pflegeerlaubnis nötig. Dafür müssen bestimmte Voraussetzungen gegeben sein. Im Landesrecht ist Weiteres enthalten.

§ 45 SGB VIII Erlaubnis für den Betrieb einer Einrichtung

(1) Der Träger einer Einrichtung, in der **Kinder oder Jugendliche ganztägig oder für einen Teil des Tages betreut** werden oder Unterkunft erhalten, bedarf für den Betrieb der Einrichtung der Erlaubnis. Einer Erlaubnis bedarf nicht, wer

1. eine Jugendfreizeiteinrichtung, eine Jugendbildungseinrichtung, eine Jugendherberge oder ein Schullandheim betreibt,
2. ein Schülerheim betreibt, das landesgesetzlich der Schulaufsicht untersteht,
3. eine Einrichtung betreibt, die außerhalb der Jugendhilfe liegende Aufgaben für Kinder oder Jugendliche wahrnimmt, wenn für sie eine entsprechende gesetzliche Aufsicht besteht oder im Rahmen des Hotel- und Gaststättengewerbes der Aufnahme von Kindern oder Jugendlichen dient.

(2) Die Erlaubnis ist zu erteilen, wenn das Wohl der Kinder und Jugendlichen in der Einrichtung **gewährleistet** ist. Dies ist in der Regel anzunehmen, wenn

1. die dem **Zweck und der Konzeption der Einrichtung** entsprechenden **räumlichen, fachlichen, wirtschaftlichen und personellen Voraussetzungen** für den Betrieb erfüllt sind,
2. die **gesellschaftliche und sprachliche Integration** in der Einrichtung unterstützt wird sowie die **gesundheitliche Vorsorge und die medizinische Betreuung** der Kinder und Jugendlichen nicht erschwert werden sowie
3. zur **Sicherung der Rechte von Kindern** und Jugendlichen in der Einrichtung **geeignete Verfahren der Beteiligung sowie der Möglichkeit der Beschwerde** in persönlichen Angelegenheiten Anwendung finden.

(3) Zur **Prüfung der Voraussetzungen hat der Träger der Einrichtung mit dem Antrag**

1. die **Konzeption der Einrichtung** vorzulegen, die auch Auskunft über Maßnahmen zur Qualitätsentwicklung und -sicherung gibt, sowie
2. im Hinblick auf die **Eignung des Personals** nachzuweisen, dass die Vorlage und Prüfung von aufgabenspezifischen **Ausbildungsnachweisen** sowie von **Führungszeugnissen** nach § 30 Absatz 5 und § 30a Absatz 1 des Bundeszentralregistergesetzes sichergestellt sind; Führungszeugnisse sind von dem Träger der Einrichtung in regelmäßigen Abständen erneut anzufordern und zu prüfen.

> (4) Die Erlaubnis kann mit Nebenbestimmungen versehen werden. Zur Sicherung des Wohls der Kinder und der Jugendlichen können auch nachträgliche Auflagen erteilt werden.
>
> (5) Besteht für eine erlaubnispflichtige Einrichtung eine Aufsicht nach anderen Rechtsvorschriften, so hat die zuständige Behörde ihr Tätigwerden zuvor mit der anderen Behörde abzustimmen. Sie hat den Träger der Einrichtung rechtzeitig auf weitergehende Anforderungen nach anderen Rechtsvorschriften hinzuweisen.
>
> (6) Sind in einer Einrichtung Mängel festgestellt worden, so soll die zuständige Behörde zunächst den Träger der Einrichtung über die Möglichkeiten zur Beseitigung der Mängel beraten. Wenn sich die Beseitigung der Mängel auf Entgelte oder Vergütungen nach § 75 des Zwölften Buches auswirken kann, so ist der Träger der Sozialhilfe an der Beratung zu beteiligen, mit dem Vereinbarungen nach dieser Vorschrift bestehen. Werden festgestellte Mängel nicht behoben, so können dem Träger der Einrichtung Auflagen erteilt werden, die zur Beseitigung einer eingetretenen oder Abwendung einer drohenden Beeinträchtigung oder Gefährdung des Wohls der Kinder oder Jugendlichen erforderlich sind. Wenn sich eine Auflage auf Entgelte oder Vergütungen nach § 75 des Zwölften Buches auswirkt, so entscheidet die zuständige Behörde nach Anhörung des Trägers der Sozialhilfe, mit dem Vereinbarungen nach dieser Vorschrift bestehen, über die Erteilung der Auflage. Die Auflage ist nach Möglichkeit in Übereinstimmung mit Vereinbarungen nach den §§ 75 bis 80 des Zwölften Buches auszugestalten.
>
> (7) Die Erlaubnis ist zurückzunehmen oder zu widerrufen, wenn das Wohl der Kinder oder der Jugendlichen in der Einrichtung gefährdet und der Träger der Einrichtung nicht bereit oder nicht in der Lage ist, die Gefährdung abzuwenden. Widerspruch und Anfechtungsklage gegen die Rücknahme oder den Widerruf der Erlaubnis haben keine aufschiebende Wirkung.

Von zentraler Bedeutung für den Betrieb einer Einrichtung ist die Betriebserlaubnis. Sie wird beantragt, um eine bestimmte Anzahl von Plätzen zu den vereinbarten Betreuungszeiten, mit dem entsprechenden Personal und den gesehenen Räumen betreiben zu dürfen. Der Antrag wird bei der zuständigen Landesaufsichtsbehörde gestellt. Dort geben Sie, wie im Gesetz vorgesehen, die Konzeption, einen Nachweis über die Qualifikation der Mitarbeiter*innen sowie die entsprechenden Führungszeugnisse ab. Die Räume werden vorab von der Landesaufsichtsbehörde begangen und später im laufenden Betrieb geprüft (siehe auch Baustein 2, *Räume*). Daher ist es empfehlenswert, sich zusätzlich von einem Dachverband beraten zu lassen, der meist weitere wertvolle Tipps geben kann.

§ 72a SGB VIII Tätigkeitsausschluss einschlägig vorbestrafter Personen

(1) Die Träger der öffentlichen Jugendhilfe dürfen für die Wahrnehmung der Aufgaben in der Kinder- und Jugendhilfe keine Person beschäftigen oder vermitteln, die rechtskräftig wegen einer Straftat nach den §§ 171, 174 bis 174c, 176 bis 180a, 181a, 182 bis 184f, 225, 232 bis 233a, 234, 235 oder 236 des Strafgesetzbuchs verurteilt worden ist. Zu diesem Zweck sollen sie sich bei der Einstellung oder Vermittlung und in regelmäßigen Abständen von den betroffenen Personen ein Führungszeugnis nach § 30 Absatz 5 und § 30a Absatz 1 des Bundeszentralregistergesetzes vorlegen lassen.

(2) **Die Träger der öffentlichen Jugendhilfe sollen durch Vereinbarungen mit den Trägern der freien Jugendhilfe sicherstellen, dass diese keine Person, die wegen einer Straftat nach Absatz 1 Satz 1 rechtskräftig verurteilt worden ist, beschäftigen**.

(3) Die Träger der öffentlichen Jugendhilfe sollen sicherstellen, dass unter ihrer Verantwortung keine **neben- oder ehrenamtlich tätige Person**, die wegen einer Straftat nach Absatz 1 Satz 1 rechtskräftig verurteilt worden ist, in Wahrnehmung von Aufgaben der Kinder- und Jugendhilfe Kinder oder Jugendliche beaufsichtigt, betreut, erzieht oder ausbildet oder einen vergleichbaren Kontakt hat. Hierzu sollen die **Träger der öffentlichen Jugendhilfe über die Tätigkeiten entscheiden**, die von den in Satz 1 genannten Personen aufgrund von **Art, Intensität und Dauer des Kontakts dieser Personen mit Kindern und Jugendlichen nur nach Einsichtnahme in das Führungszeugnis** nach Absatz 1 Satz 2 wahrgenommen werden dürfen.

Hier wird festgehalten, dass alle mit Minderjährigen tätigen Personen vor der Arbeitsaufnahme ein erweitertes Führungszeugnis beantragen müssen, in das Einsicht genommen wird. Bei Ehrenamtlichen und nebenberuflichen Mitarbeiter*innen wird zwischen Trägern und örtlichem Jugendamt abgestimmt, welche Personen mit welchen Aufgaben das erweiterte Führungszeugnis vorlegen müssen.

§ 74a SGB VIII Finanzierung von Tageseinrichtungen für Kinder

> Die Finanzierung von Tageseinrichtungen regelt das Landesrecht. Dabei können **alle Träger** von Einrichtungen, die die **rechtlichen und fachlichen Voraussetzungen für den Betrieb der Einrichtung erfüllen**, gefördert werden. Die Erhebung von Teilnahmebeiträgen nach § 90 bleibt unberührt.

Damit wird deutlich, dass je nach Landesrecht eine Förderung jener Träger möglich ist, die das Land festgelegt hat. Dies zeigt sich unter anderem an der Möglichkeit privat-gewerblicher Träger (siehe *Nützliche Hintergrundinformationen*).

§ 75 SGB VIII Anerkennung als Träger der Freien Jugendhilfe

> (1) Als Träger der freien Jugendhilfe können juristische Personen und Personenvereinigungen anerkannt werden, wenn sie
> 1. auf dem **Gebiet der Jugendhilfe** im Sinne des § 1 tätig sind,
> 2. **gemeinnützige Ziele** verfolgen,
> 3. aufgrund der **fachlichen und personellen Voraussetzungen** erwarten lassen, dass sie einen nicht unwesentlichen Beitrag zur Erfüllung der Aufgaben der Jugendhilfe zu leisten imstande sind, und
> 4. die Gewähr für eine den **Zielen des Grundgesetzes** förderliche Arbeit bieten.
>
> (2) Einen **Anspruch** auf Anerkennung als Träger der freien Jugendhilfe hat unter den Voraussetzungen des Absatzes 1, wer auf dem Gebiet der Jugendhilfe **mindestens drei Jahre tätig** gewesen ist.
>
> (3) Die Kirchen und Religionsgemeinschaften des öffentlichen Rechts sowie die auf Bundesebene zusammengeschlossenen Verbände der freien Wohlfahrtspflege sind anerkannte Träger der freien Jugendhilfe.

Als anerkannter Träger der freien Jugendhilfe sind Sie gemeinnützig tätig (siehe Baustein 1, *Gemeinnützigkeit und Steuern*). Sie sind ein Partner des Staates und übernehmen Aufgaben der Jugendhilfe. Den Antrag auf Anerkennung stellen Sie beim kommunalen Jugendhilfeausschuss und legen Konzeption, Satzung und Führungszeugnisse von mindestens zwei Vorständen vor. In kleinen Jugendhilfeausschüssen stellen Sie sich persönlich vor und wohnen der Beschlussfassung bei, bei größeren geschieht die Beschlussfassung auf Antrag. Planen Sie dafür mindestens ein halbes Jahr je nach Größe Ihrer Kommune ein. Erst nach der Anerkennung kann über den Zuschuss abgestimmt werden. Das heißt, unter Umständen liegen zwei Monate dazwischen, die Sie gezwungen sind abzuwarten.

§ 79a SGB VIII Qualitätsentwicklung in der Kinder- und Jugendhilfe

> Um die Aufgaben der Kinder- und Jugendhilfe nach § 2 zu erfüllen, haben die Träger der öffentlichen Jugendhilfe **Grundsätze und Maßstäbe für die Bewertung der Qualität** sowie **geeignete Maßnahmen** zu ihrer Gewährleistung für
>
> 1. die Gewährung und Erbringung von Leistungen,
> 2. die Erfüllung anderer Aufgaben,
> 3. den Prozess der Gefährdungseinschätzung nach § 8a,
> 4. die Zusammenarbeit mit anderen Institutionen
>
> **weiterzuentwickeln**, **anzuwenden** und **regelmäßig zu überprüfen**. Dazu zählen auch Qualitätsmerkmale für die Sicherung der Rechte von Kindern und Jugendlichen in Einrichtungen und ihren Schutz vor Gewalt.
>
> ...

Auch dieser Paragraf ist schon bei der Gründung relevant: Die öffentlichen Träger der Jugendhilfe legen die Grundsätze und Maßstäbe für die Bewertung von Qualität fest und sorgen für geeignete Maßnahmen bei deren Umsetzung. Dies betrifft zum einen die regulären Kitaleistungen, zum anderen die Gefährdungseinschätzung bezüglich Kindeswohlgefährdung, die Zusammenarbeit mit anderen Institutionen und die Erfüllung anderer Aufgaben. Auch die regelmäßige Überprüfung gehört hier dazu. Sie können daher davon ausgehen, dass sich Ihre Kommune bzw. Ihr Landkreis bei Ihnen melden wird. Ihnen als Träger steht es natürlich frei, selbst für Qualitätsentwicklung zu sorgen (siehe Baustein 3, *Qualität halten und verbessern*).

§ 80 SGB VIII Jugendhilfeplanung

> (1) Die Träger der öffentlichen Jugendhilfe haben im Rahmen ihrer Planungsverantwortung
>
> 1. den Bestand an Einrichtungen und Diensten festzustellen,
> 2. den **Bedarf** unter Berücksichtigung der Wünsche, Bedürfnisse und Interessen der jungen Menschen und der Personensorgeberechtigten für einen mittelfristigen Zeitraum zu **ermitteln** und

3. die zur Befriedigung des Bedarfs notwendigen Vorhaben rechtzeitig und ausreichend zu planen; dabei ist Vorsorge zu treffen, dass auch ein unvorhergesehener Bedarf befriedigt werden kann.

(2) Einrichtungen und Dienste sollen so geplant werden, dass insbesondere

1. Kontakte in der Familie und im sozialen Umfeld erhalten und gepflegt werden können,
2. ein möglichst wirksames, vielfältiges und aufeinander abgestimmtes Angebot von Jugendhilfeleistungen gewährleistet ist,
3. junge Menschen und Familien in gefährdeten Lebens- und Wohnbereichen besonders gefördert werden,
4. Mütter und Väter Aufgaben in der Familie und Erwerbstätigkeit besser miteinander vereinbaren können.

(3) Die Träger der öffentlichen Jugendhilfe haben die anerkannten Träger der freien Jugendhilfe in allen Phasen ihrer Planung frühzeitig zu beteiligen. Zu diesem Zweck sind sie vom Jugendhilfeausschuss, soweit sie überörtlich tätig sind, im Rahmen der Jugendhilfeplanung des überörtlichen Trägers vom Landesjugendhilfeausschuss zu hören. Das Nähere regelt das Landesrecht.

(4) Die Träger der öffentlichen Jugendhilfe sollen darauf hinwirken, dass die Jugendhilfeplanung und andere örtliche und überörtliche Planungen aufeinander abgestimmt werden und die Planungen insgesamt den Bedürfnissen und Interessen der jungen Menschen und ihrer Familien Rechnung tragen.

Dieser Paragraf ist ziemlich wichtig: Wollen Sie eine gesetzliche Förderung erhalten, so ist dies nur durch Aufnahme in den kommunalen Bedarfsplan möglich.

Die kommunale Bedarfsplanung geht wie folgt vor: Bezogen auf die bestehenden Kita- und die Tagespflegeplätze werden die Geburtenzahlen auf die Stadtteile für die nächsten Jahre berechnet. So ist für eine Kommune klar, ob und wo noch Kita- bzw. Tagespflegeplätze benötigt werden. Relevant bei dieser Berechnung ist die Frage, auf welche Grundlagen die Jugendhilfeplanung basiert.

Die Kommunen rechnen zum Teil mit verschiedenen Quoten der Platzbelegung: Laut Kinderförderungsgesetz von 2008 sind 38 % der U3-Kinder vorgesehen. Jede Kommune hat dabei jedoch Gestaltungsspielraum. Vielfach ist der Bedarf deutlich höher, er liegt etwa zwischen 50 und 60 %.

Wenn mehr als 38 % aller Familien einen Platz für ihr U3-Kind benötigen, ist dies unter Umständen nicht in der Bedarfsplanung enthalten. Dies ist in der Regel in Ballungsgebieten gegeben. Da die Kinder ja ab dem vollendeten ersten Lebensjahr einen Anspruch auf einen Kita-Platz haben, müsste die Kommune auch unterjährig, wenn die Kinder Geburtstag haben, die Bereitstellung der Plätze einplanen. Wenn dies in der Planung nicht berücksichtigt wird, ist der Bedarf ebenfalls höher. Diese Bezugsgrößen freundlich zu erfragen, kann eine wichtige Aufgabe gegenüber Ihrer Kommune sein.

Schauen Sie im Internet für Ihre Kommune bzw. Ihren Landkreis nach, ob es eine Veröffentlichung der Jugendhilfeplanung gibt. In größeren Städten ist das der Fall. Daran anschließend ist der erste Schritt, bei der Jugendhilfeplanung nachzufragen. Sie erfahren, ob der Bedarf gedeckt ist oder nicht. Fragen Sie gezielt nach den einzelnen Stadtteilen, weil die Bedarfsdeckung in jedem Stadtteil anders aussieht.

Zudem gibt es bestimmte konzeptionelle Einrichtungsformen, die durch das besondere Konzept als überörtlicher Träger gelten und daher nicht an einen bestimmten Stadtteil gebunden sind. Die Familien dieser Kitas können aus verschiedenen Stadtteilen stammen, daher geht es bei diesen Einrichtungen um den gesamten Bedarf einer Kommune. Dies sind im Besonderen Einrichtungen mit:

- Bewegungsschwerpunkt (sogenannte Bewegungskitas),
- Sprach-Schwerpunkt,
- Montessori- oder Waldorfausrichtung und
- Waldbezug (sogenannte Waldkitas).

Wenn Sie in Erfahrung gebracht haben, wie die Situation vor Ort aussieht, ist klar, ob es eine bedarfsgerechte Versorgung gibt. Dies ist möglicherweise in manchen Stadtteilen oder überörtlich noch nicht der Fall. Wenn der Bedarf von Eltern durch den Bedarfsplan gegeben ist, muss die Kommune noch der Finanzierung zustimmen. Erst nach dieser Zustimmung werden Sie in den Bedarfsplan aufgenommen.

> Es geht auch anders: In Berlin ist der Bedarf durch eine definitive Anmeldung der Eltern ausreichend für eine Förderung.

Wenn es hier Möglichkeiten gibt, lohnt sich ein erstes persönliches Gespräch mit dem Jugendamt über die nächsten Schritte. Falls es ganz dringend ist, bekunden Sie postalisch Ihren Willen, in den Bedarfsplan des Jahres *X* aufgenommen zu werden. Dabei reichen Sie am besten auch schon die Konzeption der Einrichtung ein (siehe Baustein 2).

8.2 Landesrecht

Nachdem der Bundesrahmen geklärt ist, zeigen sich in jedem Bundesland andere Rahmenbedingungen. Die sogenannten Kita-Gesetze haben sich in den Jahrzehnten seit dem Bestehen der Bundesrepublik in jedem Bundesland relativ autark weiterentwickelt, was zu verschiedenen Förder-Logiken führt. Im »Länderreport Frühkindliche Bildungssysteme« der Bertelsmann-Studie aus dem Jahr 2017 sind die verschiedenen Ausgangslagen sehr deutlich dargestellt: Stichworte wie Betreuer-Kind-Schlüssel, Finanzierung pro Platz und Anzahl der Kinder pro Gruppe sind nur einige.[11]

Diese Unterschiede zeigen die Vielfalt im Land, mit der Sie sich auseinandersetzen müssen. Was in einem Bundesland gut ist (z. B. Finanzierung), kann an anderer Stelle zu wenig sein (z. B. Personal-Kind-Schlüssel). Daher gibt es kein »Traum-Bundesland« für Kita-Gründungen, sondern es ist Ihre Aufgabe, für die lokalen Themen angemessene Lösungen zu finden.

Das Gute-Kita-Gesetz (2019) des Bundes hat diese unterschiedlichen Ausgangslagen sicher umschifft. Jedes Bundesland konnte sich aus einer Vielzahl von angebotenen Maßnahmen zur Qualitätsentwicklung mehrere aussuchen und deren Umsetzung länderspezifisch gestalten. Gesetzesänderungen, die für Sie als Gründer relevant sind, sind im Abschnitt Nützliche Hintergrundinformationen in den konkreten Landesgesetzgebungen eingepflegt.

Kita-Landesgesetze anschauen

An dieser Stelle ist demnach ein Blick auf das gültige Landesgesetz unvermeidbar, wenn Sie verstehen wollen, welche Logik des Kindertagesstätten-Wesens in Ihrem Bundesland gilt. Im Abschnitt *Nützliche Hintergrundinformationen* sind die Gesetze und die Links angegeben, zudem wurden die wichtigsten Merkmale der Gesetze tabellarisch pro Bundesland dargestellt (siehe *Nützliche Hintergrundinformationen*).

11. Bock-Famulla, Kathrin & Strunz, Eva & Löhle, Anna (2017): »Länderreport Frühkindliche Bildungssysteme 2017. Transparenz schaffen – Governance stärken.« Verlag Bertelsmann Stiftung, Gütersloh.

Verordnungen

Neben den Landesgesetzen gibt es eine Reihe von Verordnungen, die das jeweilige Gesetz ergänzen. Zum Teil konnten diese bei der Beschreibung im Anhang berücksichtigt werden, wenn sie im Gesetz erwähnt und veröffentlicht sind. Andernfalls wurden sie nicht berücksichtigt. Dabei hilft eine Anfrage bei der zuständigen Behörde.

Gängige Praxis vor Ort

Des Weiteren gibt es eine Reihe von unterschiedlichen Möglichkeiten, wie eine Kommune ihre Kitas unterstützt. In der tatsächlichen Praxis kann es dementsprechend verschiedene kommunale Sonderformen geben. Hier helfen die direkte Ansprache des Jugendamtes sowie das freundliche Nachfragen bei anderen Trägern.

> Ein Beispiel: In manchen Kommunen in Nordrhein-Westfalen wird der Trägeranteil eines Kindes, wenn dessen Eltern Sozialleistungen beziehen, von der Kommune übernommen. So stellt die Kommune sicher, dass die Familien freien Zugang zu allen Kitas haben, eben auch zu Elterninitiativen, wo die Zahlung eines zusätzlichen Beitrages üblich ist.

Auch kann es unterschiedliche Regelungen über zusätzliche Zuschüsse an die Träger geben, zu denen Ihnen als neuer Träger unter Umständen der Zugang fehlt. Hier ist politische Einflussnahme wichtig, richten Sie sich daher von Anfang an alle Fraktionen der kommunalen Entscheidungsgremien.

9 Möglichkeiten der Finanzierung & Förderung

Die landesgesetzlichen Rahmenbedingungen beinhalten differenzierte Regelungen zur Finanzierung. Sich über diese zu informieren hat Sinn, denn erst dann kennen Sie die Spielräume und Möglichkeiten (siehe *Nützliche Hintergrundinformationen*). Grundsätzlich sind betriebswirtschaftliche Methoden, im Besonderen finanzplanerische und finanzkontrollierende Aktivitäten, Voraussetzung für einen dauerhaft gesicherten Betrieb. Sie können dabei in Form von Schulungen und Beratung unterstützt werden, zum Beispiel von Mitgliedern der BAGE e.V., des Paritätischen usw. Als Träger sind Sie zudem für die Finanzen verantwortlich und unter Umständen persönlich haftbar (siehe Baustein 1, *Die gängigen Rechtsformen*).

Als Planungsgrundlage der Finanzierung nutzen Sie am besten eine Excel-Datei, in die Sie alle im Folgenden erklärten Einnahmen und Ausgaben eintragen. Dies ist die Planung, die Sie später mit den tatsächlichen Zahlen abgleichen. Im Rahmen des Finanzcontrollings, welches die tatsächlichen Zahlen mit den Planzahlen vergleicht, kontieren Sie die einzelnen Kosten und erstellen eine Auswertung pro Einrichtung (siehe Baustein 3, *Was Sie über Buchhaltung wissen sollten*). Dann ist zu jedem Zeitpunkt im laufenden Kita-Jahr klar, wie viel Geld zum Beispiel bei den Sachkosten ausgegeben wurde und wie viel Geld Sie noch ausgeben können.

9.1 Kindertagesstätten

Kitas haben eine komplexe Finanzierung:

Vor der Eröffnung: Investive Mittel

Bevor eine Kita eröffnen kann, benötigen Sie neben passenden Räumen gegebenenfalls entsprechende Umbauten, Möbel und Einrichtungsgegenstände. Dies ist die sogenannte investive Förderung, mit der Sie die Gestaltung der Räume in Angriff nehmen sowie für eine Grundausstattung sorgen.

Zunächst beschließt eine Kommune investive Mittel, bevor ein Beschluss zu den laufenden Betriebskosten gefasst wird. Daher informieren Sie sich darüber in den ersten Gesprächen mit dem Jugendamt. Wenn die Kita unbedingt für die Bedarfsdeckung nötig ist, können Sie davon ausgehen, dass Jugendamt und Verwaltung Ihren Investitionskostenantrag unterstützen werden. Ob der Finanzausschuss und der Jugendhilfeausschuss ebenfalls zustimmen, ist eine andere Frage. Daher benötigen Sie unbedingt Unterstützer in den politischen Gremien (siehe Baustein 2, *Öffentlichkeitsarbeit und Eröffnung*).

Bei Neugründungen sind pro neu eingerichteter Gruppe von 12 bis 25 Kindern mindestens 25.000 € üblich, sowie Kosten für Kinderküchen, Zubereitungsküche und die Einrichtung anderer Nutzräume. Bei einem Umbau eines »normalen« Kindergartens in eine Einrichtung mit U3-Kindern müssen die Gelder beim Land beantragt werden, da das Land sie verwaltet. Für alle Einkäufe und Umbauten, die von diesem Geld getätigt werden, besteht eine Zweckbindung. Das heißt, das Eigentum des Trägers fließt unter Umständen wieder in das Eigentum der Kommune zurück, wenn es kürzer als vorgesehen genutzt wird. Es gelten folgende Fristen: Möbel müssen 10 Jahre und bauliche Umbauten bis zu 25 Jahre im vorliegenden Zustand genutzt werden.

Für Sie als Gründungswillige ist es sicher interessant, mit welchen Beträgen Sie dabei in etwa rechnen. Spenden und Arbeitsleistungen geben Sie als Eigenanteil an. Dies planen Sie für die Ersteinrichtung ein:

Schlafen:
Matratzen oder (Baby-) Betten, Bettbezüge, Spannbetttücher, Decken, Kopfkissen, Krippenrollen

Flur:
Schmutzmatte, Bänke für Kinder, Ablagefächer für Kinder, Taschenwagen, Hängeschränke, Bartisch und Hocker (für Elterncafé), Pinnwand, Elternpost

Büro:
Schreibtisch, Schreibtischstuhl, PC, Telefonanlage, Büroausstattung, Stühle und Tisch für Elterngespräche, Dokumentation für die Kinder

Gruppenräume:
Teppich, Gardinen, Raumteiler, Regale, Kinderstühle, Erzieher*innenstühle, Tische mit Rollen, ein kleiner Tisch pro Gruppe in normaler Höhe zum Dokumentieren und Arbeiten für Fachkräfte, Bewegungsbausteine, Einrichtungsgegenstände entsprechend Konzept, Spielmaterial und Spielzeug (pro Kind ca. 75 €), Kinderbücher, Bastelmaterial (pro Kind ca. 40 €)

Küche und Waschräume: Spülmaschine, Wasserkocher, Geschirr, Staubsauger und Nasswischsystem, abschließbarer Schrank für Putzmittel, Seifenspender, Handtuchspender, Herd, Kühlschrank, Lagerschrank
Außenanlagen: Sandkasten, Kletteranlage/-gerüst, Sonnenschirm/Sonnensegel, Gartentor, Stühle, Tische, Weidengeflecht, Spielzeugpauschale (pro Kind ca. 100 €)
Umbauten: Kindertoiletten, Personaltoilette, Wickelbereich z. B. über Badewanne, Duschmöglichkeit für Kinder, Raumerweiterungen, Heizungen absichern, Schließanlage, Eingangsbereich, Außenanlage usw.
Vorlaufkosten Räume und Personal: Dies kann möglicherweise zusätzlich gefördert werden. Fragen Sie bei der Kommune bzw. bei der Aufsichtsbehörde für zwei bis drei Monate Personalkosten nach.

Tabelle 2: Investive Mittel

> Unter Umständen übernimmt die Umbauten der Vermieter, sodass die Kosten bei der Miete verrechnet werden können. Eine Mieterhöhung wegen Umbau muss jedoch im Voraus mit der Kommune abgeklärt werden.

Es lohnt sich, wenn Sie die einzelnen Posten so genau wie möglich planen. Denken Sie an jedes Detail, denn damit legen Sie fest, wie Ihre Kita eingerichtet sein wird. Was Sie vergessen, zahlen Sie aus eigener Tasche. Wenn Sie das Geld erhalten, werden Sie es zeitnah ausgeben und belegen müssen. Änderungen bei einzelnen Posten, z. B. wenn bestimmte Möbel nicht gekauft wurden, dafür jedoch mehr Spielzeug, müssen unter Umständen vorab beantragt werden. Erkundigen Sie sich demzufolge nach den Rahmenbedingungen.

Modellrechnung für den laufenden Betrieb

An dieser Stelle sind die wesentlichen Eckpunkte der Betriebskostenförderung in einer Modellrechnung dargestellt, die einzelnen Punkte werden im Folgenden ausführlich beschrieben. Die Zahlen sind angelehnt an eine dreigruppige Einrichtung. Es wird der steuerbegünstigte Zweckbetrieb Kita dargestellt (siehe Baustein 1, *Gemeinnützigkeit und Steuern*), und es gibt anerkennungsfähige und nicht anerkennungsfähige Kosten.

Kindertagesstätte, 3 Gruppen			
1.	anerkennungsfähiger Bereich		
	Einnahmen		
	a) Betriebskostenzuschuss (95 %)	494.000,00 €	
	b) Trägeranteil (5 %) (aus Beiträgen der Eltern)	26.000,00 €	
	c) Elternbeiträge (gehen an die Kommune)	– €	
	Summe		**520.000,00 €**
	Ausgaben		
	d) Personalaufwand	– 390.000,00 €	
	e) Sachkosten	– 44.000,00 €	
	f) Kaltmiete	– 75.000,00 €	
	g) Verwaltungskosten	– 4.000,00 €	
	Summe		**– 513.000,00 €**
2.	nicht anerkennungsfähiger Bereich		
	Einnahmen		
	h) Beköstigung	14.000,00 €	
	i) Bildungspaket Mittagessen	3.100,00 €	
	j) Auflösung Sonderposten Investitionen	2.850,00 €	
	k) Kinderfreizeit	1.300,00 €	
	l) Projekte und Spenden (für den Betrieb der Kita, z.B. Stiftungen, Unternehmen)	– €	
	Summe		**21.250,00 €**
	Ausgaben		
	m) Beköstigung	– 17.100,00 €	
	n) AfA Investitionen	– 3.000,00 €	

Kindertagesstätte, 3 Gruppen			
	o) Kinderfreizeit	– 1.500,00 €	
	p) Sonstiges	– 5.000,00 €	
	Summe		**– 26.600,00 €**
	Einnahmen/Ausgaben		**1.650,00 €**

Tabelle 3: Einnahmen und Ausgaben des Geschäftsbetriebes Kita, eigene Darstellung

Der Betrag, der bei der Gegenüberstellung von Einnahmen und Ausgaben übrig bleibt, heißt Überschuss. Hier sind dies 1.650 €, die in die Rücklage fließen (siehe Baustein 1, *Gemeinnützigkeit und Steuern*). Je nach Gesetzeslage kann auch die Regelung bestehen, dass der Überschuss aus dem anerkannten Bereich separat zu betrachten ist. Das wäre in diesem Beispiel 7.000,00 € Überschuss. Dann hätte die Kita im nicht anerkennungsfähigen Bereich ein Minus in Höhe von 5.350,00 €. Dieses Minus müsste anderweitig finanziert werden, z. B. durch eine Entnahme aus der Betriebsmittelrücklage bzw. aus dem ideellen Bereich. Zudem wäre es Ihre Aufgabe, die Einnahmen und Ausgaben in diesem Bereich zu prüfen, weil ein dauerhaftes Minus betriebswirtschaftlich nicht vertretbar ist (siehe Baustein 3, *Was Sie über Buchhaltung wissen sollten*).

Der anerkennungsfähige Bereich

Zuerst geht es um die Einnahmen einer Einrichtung, die Sie gegenüber Zuschussgebern abrechnen können.

a) Betriebskostenförderung

In jedem Bundesland gelten andere Regelungen (siehe *Nützliche Hintergrundinformationen*). Einheitlich ist die Beteiligung der Kommune sowie des Landes, die in etwa jeweils zur Hälfte die Betriebskostenförderung übernehmen.

Dabei werden zwei Förderarten unterschieden: Bei der **pauschalen Förderung** wird ein festgelegter Betrag pro Kind oder Gruppe gezahlt. Diese sogenannte Leistungsvereinbarung wird in verschiedenen Bundesländern umgesetzt.

Diese Regelung ist in Bayern, Nordrhein-Westfalen, Berlin, Hamburg und in einigen Ländern, die die Finanzierungsmodalitäten den Kommunen überlassen, gegeben.

Der Träger entscheidet selbst über die Ausgaben, wenngleich diese detailliert nachgewiesen werden müssen. Zudem werden die Beträge in regelmäßigen Abständen entsprechend der Inflation und Tarifsteigerung erhöht.

Generell ist es in den anderen Ländern Europas üblich, dass ein Zuschuss für eine bestimmte Leistung gezahlt wird. In Deutschland wird vielfach noch die Institution gefördert. Bei der sogenannten »**Spitzfinanzierung**« müssen alle Kosten vorgelegt werden, wobei diese anteilig von der Kommune und vom Land finanziert werden. Dies hat den Nachteil, dass eine betriebswirtschaftlich sinnvolle Steuerung nicht belohnt wird. Es entsteht zum Beispiel kein Vorteil, wenn das Geld sparsam verwendet wird.

In der Regel hat die Förderung in beiden Systemen Finanzierungslücken, denen Sie mit verschiedenen Strategien begegnen können. Bei Pauschalen ist es erfahrungsgemäß leichter, eine ausgewogene Finanzierung zu ermöglichen.

Wenn Sie in Bayern für eine geschickte Platzbelegung sorgen, kann eine Kita mit der Betriebskostenförderung gut wirtschaften.

Bezüglich der Beantragung der Zuschüsse ist es in einigen Bundesländern ausreichend, die Anträge gegenüber der Gemeinde zu stellen. Diese veranlasst dann die Genehmigung von Landesmitteln. In anderen Bundesländern werden Gelder bei der Kommune und beim Land beantragt, wobei diese unabhängig voneinander entscheiden. Grundsätzlich ist es auch möglich, dass eine Kommune die Förderung alleine übernimmt, wenn das Land keine Finanzierung bereitstellt. Andersherum ist es auch möglich, dass die Kommune nichts hinzugibt, aber Landesmittel fließen. Die Entscheidung über eine kommunale Förderung trifft das kommunale Selbstverwaltungsorgan, in der Regel der Stadtrat, nach Anhörung des Jugendhilfeausschusses. Je nachdem, wie sich der finanzielle Spielraum gestaltet, wird entschieden. Wenn die Kita im Bedarfsplan aufgenommen wurde, können Sie zurzeit davon ausgehen, dass dann auch eine dauerhafte Finanzierung gewährleistet ist.

Bei beiden Finanzierungssystemen erhalten Sie im Voraus mehrere über das Jahr verteilte Abschlagszahlungen von der Kommune, die in der Summe den Betriebskostenzuschuss ergeben. Nach Ende des Kita-Jahres legen Sie in einem Verwendungsnachweis die Mittelverwendung vor. Im Anschluss ergeht ein abschließender Bescheid, wobei unter Umständen Gelder zurückgezahlt werden müssen.

Optional: Betriebskita

In den letzten Jahren wurde neben der kommunal finanzierten Kita im Rahmen des Förderprogramms *Betriebliche Kinderbetreuung* die Schaffung neuer Plätze für U3-Kinder unterstützt. Das Programm ist leider im Juni 2017 ausgelaufen.

Auf der Webseite des Programms *www.erfolgsfaktor-familie.de* finden Sie nützliche Methoden, wie Sie den Bedarf Ihres Unternehmens abfragen können. Grundsätzlich ist relativ früh im Prozess auf Führungsebene zu klären, wie viele Kosten der Betrieb monatlich pro Kind bereit ist zu übernehmen.

> Übrigens: In Frankreich übernimmt der Arbeitgeber bis zu 25 % der Kosten eines Betreuungsplatzes.

Darüber hinaus haben Sie folgende Möglichkeiten, Ihre Tagesbetreuung zu organisieren: Sie etablieren bei geringem, dafür stabilen Bedarf eine Tagesmutter für fünf U3-Kinder, die in betrieblichen Räumen ihre Leistungen anbietet. Entweder Sie stellen diese fest ein, oder die Tagesmutter rechnet mit den Eltern abzüglich des betrieblichen Anteils einzeln ab. Wenn die Kinder drei Jahre alt werden, wechseln sie in eine wohnortnahe Kita.

Weiterhin können Sie in bestehenden Einrichtungen sogenannte *Belegplätze* reservieren. In der Kita eines Trägers belegen Sie zum Beispiel bei Bedarf zwei Plätze mit Kindern Ihrer Mitarbeiter*innen. Dies macht am wenigsten Aufwand, da Sie mit der Organisation nichts zu tun haben.

Wenn Sie einen hohen Bedarf haben, ist eine betriebseigene Kita angemessen. Auch hier ist es sinnvoll, in den Bedarfsplan aufgenommen zu werden, da Sie dann auch in die Regelförderung aufgenommen werden können. Entweder Sie übernehmen selbst die Trägerschaft, gründen zum Beispiel mit anderen Firmen eine neue Rechtsform, oder suchen sich einen Träger, der die neue Kita betreibt. In allen Fällen ist es viel Arbeit, gleichzeitig haben Sie einen hohen Gestaltungsspielraum. Sie erarbeiten mit, wie das Konzept und die Räume konkret aussehen sollen.

Mehrere Unternehmen haben gemeinsam eine Genossenschaft für den Betrieb einer Kita gegründet. Sie übernehmen monatliche Beiträge pro Kind. Wenn es finanziell eng wird, kann dieser Betrag den Eltern in Rechnung gestellt werden. Da keine kommunalen Elternbeiträge anfallen, weil diese gerade abgeschafft wurden, ist dies eine gelungene Kombination. Der Träger ist ein langjähriger Experte auf dem Gebiet.

Optional: Frei finanzierte Kita

Daneben steht es natürlich jedem Anbieter frei, eine durch vollständige Elternbeiträge finanzierte Kita zu gründen. Dann unterscheiden Sie nicht in anerkennungsfähige und nicht anerkennungsfähige Kosten, sondern machen die Darstellung gemeinsam.

Eine frei finanzierte Kita bietet sich an, wenn im Bedarfsplan keine Aufnahme erfolgt und auch sonst keine anderen Finanzierungen infrage kommen. Unter Umständen verlangen sowohl die Kommune als auch die Aufsichtsbehörde einen Nachweis über darüber, dass die Gesamtfinanzierung gesichert ist.

Eine freie Schule wollte sich nur aus Elternbeiträgen finanzieren. Die Aufsichtsbehörde benötigte für die Betriebserlaubnis den Nachweis, dass 50.000 € auf dem Konto vorrätig sind. Dies war nachvollziehbarerweise beim gerade begonnenen Start schwierig, ja geradezu unmöglich. Der Träger hatte eine Idee: Er bat andere Einrichtungen darum, der Schule zu einem Stichtag Geld zu leihen. Dann wurde ein Kontoauszug gezogen. Daraufhin wurde die Schule zugelassen und existiert heute noch ziemlich erfolgreich. Das Geld wurde natürlich sofort wieder zurückgezahlt.

In einigen Bundesländern können unabhängig von der kommunalen Förderung Landesmittel beantragt werden, den Rest finanzieren Sie mit Elternbeiträgen. Wie Sie es auch planen, ein Platz wird für die Eltern teuer. Sie legen die gesamten Kosten auf die Eltern um. Dies ist nicht sehr gerecht, da nur Besserverdienende in den Genuss dieser Einrichtung kommen. Andererseits ist dies eben auch möglich, so wie ein Blick in die gut situierten Gegenden der Großstädte zeigt. Für Familien mit kleinerem Einkommen kann jede Familie **wirtschaftliche Erziehungshilfe** beim Jugendamt für den Besuch dieser Kita beantragen. Dafür muss der Besuch dieser Kita aus pädagogischen Gründen erforderlich sein, Sie benötigen demnach eine

Begründung, zum Beispiel ein besonderes Konzept. Bei der Prüfung des Antrags werden das Einkommen sowie die Schulden der Familie geprüft. Im positiven Fall übernimmt das Jugendamt den anfallenden Elternbeitrag anteilig oder sogar komplett.

b) Trägeranteil und Zinsen

Jede Kita-Finanzierung berücksichtigt einen Trägeranteil zwischen 5 und 10 %, der zum Beispiel durch den Verein oder die Genossenschaft erbracht werden kann. Dies geschieht zum Beispiel dadurch, dass jedes Mitglied einen Beitrag monatlich, halbjährlich oder jährlich erbringt. Zinsen fallen dann an, wenn das Vermögen der Rechtsform Zinsen erwirtschaftet (siehe Baustein 1, *Gemeinnützigkeit und Steuern*).

Darüber hinaus können frühere Eltern mittels Fördermitgliedschaften an die Einrichtung gebunden werden. Die Einnahmen eines Sommerfests, zum Beispiel von der freiwilligen Feuerwehr, sind geeignet (siehe Baustein 1, *Gemeinnützigkeit und Steuern*) sowie mehrere Spender und Sponsoren.

Zudem besteht die Möglichkeit, darüber mit der Kommune zu verhandeln. Es gibt Untersuchungen, die belegen, dass die Übernahme von Trägeranteilen der Kommune nur halb so teuer kommt, als wenn die Kommune selbst eine Kita betreiben würde. Sie können sich diesbezüglich umhören, wie andere Träger das machen. Wenn dies üblich ist, sollten Sie hier ganz selbstbewusst auftreten. Auch unter anderen Umständen kann dies angemessen sein. Aber seien Sie auf alles gefasst.

> Es gibt Kommunen, die allen Trägern von Kitas zusätzlich zum gesetzlichen Zuschuss Gelder bezahlen, sodass der Trägeranteil bei nur 1 % liegt. Zusätzlich werden pauschalierte Verwaltungskosten, diese aber nicht in voller Höhe, übernommen.

c) (zusätzliche) Elternbeiträge

Für die Kindertagesbetreuung sind Elternbeiträge üblich. Einige Bundesländer haben die Gebühren ab dem dritten Lebensjahr abgeschafft, andere erst im letzten Jahr vor der Schule (siehe *Nützliche Hintergrundinformationen*). Zudem ist das Vorgehen vielfältig: In einigen Bundesländern fallen die Elternbeiträge bei den Kommunen an, das heißt, jede Kommune bestimmt die Höhe. Andererseits können die Gebühren landesweit einheitlich geregelt sein. In beiden Fällen fließen die Elternbeiträge in der Regel an die Kommunen, die diese mit der Finanzierung der Kindertagesbetreuung verrechnen. In anderen Bundesländern sind die Höhe und der Einzug der Elternbeiträge Trägersache. Dann bestimmen Sie, wie hoch die Gebühren sind und erhalten diese von den Eltern.

Allen Regelungen gemeinsam ist die Möglichkeit der Staffelung nach Alter des Kindes, Dauer der Betreuung und zum Teil nach dem Einkommen der Eltern. Tatsache bleibt jedoch, dass eine Tagesbetreuung auch für die Eltern teuer ist.

Wenn die klassischen Elternbeiträge an die Kommune fließen und diese somit die Kindertagesbetreuung direkt gegenfinanzieren, besteht eine weitere oft gewählte Möglichkeit für Träger: Nicht finanzierte Trägeranteile werden den Eltern als zusätzliche Elternbeiträge in Rechnung gestellt. Dies ist bei Elterninitiativen üblich, wo die Eltern als Träger fungieren. Zunehmend wird dies von kommerziellen Trägern übernommen.

In Nordrhein-Westfalen sind monatlich zusätzliche Beiträge zwischen 40 und 120 € üblich. In Berlin sind zusätzliche Gebühren für gewerbliche Kitas nicht erlaubt, da der zusätzliche Elternbeitrag nur Kitas von Elterninitiativen vorbehalten ist.

Diese Regelungen führen zu einer Doppel- bzw. Dreifachbelastung der Eltern, die zum Beispiel in Elterninitiativen einen Elternbeitrag an die Kommune sowie einen an den Träger zahlen, und dann noch selbst Trägeraufgaben in Form von zu leistenden Stunden bzw. Vorstandsaufgaben übernehmen. Einkommensschwächere Familien können nur im Rahmen der wirtschaftlichen Erziehungshilfe aufgenommen werden (siehe dazu a) *Frei finanzierte Kita*).

Es folgen nun die Ausgaben.

d) Personalkosten

In der Regel werden tarifliche Gehälter bzw. an den Tarif angelehnte Gehälter gezahlt.

Wer sind Fachkräfte?

Neben Erzieher*innen können evtl. auch Sozialarbeiter*innen und Sozialpädagog*innen in der Kita arbeiten, wenn sie Berufserfahrung in der Tagesbetreuung haben. Die Details erörtert das jeweilige Landesrecht (siehe *Nützliche Hintergrundinformationen)*. In manchen Landesgesetzen sind darüber hinaus Bachelor-Absolvent*innen der frühpädagogischen Studiengänge der Frühen Kindheit benannt.

Tarifbestimmungen

Der Tarif ist der Tarifvertrag des öffentlichen Dienstes (TvöD), der einen Sozial- und Erziehungstarif, den sogenannten S-Tarif für Kitas, bereithält. Die Mitarbeiter*innen werden dabei entsprechend ihrer Aufgaben und weniger nach ihrer Qualifikation eingestuft. Dadurch können auch Quereinsteiger*innen entsprechend eingestuft werden. Alle Angaben in der Tarif-Tabelle sind auf Vollzeit, aktuell 39 Stunden gerechnet. Der dargestellte Verdienst im Tarif ist das Arbeitnehmer-Brutto, daher multiplizieren Sie alle Werte mit 1,3 und erhalten das Arbeitgeber-Brutto. Dies entspricht etwa 30 % (Sozialversicherungsanteil, Umlagen, Zusatzversorgung, Berufsgenossenschaft u. a.). Zusätzlich zu den zwölf Monatsgehältern wird Weihnachtsgeld in Höhe von 80 bzw. 90 % des entsprechenden Monatsgehalts aus dem gesamten Jahr gezahlt. Bei Mitarbeiter*innen, die in dem Jahr noch nicht beschäftigt waren, wird das Gehalt fiktiv berechnet.

Die **Entgeltstufe** beschreibt die Art der Tätigkeit[12]:

- Die Leitung wird anhand der Kinderzahl eingestuft. Die Bezugsgrößen sind folgende:
  - S 7 als Leitung mit weniger als 40 Kindern bzw. S 8 bei besonders schwierigen fachlichen Tätigkeiten[13] bzw. S 9 bei koordinierenden Aufgaben für mindestens 3 Beschäftigte mit S8,
  - S 10 ab 40 Plätzen,
  - S 13 ab 70 Plätzen,
  - S 15 ab 100 Plätzen,
  - S 16 ab 130 Plätzen und
  - S 17 ab 180 Plätzen.
- In der Regel erhalten Erzieher*innen und andere Beschäftigte mit gleicher Tätigkeit aufgrund *»gleichwertiger Fähigkeiten und ihrer Erfahrungen«* die Entgeltstufe S 6.
- Kinderpfleger*innen und Beschäftigte mit gleicher Tätigkeit aufgrund *»gleichwertiger Fähigkeiten und ihrer Erfahrungen«* erhalten Entgeltstufe S 4, wenn Sie schwierige fachliche Tätigkeiten ausüben. Dies kann die eigenverantwortliche Tätigkeit im Rahmen einer Randzeitenbetreuung oder die Tätigkeit in einer Integrationsgruppe[14] sein. Zudem erhalten

12. Siehe auch ISAR GmbH (2014): TVöD Sozial- und Erziehungsdienst – Entgeltgruppen. Online verfügbar unter http://oeffentlicher-dienst.info/tvoed/sue/entgeltgruppen.html, zuletzt geprüft am 13.11.2017.
13. Damit ist zum Beispiel die Arbeit mit behinderten oder von Behinderung bedrohten Kindern gemeint.
14. Dies ist noch ein Begriff aus Zeiten der Integration, für eine solche Eingruppierung müssen ein Drittel der Kinder behindert oder von Behinderung bedroht sein. Im Zuge der Inklu-

Beschäftige in der Tätigkeit von Erzieher*innen ohne Fähigkeiten und Erfahrungen ebenfalls S 4.
- Kinderpfleger*innen und Beschäftigte in gleicher Tätigkeit mit den Fähigkeiten und Erfahrungen erhalten S 3.
- Beschäftigte in der Tätigkeit von Kinderpfleger*innen ohne entsprechende Erfahrungen und Kenntnisse erhalten S 2.

Die **Entgeltgruppe** zeigt die Dauer der Betriebszugehörigkeit an. Berufsanfänger ohne Berufsanerkennungsjahr kommen in Entgeltgruppe 1, alle anderen fangen mit Gruppe 2 an. Nach Rücksprache mit der Kommune kann es zudem Ausnahmen geben. Wenn die Kommune Zeiten bei anderen Trägern in der Entwicklungsstufe anerkennt, dann können Sie dies unter denselben Bedingungen ebenfalls tun.

Mit den folgenden Jahren der Beschäftigung rutschen Ihre Mitarbeiter*innen eine Gruppe weiter:

- 1 Jahr in Gruppe 1,
- 3 Jahre in Gruppe 2,
- 4 Jahre in Gruppe 3,
- 4 Jahre in Gruppe 4 und
- 5 Jahre in Gruppe 5.

Auf was Sie bei der Berechnung der Personalkosten achten sollten

Da Sie zu Beginn der Planungen noch keine konkreten Mitarbeiterinnen haben, rechnen Sie am besten mit Durchschnittswerten. Das Gesetz gibt den Personalstand pro Gruppe vor, von diesem Wert können Sie demnach ausgehen.

Anzahl Kinder	Fachkräfte
32 Kinder Ü3	2 Fachkräfte S 6
8 Kinder zwischen 2. und 3. Lebensjahr	1 Fachkraft S 6
6 Kinder zwischen 1. und 2. Lebensjahr	1 Fachkraft S 6
	0,5 Leitung S 10
Insgesamt 46 Kinder	4,5 Stellen

Tabelle 4: Personalvorgaben Thüringen

sion wird dies seltener der Fall sein, da sich durch die Öffnung der Kitas für alle Kinder eine Streuung der Kinder ergibt.

Wenn Sie die Entgeltgruppe 2 oder 3 nehmen, planen Sie eine längere Betriebszugehörigkeit in den nächsten Jahren direkt mit ein. Die Arbeitgeberkosten rechnen Sie mit 30 % hinzu.

Gleichzeitig errechnen Sie anhand der beabsichtigten Öffnungszeit den Personalbedarf, der mitunter von dem des Gesetzes abweicht. Das braucht Sie nicht zu beunruhigen, da es an dieser Stelle um eine solide Personalausstattung zum Wohl der Kinder geht: Die geplante Einrichtung hat eine wie im Gesetz vorgesehene Öffnungszeit von täglich 11 Stunden. Beim Betreuungsschlüssel von 4 Fachkräften auf 46 Kinder entspricht dies 44 Fachkraftstunden (11 Stunden × 4 Fachkräfte).

Nun berücksichtigen Sie die Zeiten, die die Fachkräfte nicht direkt am Kind verbringen: Von den 8,3 Stunden Anwesenheit[15] ziehen Sie 30 Minuten unbezahlte Pause ab. Die Zeit in der Einrichtung beträgt demnach 7,8 Stunden. Dann rechnen Sie die 44 Fachkraftstunden durch 7,8 Stunden: Es sind demnach 5,6 Vollzeitstellen zu besetzen. Diese können in Voll- und Teilzeit aufgeteilt werden, je nachdem, was Dienstplan und Mitarbeiterinnen erfordern (siehe Baustein 2, *Motiviertes Personal gewinnen*).

Es fallen in Thüringen entsprechend der Öffnungszeit der Einrichtung folgende Kosten an:

Anzahl Kinder	Fachkräfte	Kosten pro Jahr, TvöD Entgeltgruppe 3 sowie Arbeitgeberkosten 30 Prozent
46 Kinder U3 und Ü3	5,6 Fachkräfte S 6	254.072 Euro
	0,5 Leitung S 10	24.310 Euro
Insgesamt 46 Kinder	6,1 Stellen	278.382 Euro

Tabelle 5: Personalkosten einer zweigruppigen Einrichtung in Thüringen

Zusätzlich berechnen Sie mindestens 150 € Fortbildungskosten pro Mitarbeiterin sowie Fachliteratur von mindestens 100 € pro Einrichtung.

Zusätzliche Kräfte

Es bietet sich an, Kontakt mit Berufsfachschulen herzustellen und Praktikantinnen unterjährig für einige Monate zu gewinnen, wobei dabei keine Kosten anfallen. Auch Berufsanerkennungsjahrpraktikantinnen mit

15. Je nach Landesgesetz sind Vor- und Nachbereitungszeiten schon in den Personalvorgaben berücksichtigt.

ca. 60 % Einstiegsgehalt (Praktikanten Tarifvertrag) lohnt es, zu beschäftigen. Darüber hinaus können Freiwillige des Freiwilligen Sozialen Jahres und des Bundesfreiwilligendienstes eingesetzt werden.

Wichtig ist dabei grundsätzlich, diese Mitarbeiterinnen gezielt zu begleiten. Es ist sinnvoll, zuvor ein trägerinternes Konzept in Absprache mit der zuständigen Fachschule zu erarbeiten, wie die Einarbeitung gelingen kann.

e) Sachkosten

Die Landesgesetze können sich hier sehr voneinander unterscheiden. Dies macht grundsätzliche Aussagen schwierig. Nehmen wir als Beispiel das Bundesland Nordrhein-Westfalen:

In Nordrhein-Westfalen fallen folgende Kosten an: Ausgaben für die pädagogische Arbeit, Getränke, Büroaufwand der Leitung, Strom und Heizung, Mietnebenkosten, Kosten für Elternarbeit, Fachverbände, Personalkosten Reinigung, Sanitärbedarf, Erhaltungsaufwand und teilweise Verwaltungskosten.

Für die pädagogische Arbeit können pro Gruppe etwa 500–1.000 € Sachkosten im Jahr angesetzt werden. Die Planung dieses Geldes obliegt dem Kleinteam pro Gruppe in Absprache mit der Leitung. Hier gibt es diverse Kita-Versandhäuser, die eine Online- bzw. Katalogbestellung ermöglichen. Manchmal gibt es Rabatte, wenn Sie einem Dachverband angehören.

Die anfallenden Getränkekosten können hoch sein, wenn Sie Wasser in Flaschen anbieten. Manchmal geht es jedoch nicht anders aufgrund von alten verunreinigten Wasserleitungen. Einige Einrichtungen stellen selbst Sprudelwasser her. Auch verschiedene Tees sind bei den Kindern beliebt.

Für den Büroaufwand der Leitung fallen zwischen 300–400 € pro Jahr an. Wenn Telefon- und Internetkosten dazu gehören, können die Kosten unter Umständen höher ausfallen.

Bei Strom und Heizung planen Sie erst einmal mehr ein, evtl. kennt der Vermieter Richtwerte. Die Mietnebenkosten stehen im Mietvertrag fest.

Bei der Elternarbeit können Sie zum Beispiel Kaffee für das Elterncafé und Material für Elternveranstaltungen einplanen. Das sind etwa 100 bis 200 €, je nach Einrichtungsgröße.

Zu den Fachverbänden gehört die Fachberatung durch den Träger oder externe Verbände sowie die Kosten der Mitgliedschaft. Sie können dabei mit etwa 1.500 € pro Gruppe rechnen. Bei einer größeren oder mehreren Kitas lohnt es sich unter Umständen, die Fachberatung selbst zu organisieren, indem Sie jemanden dafür einstellen.

Bezüglich der Reinigung eines Kindergartens lässt sich sagen, dass er täglich eine Nassreinigung benötigt. Der Zeitbedarf kommt auch ein Stück weit auf die räumlichen Gegebenheiten an. Als Richtwert können Sie pro Gruppe mit Nebenräumen zwei Stunden rechnen, wobei manche Flächen nur einmal in der Woche/Monat/Jahr gereinigt werden. Dies legen Sie im Reinigungs- und Hygieneplan fest (siehe Baustein 2, *Ernährung und Hygiene*). Sie treffen die Entscheidung, ob Sie die Putzkräfte selbst einstellen bzw. eine externe Firma in Anspruch nehmen. Zudem werden Putzmittel und Putzbedarf benötigt, dies können zwischen 300 und 500 € sein.

Der Erhaltungsaufwand sind die Kosten, die für den Ersatz des einmal Investierten aufgewendet werden. Eine neue Spülmaschine kann zum Beispiel in voller Höhe abgerechnet werden. Rechnen Sie diese mit 1.000 € ein.

Diese Kosten dürfen in Nordrhein-Westfalen nicht bei der Absetzung für Abnutzung (AfA) (siehe Punkt n) *Afa Investitionen*) auftauchen, da alle direkt bezahlten Gegenstände auch direkt abgerechnet werden müssen. In anderen Bundesländern kann dies anders sein.

Die Verwaltungskosten des Trägers können gegebenenfalls anteilig angegeben werden. In Nordrhein-Westfalen dürfen diese 1 % der Förderung entsprechen. In jeder Kommune können Sie dies unter Umständen nachverhandeln. Dazu gehören Lohn- und Gehaltsbuchhaltung, Buchhaltung, Öffentlichkeitsarbeit (Flyer, Webseite, Annoncen), Miete Büro, Personalkosten Verwaltung (siehe Bausteine 2 und 3).

f) Kaltmiete

Die Kaltmiete ist im Mietvertrag festgelegt und daher leicht zu kalkulieren.

g) Verwaltungskosten

Wenn die Verwaltungskosten nicht in den Sachkosten enthalten sind, können sie evtl. hier abgerechnet werden. Es lohnt zu verhandeln. Als Träger müssen Sie arbeitsfähig sein. Es ist üblich, auf 25 Kitas eine Fachberatung in Vollzeit zu beschäftigen. Es gibt zudem Anbieter, die Fachberatung als Dienstleistung für externe Einrichtungen anbieten. Auch die oben genannten Kosten des Trägers gehören dazu.

Der nicht anerkennungsfähige Bereich

Wie in der Modellrechnung angegeben, folgt nun der Bereich, den Sie nicht im Rahmen der Betriebskostenfinanzierung abrechnen, sondern er ist gegenüber dem Finanzamt sowie auf der Mitgliederversammlung anzugeben.

h) Beköstigung

In fast allen Bundesländern ist es üblich, dass das Essensgeld an den Träger einer Einrichtung gezahlt wird und damit die Ausgaben im Rahmen des Essens finanziert werden. Sie können sich das so vorstellen: Ein eigener Geldkreislauf finanziert die Kosten für das Essen, die Küchenkräfte sowie die Reinigungsmittel, die zum Kochen anfallen. Üblich sind 40 bis 60 € pro Monat und Kind (siehe Punkt m). Eltern, die Sozialleistungen beziehen, stellen in der Kita einen Antrag entsprechend dem Bildungspaket und zahlen dann pro Monat nur 20–25 € Essensgeld, den Rest übernimmt der Bund über die Kommune (siehe Punkt j).

Es empfiehlt sich, eine eigene Finanzplanung für diesen Bereich und die Einnahmen und Ausgaben separat gegenüberzustellen. Dann sehen Sie, ob sich die Verpflegung alleine trägt.

> Eine Einrichtung veranstaltet aus dem Beköstigungs-Überschuss am Ende jedes Jahres ein Kinderfest und bietet besondere Leckereien an. Es gibt zum Beispiel Pizza und Eis für alle. Zudem wurden besondere Küchengeräte angeschafft, denn bei mehr als 75 Kindern kann eine industrielle Fritteuse oder ein Waffeleisen geeignet sein. So wissen alle, was die Einrichtung mit dem Geld macht.

i) Auflösung Sonderposten

Diese Auflistung machen Sie, wenn Sie bilanzieren (siehe Baustein 3, *Was Sie über Buchhaltung wissen sollten*). Mit diesem Punkt i) und dem Punkt n) stellen Sie die Mittelherkunft der Mittelverwendung gegenüber. Für andere Rechtsformen kann diese Übersicht ebenfalls lohnenswert sein, da Sie einen schnellen Überblick erhalten. Sie stellen sicher, dass die Weitergabe der Information »Zweckbindung« über Jahre und damit über Elterngenerationen gelingt. Dieses Wissen kann unter Umständen verloren gehen, wenn Sie nur eine Einnahmen- und Ausgabenrechnung machen.

Für den Betrag der Ersteinrichtung besteht eine Zweckbindung von 10 Jahren. Innerhalb dieser Zeit müssen die angeschafften Gegenstände als Kita genutzt werden. Sollten Sie vorher schließen, geht der Restbetrag wieder in kommunales Eigentum über bzw. bleibt als Schulden stehen. Vereinfacht gesagt verliert daher die Ersteinrichtung jedes Jahr ein Zehntel an Wert. Diesen Betrag geben Sie hier als Einnahmen an. Beim Punkt n) *Afa (Absetzung für Abnutzung)* berechnen Sie die Ausgaben entsprechend. Die Differenz zwischen Auflösung und Afa in der *Modellrechnung für den laufenden Betrieb* ist der Eigenanteil des Trägers, der hiermit auch auf zehn Jahre verteilt wird. Wenn Sie eine größere zweckgebundene Spende erhalten, die zum Beispiel ein Spielgerät für den Spielplatz finanziert, geben Sie sie ebenso hier sowie bei Punkt n) an.

j) Bildungs- und Teilhabepaket Mittagessen

Das Bildungspaket steht Kindern von Sozialleistungsempfängern und Wohngeldempfängern zu. Für Sie ist vor allem die Leistung für das Mittagessen von Belang. Im Folgenden werden die Logik und das Vorgehen für das gesamte Bildungspaket dargestellt. Es ist eben ein Paket und aus Sicht der Familien auch so zu behandeln.

Das Bildungspaket wird für jedes Kind einzeln und jeweils für ein Kita-Jahr beantragt. Es ist daher Ihre Aufgabe, Hilfestellung anzubieten und bei Bedarf die Anträge mit den Familien auszufüllen. Nur so kommen Sie in den Genuss der Mittagessensförderung im Rahmen des Bildungspakets.

Diese Teilanträge gehören zum Bildungs- und Teilhabe-Paket:

- **Kosten für Ausflüge im Rahmen der Kita** sollte die Familie im Voraus sofort beantragen, da unterjährig in der Regel kostenpflichtige Ausflüge stattfinden (z.B. Fahrgeld, Eintrittsgeld). Wenn Kosten anfallen, stellen Sie der Familie eine Quittung aus, die erst einmal von der Familie bezahlt wird. Das Amt überweist im Nachhinein auf deren Konto.
- Für das **Mittagessen** zahlt die Familie 20 bis 25 €, die darüber hinausgehenden Kosten können nach Antragstellung durch das Amt übernommen werden. Ein Antrag muss zu Beginn des Kita-Jahres ausgefüllt werden. Sie geben zuerst eine Schätzung und später die tatsächlichen Zahlen an, wie viele Kinder wie viele Mahlzeiten zu welchem Preis gegessen haben. Dazu empfiehlt es sich, die Anwesenheitstage aller Kinder monatlich auf einer Liste zu vermerken, dann haben Sie direkt alle Zahlen parat. Dieses Geld erhalten Sie direkt, die Eltern erhalten davon nichts. Da dies Ihr vorrangiges Interesse ist, sollten Sie das Antragsausfüllen so gezielt begleiten.

- **Teilhabe am sozialen und kulturellen Leben**: Für die Teilnahme im Sportverein, Tanzkurs oder in der Musikschule stehen 120 € im Jahr zur Verfügung. Diese werden gezielt pro Angebot beantragt. Die in der Regel gemeinnützigen Anbieter sind bei der Kommune dafür angemeldet. Ggf. können Sie selbst einen Kurs mit einem Kooperationspartner anbieten.
- **Ausstattung**: Für jedes Kind wird insgesamt pro Schuljahr 100 € Kita- bzw. Schulausstattung gewährt. Dieser Betrag ist im Leistungsbezug enthalten, als Wohngeldempfänger beantragen die Eltern dies selbst.

Wie gehen Sie bei der Umsetzung nun am geschicktesten vor? Sie erhalten bei Ihrer Kommune die entsprechenden Anträge. Aus Elternsicht ist es sinnvoll, in der Einrichtung nicht nur einen, sondern alle Anträge zum Ausfüllen bereitzuhalten. Natürlich entscheiden Sie dies anhand Ihrer Personalressourcen. Um als Träger bei Mittagessen und Teilhabe gegenüber der Kommune abrechnen zu können, müssen Sie jeweils als Anbieter aufgenommen werden. Sie erhalten darüber einen Vertrag über Ablauf und Abrechnungsmodalitäten. Entweder ist das Jugendamt oder das Schulamt zuständig.

Die Einrichtungsleitung fragt zu Beginn des Kita-Jahres bei den Eltern nach, wer Sozialleistungen bezieht. Dies sollte vertraulich geschehen, zum Beispiel kann bei der Anmeldung darauf hingewiesen werden. Dann füllt die Leitung mit jeder Familie den Antrag aus bzw. lässt die Familie es selbst tun. Sie achten darauf, dass jeder Einzelantrag unterschrieben wird. Dann können Sie die Anträge gesammelt bei der zuständigen Behörde abgeben. Dadurch wissen Sie sicher, dass die Anträge tatsächlich gestellt wurden. Ansonsten bleiben Sie mitunter auf der Differenz zwischen Essensbeitrag und der Eigenleistung der Eltern sitzen, was Sie unbedingt vermeiden möchten.

k) Kinderfreizeit

Wenn Sie eine Reise im Rahmen des Kindergartens planen, zum Beispiel mit den Vorschulkindern mit dem Zug zu fahren und zwei Tage zu zelten, dann sammeln Sie dafür einen Betrag pro Kind ein. Wenn gewünscht, können Sie ihn sozial staffeln. Dies verrechnen Sie mit den dazugehörenden Ausgaben (siehe Punkt o).

l) Projekte und Spenden für den laufenden Betrieb

Weiterhin bieten sich verschiedene Möglichkeiten, zusätzliche Gelder einzuwerben: Es gibt lokale oder überörtliche Stiftungen, die ihr Geld gern in Projekten oder in zusätzliche Finanzierung vor Ort anlegen. Meist haben diese eine Reihe von Themen festgelegt, zum Beispiel Bewegung oder Inklusion. Die Durchführung geschieht in Projektform.

> Projekte sind auf einen bestimmten Zeitrahmen festgelegt, sie werden geplant, durchgeführt, dokumentiert und ausgewertet. Am Ende des Zeitraums wird ein Bericht sowie eine Übersicht der Mittelverwendung erstellt und den Geldgebern zugesendet. Dies ist auch in der der Frühpädagogik heutzutage üblich.

Bei Aufnahme des Betriebs einer Einrichtung kann ein solches zusätzliches Projekt in den ersten zwei Jahren schwierig sein, da der laufende Betrieb im Mittelpunkt steht. Für das Team einer Einrichtung ist es toll, wenn es selbst eine Projektidee entwickelt. Die Antragstellung und Verschriftlichung des Ganzen läuft über Sie als Träger, damit die Abwicklung und Buchhaltung entsprechend des Antrages stimmt.

Auch eine dauerhafte zusätzliche Finanzierung ist möglich, sie stellt jedoch einen Glücksfall dar.

> Es gibt eine Stiftung, die seit mehreren Jahren in jeder Kita eines Trägers eine Englisch sprechende Fachkraft zusätzlich zu den regulären Fachkräften finanziert.

Sie suchen am besten im Internet nach lokalen Stiftungen, zum Beispiel auf der Webseite des *Bundesverbands Deutscher Stiftungen.* Eine weitere Möglichkeit sind Stiftungen, die deutschlandweit arbeiten und sich auf die Unterstützung von Kindern spezialisiert haben.

Zudem gibt es die Möglichkeit, im Rahmen der landesrechtlichen Vorgaben, zum Beispiel gemäß *Kinder- und Jugendförderplan,* Modellprojekte zu initiieren.

Eine weitere relativ unbekannte Möglichkeit sind sogenannte *Venture Philanthropy-Gesellschaften*, die ihr Geld nützlich und weniger gewinnbringend einsetzen wollen. Diese Gesellschaften werben weitere Kapitalgeber und suchen soziale Unternehmen, denen sie entsprechend unter die Arme greifen. Dabei werden Darlehen vergeben, Spenden überwiesen und Eigenkapital eingesetzt. Zudem können wichtige Netzwerkpartner vermittelt werden. Die Investoren behalten aus ihrer Sicht durch die Zusammenarbeit eine Kontrolle über den Einsatz des Geldes.

Es folgen nun die Ausgaben der nicht förderfähigen Kosten.

m) Beköstigung

Dazu gehört der Einkauf der Lebensmittel bzw. Kosten für die verarbeiteten Lebensmittel, zudem die Personalkosten für Küchenkräfte, Reinigungsmittel für die Küche sowie der Nachmittagssnack. Ziel ist es, mit dem Essensgeld, welches die Eltern bezahlen, gut zu wirtschaften (siehe Punkt h).

> Viele Einrichtungen haben für das Frühstück, wenn es in der Einrichtung angeboten wird, eine monatliche Barzahlung vereinbart.

Daher benötigen Sie eine sichere Kalkulation, die auch mit der Entscheidung zusammenhängt, für welche Essensart Sie sich entscheiden (siehe Baustein 2, *Ernährung und Hygiene*).

n) AfA (Absetzung für Abnutzung) Investitionen

Per Definition ist dies der jährliche Betrag der Abnutzung. Die Ersteinrichtung hat zum Beispiel eine Zweckbindung von zehn Jahren. Die Ausgaben dafür werden, wenn Sie bilanzieren, in dieser Zeit jährlich mit einem Betrag von 1/10 angegeben. Als Einnahme steht dann der Auflösung Sonderposten Punkt i) dagegen.

Wenn Sie für die Kita Anschaffungen über 175/450 € pro Stück tätigen, sind diese unter Umständen auf mehrere Jahre abzuschreiben (siehe Punkt e) *Sachkosten*). Die Systematik ist die Gleiche, wobei die Dauer je nach Anschaffungsgegenstand unterschiedlich lang ist. Ein PC wird zum Beispiel auf drei bis fünf Jahre verteilt.

o) Kinderfreizeit

Sie rechnen an dieser Stelle die Kosten für die oben erwähnte Reise (siehe Punkt k) aus: Personal, Fahrtkosten, Essensgeld, Übernachtung und Sachkosten.

p) Sonstiges

Hier geben Sie an, was in keine der bestehenden Kategorien passt. Zum Beispiel können weitere Verwaltungskosten, z. B. eine EDV-Software, anfallen.

9.2 Kindertagespflege

Bei der Kindertagespflege ergeben sich durch die privatgewerbliche Verortung weniger aufwendige Berechnungen. Hier gibt es zudem diverse Ratgeber und Herausgaben der Bundesregierung (siehe *Nützliche Hintergrundinformationen*), sodass wir an dieser Stelle die Darstellung auf eine Modellrechnung beschränken.

Wenn Sie zwei Kinder jeweils 40 Stunden pro Woche betreuen, dann zahlt das Jugendamt pro Stunde durchschnittlich 5 €. Die Eltern zahlen je nach kommunaler Regelung direkt an das Jugendamt, oder Ihr Stundenverdienst ist die Summe der Zahlung des Jugendamtes und der Eltern. Stundensätze höher als 6 € sind unüblich. Sie kommen demnach auf etwa 1.740 €. Als Ausgaben dürfen Sie pro Kind 300 € pauschal ansetzen. Dieser Betrag ist zu kalkulieren: Es fallen Raummiete, Heizung, Strom sowie Sachkosten an. In der Summe haben Sie demnach ein Plus von 1.140 €, von dem Sie 456 € Versicherungen zahlen (Sozialversicherung). Als Netto-Einkommen können Sie von etwa 684 € ausgehen.

	Monat 40 St./W.	Kind	Ausgaben pauschal	Summe	40 Prozent Versicherung	Versteuerungspflichtig
Jugendamt	870,00 € (pro Kind)	2,00	300,00 € pro Kind)	1.140,00 €	456,00 € (evtl. noch anteilige Finanzierung durch Jugendamt)	684,00 €

Tabelle 6: Finanzierung Kindertagespflege pro Monat

Die Eltern zahlen einen extra Essensgeld-Beitrag sowie ggf. einen Anteil für Windeln oder Verbrauchsmaterial.

Viele Tageseltern lassen alle pflegerischen Dinge von den Eltern mitbringen, das können Sie selbst entscheiden.

Berücksichtigen sollten Sie auch noch, dass eigene Ferienzeiten und sonstige freie Tage nicht in jedem Bundesland finanziert sind. Ob eine Erstausstattung sowie räumliche Gegebenheiten finanziert werden, ist zu recherchieren.

10 Die gängigen Rechtsformen

In diesem Punkt geht es um die verschiedenen möglichen Rechtsformen, die für den Betrieb einer Kinderbildungseinrichtung geeignet sind.

10.1 Natürliche Personen

Die natürliche Person existiert mit der Geburt und wird mit 18 Jahren volljährig. Diese Rechtsform kommt bei der Kindertagespflege infrage.

Die freiberufliche Selbstständigkeit

Jeder Mensch kann selbstständig tätig sein.

Kategorie	Inhalt
Rechtsgrundlagen	§ 14 Bürgerliches Gesetzbuch (BGB) sowie § 22 und § 23 SGB VIII
Eigenkapital	Sie benötigen kein Eigenkapital, dafür einen Raum für die Kinderbetreuung sowie Schlafmöglichkeiten. Die Anmeldung der Tätigkeit beim Finanzamt veranlassen Sie über Ihre Steuernummer.
Besonderheiten	Sie qualifizieren sich zur Kindertagespflegeperson, beantragen eine Pflegeerlaubnis durch das Jugendamt und ein erweitertes Führungszeugnis. In Form einer Großtagespflegestelle können Sie je nach Landesgesetz zu zweit bzw. zu dritt zusammenarbeiten, die Rechtsform wäre dabei die Gesellschaft bürgerlichen Rechts (GbR). Dabei arbeitet jeder auf eigene Rechnung und Sie teilen sich die gemeinsamen Kosten nach festgelegten Regeln auf (Bsp. Miete).
Vorteile & Nachteile	Sie arbeiten alleine und haben keine Krankheits- und Urlaubsvertretung. Sie tragen das Risiko und übernehmen zusätzlich viele Organisationsaufgaben. Die Sozialversicherung übernehmen Sie ebenso. Sie gestalten Ihren Arbeitseinsatz und suchen die Familien aus. Sie können die Vereinbarkeit von Familie und Beruf selbst gestalten. Die Stundenlöhne können Sie in einem gewissen Rahmen festlegen.

Kategorie	Inhalt
	Es sind momentan niedrige Stundenlöhne um die fünf Euro üblich, die unter Umständen nicht aus dem Hartz-IV-Bezug herausführen. Jeder kann diese Tätigkeit nach einer kurzen Qualifizierung ausüben, wenn Sie gern mit Kindern zusammen sind.
Organe	Organe sind bei dieser Rechtsform nicht vorgesehen.
Kita-Gründung konkret	Eine Tätigkeit als Tagesmutter bietet sich an, wenn Sie Vereinbarkeitsziele oder andere Ziele haben, die eine familiäre Kinderbetreuung sinnvoll machen. Unter Umständen sollten Sie gut überlegen, wie Sie Eltern gezielt ansprechen. Es macht weiterhin Sinn, ein Konzept zu haben, in dem Rahmenbedingungen wie Zeiten und Inhalte des Angebots dargestellt sind (siehe Baustein 2, *Alles Wichtige kommt ins Konzept*).

Tabelle 7: Rechtsform Die freiberufliche Selbstständigkeit

10.2 Juristische Personen

Bei einem Menschen unter 18 Jahre ist es gesellschaftlich geregelt, dass ein anderer Mensch die Sorge übernimmt. Im Normalfall sind dies die Eltern. Bei einer juristischen Person ist es so ähnlich: Statt der Ausstellung einer Geburtsurkunde erfolgt die Eintragung beim Registergericht. Die juristische Person existiert durch die Eintragung für die Behörden. Und wie Eltern bei einem Kind übernehmen natürliche Personen die Sorge für die juristische Person. Wenn Sie eine juristische Person vertreten, benötigen Sie demnach einen anderen Blickwinkel. Genauso wie Eltern bei Entscheidungen auf die Fähigkeiten des Kindes achten, sollten die gesetzlichen Vertreter einer juristischen Person die Interessen dieser Person wahren. Deren Interessen können demnach den eigenen Vorstellungen widersprechen.

In beiden Fällen handeln Sie im Sinne eines anderen. Eltern geben ihre Verantwortung bei Volljährigkeit in die Hände des Kindes, bei einer juristischen Person übergeben Sie die Verantwortung an Ihre Nachfolger. Wie bei einem Staffellauf übergeben Sie den Stab an den Nächsten.

Folgende Vorteile sprechen für die Gründung einer juristischen Person: Grundsätzlich besteht die Möglichkeit von staatlicher Förderung. Mindestens jedoch kann die Körperschaft durch die Gemeinnützigkeit bestimmte Vorteile erlangen (siehe Baustein 1, *Gemeinnützigkeit und Steuern*). Zudem ist die Haftung der Mitglieder beschränkt. Das heißt, Sie haften nicht uneingeschränkt mit Ihrem persönlichen Vermögen, sondern nur mit dem, was die Rechtsform vorsieht.

Darüber hinaus wollen wir Ihnen die Nachteile einer juristischen Person nicht vorenthalten: Es besteht ein hoher Verwaltungsaufwand. In der Satzung stehen die Rahmenbedingungen des Handelns der Organisation, die verbindlich einzuhalten sind. Diese zu verändern, bedarf eines satzungsgemäßen Änderungsvorganges, wobei in der Regel bestimmte Personen beteiligt werden. Dies bedingt Abstimmungsprozesse, die laufend anfallen und die daher nicht unterschätzt werden sollten.

Es kann zum Beispiel helfen, für den Vorstand eine Geschäftsordnung festzulegen, in der Sie sich einigen, wie Sie zusammenarbeiten.

Juristische Personen, die in der Kindertagesbetreuung üblich sind, sind der eingetragene Verein, die Gesellschaft mit beschränkter Haftung (GmbH) und die eingetragene Genossenschaft. Alle drei Rechtsformen können gemeinnützig sein. Diese Tabelle gibt einen ersten Überblick über die relevanten Fragen:

Rechtsform	Wirtschaftlichkeit versus Nicht-Wirtschaftlichkeit:	Gemeinnützigkeit: Es zählt dabei das tatsächliche Handeln
Verein	Ein Verein arbeitet nicht wirtschaftlich. Seine ideellen Ziele sind nicht auf Gewinn ausgerichtet. Dies schließt den Verein für einen reinen Kita-Betrieb in einigen Bundesländern aus (mehr dazu im folgenden Text).	Der Verein muss gemeinnützig sein.
GmbH	Eine GmbH kann für jeden zulässigen Zweck betrieben werden, auch für den Betrieb einer Kita.	Die GmbH kann gemeinnützig sein (gGmbH).
Genossenschaft	Die Genossenschaft arbeitet hauptsächlich für ihre Mitglieder, daher ist eine Öffnung für die Allgemeinheit nötig.	Die Genossenschaft kann gemeinnützig sein (gG).

Tabelle 8: Rechtsformen im Zusammenhang mit Wirtschaftlichkeit und Gemeinnützigkeit

Der eingetragene Verein

Der Verein als Rechtsform hat eine sehr lange Tradition und gilt als Symbol für bürgerschaftliches Engagement. Er muss nicht wirtschaftlich arbeiten. Der Zweck muss demnach ideeller Art sein, daneben kann er eine Kita als steuerbegünstigten Zweckbetrieb betreiben (siehe Baustein 1, *Gemeinnützigkeit und Steuern*). Generell geben Sie als Zweck des Vereins die *Förderung der Jugendhilfe* an:

> Der Zweck des Vereins einer Elterninitiative wird verwirklicht, indem die gemeinsame Kindererziehung organisiert und diskutiert wird und die Eltern voneinander lernen. In diesem Zusammenhang kann auch einen Zweckbetrieb »Kita« betrieben werden.

In Berlin, Brandenburg und Schleswig-Holstein haben Kita-Vereine momentan Schwierigkeiten bei der Eintragung, wenn sie den Zweck »Kita-Betrieb« angeben. Dies gilt bei Änderungen im Vereinsregister sowie bei obligatorischen Prüfungen. Hier sind demnach nicht nur Neugründungen betroffen, sondern alle Kita-Träger, die einen Verein als Rechtsform haben. Da es unklar ist, ob diese Rechtspraxis von weiteren Bundesländern übernommen wird, könnte es sinnvoll sein, darauf grundsätzlich zu achten. Nähere Informationen sowie eine gültige Mustersatzung finden Sie auf der Webseite *www.bage.de*.

Kategorie	Inhalt
Rechtsgrundlagen	§ 21 Bürgerliches Gesetzbuch (BGB)
Eigenkapital	Sie benötigen kein Eigenkapital.
Besonderheiten	Die sieben Gründungsmitglieder wählen einen Vorstand. Als Vorstand handeln Sie für die juristische Person und übernehmen die Repräsentanz des Vereins nach außen sowie die laufende Geschäftsführung. Es kann auch eine Geschäftsführung eingesetzt werden. Der Vorstand ist gemeinsam für das Handeln verantwortlich, eine Aufgabenverteilung ist sinnvoll (Mietverträge, Personal, Öffentlichkeitsarbeit), es muss aber immer eine Rückkopplung ins Plenum geben. Die Entscheidung z. B. über das Einstellen von Personal muss der Vorstand treffen, die Auswahl kann jedoch delegiert werden.

Kategorie	Inhalt
Vorteile & Nachteile	Der Verein hat die geringsten verwaltungsmäßigen Hürden. Er macht eine Einnahmen- und Ausgabenrechnung für jedes Geschäftsjahr. Alle drei Jahre wird eine Gemeinnützigkeitserklärung gegenüber dem Finanzamt abgegeben. Sie haben ständig neue Vereinsmitglieder, darauf sollten Sie sich einstellen. Der Vorstand wechselt alle ein bis zwei Jahre. Das Kontrollgremium ist die Mitgliederversammlung, auf der Rechenschaft abgelegt wird. Wenn der Vorstand nicht gefällt, können eine bestimmte Anzahl Mitglieder eine Versammlung einberufen und ihn abwählen. Eigentlich sollte der Vorstand durch seine Qualifikationen oder Kenntnisse überzeugen, in der Praxis sind Sie eher froh, wenn Sie einen gefunden haben. Als Vorstand können Sie Ihre eigenen Kompetenzen erweitern.
Organe	Die sieben Gründungsmitglieder gründen den Verein. Organe sind die Mitgliederversammlung und der Vorstand mit mindestens zwei Personen.
Kita-Gründung konkret	Wenn viele Eltern involviert sind, bietet sich der Verein an. Dabei bestehen unter Umständen Besonderheiten in der landesüblichen Förderung: In Nordrhein-Westfalen erhält der Verein als Elterninitiative, in der 90 % aller Erziehungsberechtigten Mitglied sein müssen, einen um 5 % höheren Zuschuss als andere Träger. Daher ist hier eine andere Rechtsform nur noch eingeschränkt möglich. Gewinne können Sie mit dieser Rechtsform nicht erzielen. Zudem erschwert sie eine langfristige professionelle Arbeit, da wichtige Personen regelmäßig wechseln sowie kein Kontrollgremium wie in anderen Rechtsformen vorgeschrieben ist.

Tabelle 9: Rechtsform Verein

Die Gesellschaft mit beschränkter Haftung (GmbH)

Die GmbH ist die häufigste Rechtsform in Deutschland. Sie kann für jeden beliebigen Zweck gegründet werden, so auch für Kinderbildungseinrichtungen. Hier erfährt sie in jüngster Zeit einige Popularität.

Kategorie	Inhalt
Rechtsgrundlagen	GmbH-Gesetz (GmbHG)
Eigenkapital	Als Stammkapital werden 25.000 € eingesetzt. Im Rahmen der Unternehmensgesellschaft (UG) ist 1 € Stammkapital notwendig, welches durch Gewinne auf 25.000 € angespart werden muss. Das Stammkapital stammt von mindestens einem Gesellschafter.
Besonderheiten	Die GmbH haftet mit ihrem Gesellschaftsvermögen. Es besteht keine persönliche Haftung der Gesellschafter, wenn das Stammkapital in voller Höhe vorliegt. Ansonsten haften die Gesellschafter in der Höhe, die noch eingezahlt werden muss. Bei einer gemeinnützigen GmbH Gesellschafter zu werden, ist eine Frage der Ehre, da die gGmbH keine Gewinne ausschütten darf. Sie haben dementsprechend nichts von Ihrem Geldeinsatz. Den Muster-Gesellschaftervertrag können Sie auf Ihre GmbH anwenden. Das Stimmrecht ist nach den Anteilen des Kapitals gewichtet.
Vorteile & Nachteile	Die GmbH ist auf Dauer angelegt, die Entscheidungen sind kontinuierlicher aufgrund der Eigentümerstruktur, die nicht ständig wechselt. Es wird vertraglich geregelt, welche Rahmenbedingungen für die Geschäftsführung gelten. Die Gesellschafter stellen die Geschäftsführung ein. Da es dabei um das Geld der Gesellschafter geht, könnten bei der Auswahl der Geschäftsführung fachliche Voraussetzungen eine große Rolle spielen. Diese Rechtsform benötigt eine doppelte Buchhaltung, und sie muss bilanzieren. Jährlich wird eine Steuererklärung abgegeben und die Gemeinnützigkeit überprüft. Für das Bilanzieren benötigen Sie kaufmännisches Wissen, und es ist sehr zeitintensiv. Im Normalfall bezahlen Sie den Steuerberater dafür, Sie können es aber auch selbst machen. Des Weiteren werden die Bilanzen jährlich beim Unternehmensregister elektronisch zur Veröffentlichung eingereicht.
Organe	Es gibt die Gesellschafterversammlung und die Geschäftsführung. Ein Aufsichtsrat empfiehlt sich, wenn die Anzahl der Gesellschafter eine gewisse Größe übersteigt.

Kategorie	Inhalt
Kita-Gründung konkret	Wenn Sie sich mit zwei anderen Erzieherinnen zusammentun und eine Kita gründen wollen, bietet sich eine gGmbH an. Als Eigentümer bestimmen Sie die Geschäftsführung. Zudem ist der wirtschaftliche Aspekt höher anzusehen, da es einzig und allein um den Betrieb der Kita geht. Der Arbeitsaufwand für die Erzieherinnen ist deutlich höher als bei einem etablierten Träger, gleichzeitig sind gestalterische Freiräume möglich. Es ist sinnvoll, frühzeitig zu klären, wie Managementaufgaben geleistet werden. Diesbezüglich ist für die Bilanz ggf. eine zusätzliche Finanzierung notwendig. Wenn die Eltern die Kita als Dienstleistung empfinden, kann die Gründung einer gGmbH infrage kommen. Alle Gründer, die Geld verdienen wollen, gründen eine GmbH, zum Beispiel für passgenaue Kinderbetreuungsangebote in Betrieben und Universitäten. Des Weiteren gibt es gGmbHs, die auf Expansion ausgerichtet sind und eine professionelle Basis besitzen. Auch viele Ausgründungen von Kommunen wurden in dieser Rechtsform angelegt.

Tabelle 10: Rechtsform GmbH

Die Genossenschaft

Das Wesen der Genossenschaft ist darauf ausgerichtet, etwas für ihre Mitglieder zu tun. Zum Beispiel stellen Wohnungsbaugenossenschaften oder Volksbanken einen Service für die Mitglieder bereit.

Kategorie	Inhalt
Rechtsgrundlagen	Genossenschaftsgesetz (GenG)
Eigenkapital	Die Höhe des Mindestkapitals wird in der Satzung festgelegt. Jeder kann Anteile an einer Genossenschaft erwerben.
Besonderheiten	Die Genossenschaft ist darauf angelegt, dass Menschen Mitglied werden. Der Bezug zwischen der Mitgliedschaft einer Genossenschaft und deren Leistungen ist sehr direkt: Ihre Mitglieder kommen nicht wegen der ideellen Ausrichtung in die Genossenschaft, sondern weil sie eine bestimmte Leistung in Anspruch nehmen wollen.

Kategorie	Inhalt
	Da bei der Genossenschaft der Nutzen bei ihren Mitgliedern liegt, bietet sich eine Klärung der Begriffsformulierung mit dem Finanzamt an. Dann wissen Sie, ob eine Gemeinnützigkeit bei der Genossenschaft gegeben ist.
Vorteile & Nachteile	Der Beitritt und Austritt aus einer Genossenschaft ist relativ einfach. Sie müssen dafür nicht zum Notar gehen. Bei einer kleinen Genossenschaft bestimmt der Aufsichtsrat eine Person als Vorstand. Der Vorstand hat die Geschäftsführung inne. Alle Mitglieder einer Genossenschaft haben das gleiche Stimmrecht, unabhängig von der Höhe ihrer Anteile. Daher ist die Mitbestimmung ähnlich wie beim Verein geregelt. Bei kleinen Genossenschaften ist der Verwaltungsaufwand sehr hoch. Die Genossenschaft ist bilanzierungspflichtig, was durch einen Genossenschaftsverband geprüft wird. Jährlich sind die Steuererklärung sowie die Gemeinnützigkeitserklärung abzugeben.
Organe	Es sind mindestens drei Gründungsmitglieder notwendig. In der Generalversammlung sind alle Mitglieder vertreten. Im Aufsichtsrat sind mindestens drei und im Vorstand mindestens zwei Mitglieder tätig. Sonderfall: Bei bis zu 20 Mitgliedern ist es ausreichend, wenn eine Person im Vorstand tätig ist. Dann entfällt der Aufsichtsrat.
Kita-Gründung konkret	Die Genossenschaft ist ein einfaches Modell, um ein- und schnell wieder austreten zu können. Die Kinderbetreuungs-Leistung der Genossenschaft kann dann von den Mitgliedern in Anspruch genommen werden. Mit mindestens fünf Ämtern, die zu besetzen sind, ist der Aufwand unter Umständen größer als beim Verein. Der Aufsichtsrat hat eine Kontrollfunktion dem Vorstand gegenüber, was zu Kontinuität und Professionalität führen kann. Wenn Eltern und Mitarbeiterinnen an einer professionellen Ausrichtung interessiert sind, kann die Rechtsform Genossenschaft dazu beitragen. Gerade auch vor dem Hintergrund der Verlässlichkeit gegenüber Behörden kann dies ein guter Grund sein. Die Rechtsform ist basisdemokratisch, Eltern und Mitarbeiterinnen betreiben »*ihre*« Kita mit.

Kategorie	Inhalt
	Aktuell schließen sich Firmen zu Genossenschaften zusammen, um gemeinsam eine Kita zu betreiben. Die Genossen zahlen pro Platz einen Obolus, der den Familien in Rechnung gestellt werden kann. Anderen Unternehmen soll es einfach gemacht werden, beizutreten und sich ebenso für die Kinderbetreuung der eigenen Mitarbeiterinnen zu engagieren.

Tabelle 11: Rechtsform Genossenschaft

11 Gemeinnützigkeit und Steuern

Früher war es üblich, dass nur anerkannte Träger der freien Jugendhilfe gemäß § 75 SGB VIII staatliche Aufgaben wahrnahmen. Ein Kennzeichen der Anerkennung ist die gemeinnützige Tätigkeit. Heutzutage wird die Förderung der Betriebskosten für privat-gewerbliche Unternehmen geöffnet:

Eine Gemeinnützigkeit muss in den Bundesländern Baden-Württemberg, Bayern, Brandenburg, Hamburg, Hessen, Mecklenburg-Vorpommern Niedersachsen, Nordrhein-Westfalen und Schleswig-Holstein nicht gegeben sein (siehe *Nützliche Hintergrundinformationen*). Darüber hinaus bestehen in anderen Bundesländern differenzierte Regelungen.

In den kommunalen Entscheidungsgremien bestehen jedoch aufgrund von jahrzehntelangen Strukturen gewisser Vorbehalte gegenüber diesen neuen Trägern. Daher empfehlen wir eine Rechtsform, die dementsprechend eine Gemeinnützigkeit erlauben sollte. Hier kommen der Verein, die GmbH und die Genossenschaft infrage. Wollen Sie als Tagesmutter tätig sein, genügt eine Meldung als Selbstständige, eine Gemeinnützigkeit liegt nicht vor. Warum dies so ist, wird gleich erklärt. Doch zuerst eine Definition:

11.1 Begriffsbestimmung gemeinnützige Tätigkeit

Die juristische Person – der Verein, die GmbH oder die Genossenschaft – ist dann gemeinnützig, wenn sie selbstlos tätig ist und keine eigenwirtschaftlichen Zwecke verfolgt. Sie fördert die Allgemeinheit auf materiellem, geistigem oder sittlichem Gebiet im Rahmen verschiedener Zwecke (§ 52 Abgabenordnung). Ihre Aktivitäten dienen dem Gemeinwohl und müssen demnach für alle Menschen zugänglich sein.

> Ein Verein kann beispielsweise nicht nur Frauen aufnehmen. Da Männer ausgeschlossen würden, wäre der Verein nicht für die Allgemeinheit zugänglich und damit nicht gemeinnützig.

Dementsprechend ist ein Verein offen für alle Menschen. Konkret nehmen Sie nur diejenigen als Mitglieder auf, die Ihre Ziele unterstützen.

> Der Frauenverein nimmt nur Menschen auf, die seine Ziele unterstützen. Der Elternverein ist offen für jeden, nimmt aber vorrangig die Eltern auf, die einen Kindergartenplatz bekommen haben.

Die Mittel, die erwirtschaftet werden, werden nur für satzungsgemäße Zwecke verwendet. Die Mitglieder, Gesellschafter bzw. Genossen erhalten keine Zuwendungen aus Mitteln der Körperschaft. Das bedeutet, es dürfen keine Gewinne ausgeschüttet werden. Es dürfen keine Personen für andere Leistungen oder unverhältnismäßig hoch vergütet werden.

Die Kita-Leitung darf zum Beispiel nicht wie ein Banker bezahlt werden.

Zudem müssen die Mittel unmittelbar verwendet werden, das heißt, die juristische Person gibt die Gelder selbst aus. Beispielsweise darf eine Spende für den Kindergarten nicht an einen anderen Verband gegeben werden, um damit eine Kinderbetreuung zu finanzieren. Alle Ausnahmen sind dem Finanzamt gegenüber zu erklären.

Wenn die Erneuerung der Außenspielgeräte erst in einigen Jahren fällig ist, erklären Sie, dass Sie das Geld bis dahin zurücklegen. Sie wissen nicht, ob Sie den Betrag in drei Jahren zusammenbekommen. Ähnlich wäre es bei einem Umzug.

Bei der Auflösung der juristischen Person wird der Überschuss gemeinnützigen Zwecken gewidmet.

Die Satzung der Rechtsform gibt den Rahmen vor und wird vom Finanzamt auf die Gemeinnützigkeit hin geprüft. Ihr tatsächliches Handeln darf der Satzung nicht entgegenstehen. Wenn Sie sagen, dass Sie eine Kita betreiben, aber tatsächlich ein Segelboot im Mittelmeer angeschafft haben, um Senioren zu betreuen, kann das zwar auch gemeinnützig sein, ist aber nicht als Zweck angegeben. Demnach würde keine satzungsgemäße Gemeinnützigkeit vorliegen. Sie müssten erst den Zweck des Vereins in der Satzung ändern und daran anschließend erneut die Gemeinnützigkeit der Organisation beantragen.

Ein Beispiel:

Eine Gruppe von Eltern will gern im Anschluss an ihren Geburtsvorbereitungskurs eine Krabbelgruppe gründen. Sie treffen sich zu fünft täglich zuhause bei jedem im Wechsel. Jede Mutter übernimmt die Kinderbetreuung an einem festgelegten Wochentag. Nach einiger Zeit stellen sie zusammen eine Kinderfrau ein. Sie haben geplant, die Gruppe aufzulösen, wenn ihre Kinder in den Kindergarten gehen. Dieses Beispiel steht für die nicht gemeinnützige Kinderbetreuung, welche ebenso für die Betätigung als Tagespflegeperson gilt. Die Eltern sind auf die eigenen Kinder fixiert und suchen nicht nach einer nachfolgenden Generation. Die anfallenden Betreuungskosten können sie über die Steuer absetzen, und zwar jeder zu einem Fünftel. Ansprechpartner für die Steuererklärung, die Einstellung und Abrechnung ist der Steuerberater.

Wenn Sie dagegen eine Einrichtung gründen, in der Kinder gebildet, erzogen und betreut sowie neue Kinder aufgenommen werden, hat die Allgemeinheit etwas davon. Daher lohnt sich die Gemeinnützigkeit. Bei der Formulierung der Satzung berücksichtigen Sie unabhängig vom eigenen Bedarf, der zwar auch gegeben ist, dass die neue juristische Person in Zukunft Betreuungsplätze anbietet. Nach § 52 der Abgabenordnung ist dies durch den Zweck *Förderung der Jugendhilfe* gegeben.

11.2 Wie werden Sie gemeinnützig?

Vereinfacht stellt die Übersicht den Ablauf dar, die Erklärungen folgen im Text:

Satzung/Gesellschaftervertrag formulieren
beim Finanzamt vorläufige Gemeinnützigkeit beantragen (persönlich)
beim Registergericht (Amtsgericht) die Eintragungsfähigkeit prüfen lassen (persönlich)
über Notar: Anmeldung beim Registergericht
Freistellungsbescheid: 1 Jahr gültig
Tätigkeitsbericht sowie Einnahmen und Ausgaben
Freistellungsbescheid: 3 Jahre gültig
Tätigkeitsbericht sowie Einnahmen und Ausgaben

Tabelle 12: Ablauf Rechtsform anmelden

Im Internet finden Sie verschiedene Mustersatzungen für Vereine, GmbHs und Genossenschaften. Diese formulieren Sie für die eigenen Zwecke aus. Bevor Sie diese über den Notar beim Registergericht einreichen, ist es sinnvoll, beim zuständigen Finanzamt die vorläufige Gemeinnützigkeit zu beantragen. Dann entfallen die Kosten für das Vereinsregister, da Sie gemeinnützig sind.

In diesem Zusammenhang überprüft das Finanzamt die Satzung, und ggf. müssen Sie vor Eintragung im Registergericht, welches beim Amtsgericht angesiedelt ist, die Satzung entsprechend ändern. Es bietet sich zudem an, Rücksprache mit dem Rechtspfleger des Registergerichts halten, um die Eintragungsfähigkeit zu prüfen. Dann geht es zum Notar, der die Anmeldung beim Registergericht vornimmt.

In der Gemeinnützigkeitserklärung, die auch Freistellungsbescheid heißt, wird erklärt, dass Sie für die gemeinnützige Tätigkeit von der Körperschaftsteuer und der Gewerbesteuer befreit sind. Sie erhalten keinen Bescheid darüber, dass Sie gemeinnützig sind. Ihre Steuernummer steht ebenfalls auf dem Bescheid, sie ist für die Gehaltsbuchhaltung relevant (siehe Baustein 3, *Was Sie über Buchhaltung wissen sollten*).

Der Erhalt der vorläufigen Gemeinnützigkeit bedeutet, dass Sie nach einem Jahr Geschäftsführung die tatsächlichen Ausgaben und Einnahmen sowie einen Tätigkeitsbericht beim Finanzamt einreichen, um einen Freistellungsbescheid für die nächsten drei Jahre zu erhalten. In der Folge steht der Nachweis darüber alle drei Jahre an, wobei die Frist auf dem Bescheid vermerkt ist.

11.3 Verfassen eines Tätigkeitsberichts für die Fortführung der Gemeinnützigkeit

Im Tätigkeitsbericht weisen Sie nach, dass Sie sich an die in der Satzung formulierten Regeln gehalten haben: Die Organe haben regelmäßig, wie in der Satzung beschrieben, getagt, was natürlich auch tatsächlich passiert sein sollte. Weiterhin beschreiben Sie die Aktivitäten der Rechtsform, zum Beispiel die Eröffnung des Kindergartens oder den laufenden Betrieb des Kindergartens, die Durchführung von Elternbildungsangeboten oder gemeinsame Freizeitaktivitäten. Weiterhin führen Sie herausragende Anlässe wie zum Beispiel den Besuch des Bundespräsidenten oder des Wissenschaftsministers aus. Vom Umfang sollte der Bericht nicht mehr als ein bis zwei Seiten haben. Der Finanzbeamte erhält als interessierter Laie eine Vorstellung davon, was in Ihrer Rechtsform passiert ist.

Zusätzlich fügen Sie alle Kopien der Bescheide über die Förderung als Kita und die Anerkennung als Träger der freien Jugendhilfe bei. Weiterhin sind die Einnahmen und Ausgaben nach der in dem Bundesland gültigen Überschussermittlung zu erstellen. Je nach Rechtsform gibt es bis zu vier Bereiche, die dafür relevant sind. Pro Bereich stellen Sie jeweils getrennt die Einnahmen und Ausgaben dar (siehe Baustein 3, *Was Sie über Buchhaltung wissen sollten*). Sie sehen in der folgenden Tabelle zudem den Zusammenhang zur Steuerbefreiung.

			wirtschaftliche Betätigung	
Bereich	**Ideeller Bereich (gemeinnützige Zwecke)**	**Vermögens-verwaltung**	**steuerbegünstigter Zweckbetrieb**	**steuerpflichtiger wirtschaftlicher Geschäftsbetrieb**
Beispiel	Mitgliedsbeiträge Verein	Zinsen	Kita	Sommerfest Sponsoring
Gewerbe und Körperschafts-steuer?	steuerfrei	steuerfrei	steuerfrei	steuerpflichtig bei mehr als 35.000 Euro Einnahmen im gleichen Jahr
Umsatzsteuer?	steuerfrei	steuerfrei	steuerfrei als anerkannter Träger der freien Jugendhilfe oder ermäßigter Steuersatz ab 17.500 Euro Einnahmen im Vorjahr	steuerpflichtig ab 17.500 Euro Einnahmen im Vorjahr
	gemeinnütziger Verein			
		gGmbH, gGenossenschaft		

Tabelle 13: Bereiche bei gemeinnützigen Rechtsformen, eigene Darstellung in Anlehnung an Finanzministerium des Landes NRW (Hrsg.) (2012), S. 33.

Der erste Bereich umfasst den **ideellen Bereich** des Vereins, der zum Beispiel über Mitgliederbeiträge verfügt. Es fallen keine Steuern an. Bei der **Vermögensverwaltung** geht es um Zinsen, die zum Beispiel bei Anlagevermögen anfallen. Der Betrieb einer Kita ist ein **steuerbegünstigter Zweckbetrieb**. Zum **wirtschaftlichen Geschäftsbetrieb** gehört zum Beispiel ein Sommerfest, welches eindeutig auf Gewinnerzielung ausgerichtet ist.

11.4 Steuern

Grundsätzlich gilt, wenn Sie nicht gemeinnützig sind, zahlen Sie Körperschafts- und Gewerbesteuer. Hier gibt das allgemeine Steuerrecht bzw. der Steuerberater Auskunft.

Bei allen gemeinnützigen juristischen Personen ist dies nicht der Fall, es gibt jedoch vielfältigste Besonderheiten:

Umgang mit dem Überschuss

Als gemeinnütziges Unternehmen versteuern Sie Ihre Gewinne nicht. Sie geben die Mittel zeitnah aus oder sammeln Rücklagen an. Dies ist auf verschiedene Weisen möglich: Prinzipiell sollten Sie den Überschuss unmittelbar in gleichen oder nächsten Jahr im gemeinnützigen Bereich ausgeben. Zudem können Sie eine **Betriebsmittelrücklage** für die Risiken des Betriebs in Höhe von bis zu drei Monatsgehältern aller Mitarbeiterinnen bilden.

Wenn die Einrichtung zum Beispiel abbrennt, dann erhalten Sie mit der Einstellung des Betriebs keine Zuschüsse mehr. Trotzdem sind die Gehälter bis zum Ende der Kündigungsfrist fällig.

Darüber hinaus lässt sich eine **freie Rücklage** wie folgt bilden: Wenn Sie im Bereich **Vermögensverwaltung** Zinseinnahmen von 1.000 € haben und keine Ausgaben gegenüberstehen, können Sie bis zu 25 % davon in eine freie Rücklage stellen. Das heißt, die anderen 75 % müssten unmittelbar in dem Jahr oder im Folgejahr im Zweckbetrieb oder im ideellen Bereich ausgegeben werden. Diese freie Rücklage bedeutet, dass Sie das Geld ansparen dürfen. Sie geben es selbst unmittelbar, also direkt, aus. Eine Spende an einen anderen Verein ist nicht möglich. Wann Sie dies tun, bleibt Ihnen überlassen, da keine zeitliche Befristung existiert. Zudem dürfen Sie 10 % des Überschusses aus dem ideellen Bereiches bzw. aus dem Bereich des Zweckbetriebes ebenfalls in diese Rücklage einstellen.

Demnach lohnt sich eine freie Rücklage. Dabei führen Sie sich vor Augen, dass sie nur gering ansteigt, wenn Sie Gewinne im ideellen Bereich, in der Vermögensverwaltung und im Zweckbetrieb machen.

Darüber hinaus ist für besondere Ausgaben eine gezielte Rücklagenbildung möglich. Wenn einer Kita zum Beispiel in den nächsten Jahren ein Umzug bevorsteht, können Sie dafür Mittel ansparen. Eine Renovierung ist etwa alle fünf Jahre fällig. Gleichzeitig kann die Rücklage auch im Minus stehen, da zum Beispiel der Kauf einer Waschmaschine nicht jedes Jahr anfällt. Eine Waschmaschine gehört zum Erhaltungsaufwand bei den anerkennungsfähigen Kosten (siehe Punkt e). Sie wird in dem Jahr abgerechnet, in dem sie gekauft wird.

Gewerbe- und Körperschaftsteuer

Bei gemeinnützigen Körperschaften fallen beide Steuern nur an, wenn Sie im wirtschaftlichen Geschäftsbetrieb Einnahmen von mindestens 35.000 € haben. Dann werden die Prozentsätze vom Gewinn berechnet, wobei 15 % Körperschaftsteuer anfallen. Die Gewerbesteuer fällt je nach Gemeinde und Steuersatz unterschiedlich aus, dabei können Sie etwa von der gleichen Höhe ausgehen.

Als nicht gemeinnütziges Unternehmen fällt diese prozentuale Zahlung unabhängig von der Höhe des Überschusses an.

Umsatzsteuer

Die Umsatzsteuer wird von den Einnahmen berechnet. Beim ideellen Bereich und bei der Vermögensverwaltung sind Sie von der Umsatzsteuer befreit. Immobilien gehören zum Vermögen, daher stellen Sie, wenn Sie Gewerberäume vermieten, statt 19 % nur 7 % Umsatzsteuer in Rechnung.

Beim Zweckbetrieb Kita sind Sie von der Umsatzsteuer befreit, weil Sie eine staatliche Aufgabe wahrnehmen. Das wird dokumentiert durch die Anerkennung als Träger der freien Jugendhilfe. Sie sind dann ein Partner des Staats, genauer gesagt des Jugendamts. Wenn Ihr Zweckbetrieb auf dem freien Markt konkurriert, stellt Ihre Werkstatt für arbeitslose Jugendliche den ermäßigten Steuersatz von 7 % bei einem Vorjahresumsatz von über 17.500 € in Rechnung. Sie erklären dem Finanzamt gegenüber, ob Sie befreit sein wollen oder nicht.

> Eine Kita hat jedes Jahr im Dorf das Sommerfest mithilfe der örtlichen Vereine veranstaltet und die Einnahmen erwirtschaftet. So kam der Teil der Betriebskosten zusammen, der in der Finanzierung noch fehlte. Wenn ein Träger mehrere Kitas hat, die alle ein Sommerfest veranstalten, können leicht je nach Anzahl der Kitas die 17.500 € Einnahmen erreicht werden. Dann sind entsprechend 19 % Umsatzsteuer zu zahlen.

Für den wirtschaftlichen Geschäftsbetrieb gilt der normale Steuersatz von 19 %.

Andere Sonderfälle

Es gibt darüber hinaus weitere Möglichkeiten: Von der jährlichen Grundsteuer beim Kauf eines Grundstückes können Sie befreit werden, wenn es Ihren Zweckbetrieb betrifft.

12 Die richtige Gruppenform

In jedem Bundesland variieren die Bezeichnungen für die einzelnen Gruppenformen. Dennoch gibt es ähnlich bzw. einheitlich verwendete Begriffe, die im Kindertagesstätten-Wesen üblich sind. In diesem Kapitel werden die Begrifflichkeiten erklärt und konzeptionelle Besonderheiten deutlich gemacht. Durch eine Darstellung in Tabellenform wird Ihnen die Aufgabe erleichtert, zu entscheiden, welche Gruppenform für Ihre Einrichtung infrage kommt.

Die hier aufgezählten Vor- und Nachteile gelten im Allgemeinen, und es ist daher Ihre Aufgabe, diese mit der Situation vor Ort in Zusammenhang zu bringen. Wenn Sie mit Ideen aber dennoch offen mit dem örtlichen Jugendamt über die Gruppenform in Abstimmung gehen, wird anhand der kommunalen Bedarfsplanung deutlich, welche Gruppenformen mittelfristig benötigt werden (siehe Baustein 1, *Gesetzliche Bestimmungen kennen*).

12.1 Grundsätzliches vorweg

Bisher war die Kinderbetreuung zumindest in Westdeutschland auf die Betreuung von Ü3-Jährigen spezialisiert. Seit einigen Jahren wurde diese Form um die U3-Jährigen erweitert, zudem wurden verschiedene Formen geschaffen. Diese Entwicklung spiegelt sich in den verschiedenen Gruppenformen wider.

12.2 Die Möglichkeiten als Kindertageseinrichtung

Jedes Landesgesetz beschreibt die Rahmenbedingungen an Gruppenformen, Anzahl der Kinder, Anzahl und Qualifikation der pädagogischen Fach- und Ergänzungskräfte, Betreuungsstunden, Vor- und Nachbereitungsstunden. Der erste Schritt ist das Lesen des Landesgesetzes.

Jede Kindertageseinrichtung kann je nach gesetzlichen Bestimmungen verschiedene Gruppenformen beinhalten. Mit wie vielen Sie starten und wie Sie weiterplanen, hängt demnach von der Sachlage vor Ort ab.

Grundsätzlich lohnt sich der Betrieb einer Einrichtung unter finanziellen Gesichtspunkten ab drei Gruppen. Dann haben organisatorische Aufgaben einen Synergieeffekt. Kleinere Einrichtungen sind teurer, und es stehen ihnen zum Beispiel weniger Leitungsstunden zur Verfügung, wenngleich die Arbeit die gleiche ist. Diese Nachteile sind auch beim Dienstplan gegeben. Daher erhalten manche Landesgesetze eine zusätzliche Förderung für kleine Einrichtungen. Grundsätzlich ist es daher sinnvoll, wenn Sie von Anfang an größer denken. Natürlich können sich Raumsuche und investive Förderung schwieriger gestalten, das Unternehmen ist jedoch in der Regel handlungsfähiger und auch besser steuerbar.

Kindergarten

Der erste Kindergarten der Welt wurde in Deutschland im Jahr 1840 von Friedrich Fröbel gegründet. Dass Kinder einen eigenen Ort zum Spielen bekamen, war ein ganz neues Konzept. Nachdem der Kindergarten einige Jahre aus atheistischen Gründen verboten war, machte er sich auf seinen weltweiten Siegeszug. »Kindergarden« heißt es heute in vielen Ländern, oder das Wort ist in der jeweiligen Landessprache übersetzt.

Kategorie	Inhalt
Was ist es?	Klassischerweise ist dies eine werktägliche Betreuung bis ca. 12 Uhr für ca. 25 Kinder ab drei Jahren ohne Mittagessen und Schlafmöglichkeit. Zudem besteht die Möglichkeit, dass die Kinder um 12 Uhr nach Hause gehen und um 14 Uhr wiederkommen.
Für wen?	Eltern wünschen sich eine Betreuung, die ein besonderes pädagogisches Konzept verfolgt. Eltern wollen und können einen Großteil ihrer Zeit mit den eigenen Kindern verbringen. Der Kindergarten soll soziale Kontakte ermöglichen, aber ansonsten ist das Elternhaus für das Aufwachsen zuständig. Für Eltern, die sonst keinen anderen Platz in Anspruch nehmen würden.
Ziele	Die Selbstständigkeitsentwicklung und Aneignung der Welt steht im Vordergrund. Dabei geht es auch darum, dass die Kinder lernen, sich auszudrücken und ihre Meinung in Diskussionen zu vertreten. Die Vorbereitung auf den Schulbeginn ist ein wichtiger Baustein dieser Einrichtungen.
Besonderheiten	Klassische Kinderbetreuungsform in Westdeutschland. Evtl. findet sich diese Form in ländlichen Gebieten und bei pädagogischen Konzepten, bei denen ein Platz über Mittag nicht infrage kommt: • Waldkindergarten: Kindern wird das Leben und Spielen in der Natur ermöglicht. Neben einem kleinen Aufenthaltsraum (Bauwagen) stehen keine weiteren Räume zur Verfügung, daher ist die Zeit im Wald begrenzt.

Kategorie	Inhalt
	• Bauernhofkindergarten: Auch hier geht es um das Leben auf dem Bauernhof mit Tieren und in der Natur. Wenn passende Räumlichkeiten fehlen, ist dies nur ein paar Stunden möglich. Für die Mitarbeiterinnen ist ausreichend Zeit für die Vor- und Nachbereitung vorhanden, sofern diese auch finanziert ist. Aktivitäten und Räume können gezielt vorbereitet werden. Die Eltern benötigen ausreichend Zeit, die Kinder betreuen zu können, demnach ist eher eine einkommensstarke Klientel anzutreffen. Als Träger haben Sie einen ähnlichen Aufwand wie bei den anderen Formen. Evtl. ist es einfacher, Räume zu finden, da Sie weniger Auflagen haben.
Relevanz für Gründung	Dies ist sinnvoll, wenn Sie eines der oben genannten besonderen Konzepte verfolgen. Ist eine solche Gruppe gegründet, können Sie gut darauf aufbauen und Gruppenformen ergänzen.

Tabelle 14: Gruppenform Kindergarten

Kindertagesstätte

Die Bezeichnung *Kita* ist die Abkürzung für Kindertagesstätte und wird mittlerweile landläufig für die gesamte Kindertagesbetreuung verwendet.

Kategorie	Inhalt
Was ist es?	Die Kindertagesstätten-Gruppe betreut Kinder werktags über das Mittagessen hinaus inkl. einer Schlafzeit bzw. Mittagspause. Zum Teil besteht ein besserer Betreuer-Kind-Schlüssel als in der Halbtagsgruppe. Die Altersabgrenzung in der Kita ist im jeweiligen Landesgesetz festgelegt, zum Teil können es U3-Kinder sein.
Für wen?	Für Eltern, die ihre Kinder über die Mittagszeit hinaus betreuen lassen wollen. Zum Teil für Eltern, die die Einrichtung, wenn ihr Kind drei Jahre alt ist, nicht wechseln wollen. Für Alleinerziehende mit hohem Betreuungsbedarf.
Ziele	Der Tag wird gemeinsam miteinander verbracht, das heißt, die verschiedenen Phasen von Aktivität, Essen, Schlafen/Pause und der Aktivität am Nachmittag sind konzeptionell durchdacht und werden entsprechend umgesetzt. Die Bedürfnisbefriedigung aller Kinder verschiedenen Alters steht im Mittelpunkt.

Kategorie	Inhalt
Besonderheiten	Heutzutage ist dies die weit verbreitetste Form von frühkindlichen Bildungseinrichtungen. Es bestehen Vorteile gegenüber Krippen: Die Kinder können über ihr drittes Lebensjahr hinaus dort bleiben. Interessant: Verschiedene Bedürfnisse der Kinder in Einklang zu bringen, bedarf eines guten Konzepts. Für Sie als Träger von Vorteil: Es sind verschiedene Gruppenformen möglich, und die Familien verweilen mitunter länger als drei Jahre in der Einrichtung.
Relevanz für Gründung	Eine Kita zu gründen ist sinnvoll, wenn es zu wenige Plätze für Ü3- Kinder gibt. Dies kann in Ballungsgebieten der Fall sein, wenngleich im bundesweiten Durchschnitt die Versorgung dieser Kinder gewährleistet ist. Auch wenn generell zu wenig Plätze in einem Stadtteil gegeben sind, kann dies die passende Form sein.

Tabelle 15: Gruppenform Kindertagesstätte

Krippe

Krippen bzw. reine U3-Kinderbildungseinrichtungen gab es früher nicht in jedem Bundesland, da die Kleinkinderbetreuung so gut wie ganz vermieden wurde. Manchmal sind diese »U3-Gruppen« in bestehenden Einrichtungen eingerichtet. Dann ist der Wechsel für das Kind in eine andere Gruppe evtl. leichter, wenngleich organisatorisch unter Umständen eine Neuanmeldung erforderlich ist.

Kategorie	Inhalt
Was ist es?	Die Krippe/U3-Gruppe betreut Kinder werktags halb- oder ganztägig im Alter von 0 bis 3 Jahren. In manchen Bundesländern müssen die Kinder am dritten Geburtstag die Einrichtung wechseln.
Für wen?	Eltern, die aufgrund von Berufstätigkeit bzw. Ausbildung eine gesicherte Kinderbetreuung benötigen. Eltern, die ihrem Kind ein gemeinsames Miteinander mit anderen Kindern ermöglichen wollen. Eltern, die ihrem Kind eine frühe Bildung zugänglich machen wollen. Alleinerziehende mit hohem Betreuungsbedarf.

Kategorie	Inhalt
Ziele	In der Einrichtung/Gruppe nimmt die Bindung zwischen Erziehern und Kind eine wichtige Bedeutung ein. Zudem geht es um die zeitnahe Bedürfnisbefriedigung der Kinder, wobei viel Raum für Pflege gegeben ist. Im freien Spiel erobern die Kinder die Welt. Der Tagesablauf mit aktiven und ruhigen Phasen wird auf die individuellen Bedürfnisse der Kinder angepasst.
Besonderheiten	Die Entwicklung in den Lebensphasen Säugling, Kleinkind und Kind wird von den Erzieherinnen begleitet. Die Zusammenarbeit zwischen Familie und Team ist nah am Kind orientiert. Die Gruppen sind mit etwa zehn Kindern klein und überschaubar. Die Eltern kommen unter Umständen nicht nur aus dem Stadtteil, sondern nehmen längere Fahrzeiten in Kauf. Nachteil: Die Kinder müssen die Einrichtung wechseln, wenn sie drei Jahre alt werden. Dies kann jedoch auch sehr positiv erlebt werden. Als Träger muss man daher mit einem ständigen Wechsel der Elternschaft umgehen (pro Jahr ein Drittel bzw. bis zur Hälfte).
Relevanz für Gründung	Diese Form der Betreuung ist sehr gefragt, da hier besonders im Westen Deutschlands zu wenige Plätze bestehen. Sie können eine Krippe/U3-Gruppe an eine bestehende Kita angliedern oder eine eigenständige Krippe gründen.

Tabelle 16: Gruppenform Krippe

Altersgemischte Gruppe für Unter-3-Jährige und Über-3-Jährige

Diese Form ist nicht in jedem Bundesland relevant, soll aber dennoch aufgenommen werden. Der Unterschied zur Kita allgemein besteht darin, dass hier eine bestimmte Gruppe, in der Kinder im Alter von 0 bis 6 Jahren betreut werden, gemeint ist.

Kategorie	Inhalt
Was ist es?	In einer Gruppe werden Kinder im Alter von 0 bis 6 Jahren bis mindestens bis nach dem Mittagessen betreut, sodass die Schlafenszeit/Mittagspause abgedeckt ist.
Für wen?	Für Eltern, die ihre Kinder einige Jahre in der gleichen Gruppe aufwachsen sehen möchten. Für Eltern, die eine Kinderbetreuung benötigen, um Beruf und Familie miteinander vereinbaren zu können. Für Eltern, die den familienähnlichen Charakter der Gruppe gut finden.
Ziele	Es werden die verschiedenen Bedürfnisse von jüngeren und älteren Kindern erfüllt. Bei den Jüngeren dreht es sich um Bedürfnisbefriedigung und spontane Begleitung, die Älteren wollen die Welt entdecken.
Besonderheiten	Schwierig kann es sein, allen Altersgruppen gerecht zu werden. Dies geht nur über eine gezielte Vorbereitung und ein gutes Konzept. Es bietet sich dabei die offene Arbeit an: Eine Nestgruppe gibt Sicherheit für die Kleineren, während die Älteren die Einrichtung erkunden können. Je nach Aufnahmealter sind die Kinder eines Jahrgangs auf zwei bis drei Kinder beschränkt. Dies kann schwierig sein, da dann nur wenig gleichaltrige Spielpartner zur Verfügung stehen. Vorteil: Die Familien verweilen lange in der Einrichtung, eine Bindung sowohl zur Kita als auch zu den anderen Eltern kann sich positiv auf die Arbeit des Trägers auswirken. Achtung bei der Belegung der Plätze: Für eine ausgewogene Gruppenstärke sollten Kinder verschiedenen Alters aufgenommen werden.
Relevanz für Gründung	Diese Gruppe sollten Sie in Erwägung ziehen, wenn zu wenige Plätze für U3- als auch für Ü3-Kinder bestehen. Wenn Sie mehrere verschiedene Gruppen planen, ergibt die Gesamtheit der Gruppen in der Regel ebenfalls diese Form.

Tabelle 17: Gruppenform altersgemischte Gruppe

Hort

Ein Hort ist eine besondere Gruppenform für Schulkinder. Er wird ebenfalls über das Kindertagesstätten-Gesetz des jeweiligen Bundeslandes finanziert. In einigen Bundesländern wurden die Horte in Ganztagseinrichtungen an Schulen überführt, für die gänzlich andere Bedingungen gelten.

Kategorie	Inhalt
Was ist es?	Der Hort ist eine werktägliche Bildungseinrichtung für Schulkinder, unabhängig vom Schulgebäude in eigenen Räumen.
Für wen?	Eltern, die für ihre Kinder einen Ganztagsplatz benötigen. Eltern, die sich beim schulischen Lernen ihrer Kinder Unterstützung wünschen. Eltern, die die besondere Qualität des Horts schätzen.
Ziele	Die Kinder werden bei ihren Entwicklungsaufgaben begleitet und ihre Grundbedürfnisse nach Zuneigung und Anerkennung gestillt. Die Unterstützung bei der Aneignung von Schlüsselkompetenzen (personale, soziale, Wissens- und Lernkompetenz) nimmt großen Raum ein.
Besonderheiten	In der Regel besteht ein guter Betreuer-Kind-Schlüssel. Ein weiterer Vorteil ist es, dass die Kinder am Mittag das Schulgebäude verlassen und sich in Freizeiträumen aufhalten. Das gemeinsame Mittagessen und die Hausaufgabenbetreuung und -förderung nimmt einen festen Raum im Tagesablauf ein. Die Gruppe und das soziale Lernen in der Gruppe stehen im Vordergrund. Die Kinder können jeden Tag mitgestalten.
Relevanz für Gründung	Diese Gründung ist angebracht, wenn zu wenige Plätze für Schulkinder zur Verfügung stehen. Da jedoch die Ganztagsbetreuung an Schulen zunehmend ausgebaut wird, kann eine Neugründung im Rahmen der kommunalen Bedarfsplanung schwierig sein. Ein frei finanzierter Hort ist unter Umständen möglich, Sie müssen in jedem Fall die Finanzierung darlegen.

Tabelle 18: Gruppenform Hort

Kindertagespflege

Die Kindertagespflege wurde in den letzten Jahren im Zuge der Umsetzung des Rechtsanspruches ausgebaut. Die Tageseltern arbeiten alleine, meist in privaten Räumen. In manchen Kindertageseinrichtungen bestehen erste Kooperationen mit Tageseltern, zum Beispiel ist im Rahmen von *Familienzentren* eine Zusammenarbeit möglich.

Kategorie	Inhalt
Was ist es?	Wohnortnah und familienergänzend werden bis zu fünf U3-Kinder sowie ergänzend ältere Kinder werktäglich betreut, die Betreuungszeiten werden individuell vereinbart. Bei der Großtagespflege können zwei Tageseltern bis zu neun Kinder gleichzeitig betreuen.
Für wen?	Für Familien, die eine wohnort- und familiennahe Betreuung suchen. Für Familien, die einen unregelmäßigen bzw. über die üblichen Öffnungszeiten von Kitas hinausgehenden Betreuungsbedarf haben. Für Alleinerziehende mit hohem Betreuungsbedarf.
Ziele	Die Kinder werden altersentsprechend betreut. Sie machen vielfältige Lernerfahrungen, der Kontakt zu anderen Kindern wird unterstützt und begleitet. So werden erste soziale Fähigkeiten eingeübt. Die Kinder werden regelmäßig und liebevoll gepflegt. Regelmäßige Mahlzeiten und Schlafzeiten sind wichtige Bausteine des Angebotes.
Besonderheiten	Tagesmütter arbeiten selbstständig zuhause, in anderen Räumen oder sind im Haushalt einer Familie angestellt. Die Kinder werden sehr individuell und familienergänzend betreut. Ein Lehrgang im Rahmen von 160 Stunden qualifiziert für die Tätigkeit. Viele Tagesmütter bilden sich zudem weiter und sind hochengagiert, die Kleinen zu Ihrer Zufriedenheit zu betreuen. Über das Alter und die mögliche Dauer der Betreuung entscheidet die Tagesmutter. Im Betreuungsvertrag werden Absprachen festgehalten. Auf Einzelantrag übernimmt das örtliche Jugendamt einen Zuschuss, wenn das Familieneinkommen niedrig ist. Pro Kind werden etwa 5 € pro Stunde vergütet. Ab 15 Stunden Betreuung pro Woche ist in jedem Fall eine Pflegeerlaubnis des Jugendamtes nötig. Das Jugendamt begleitet die Tageseltern, sorgt für Qualifizierung und regelmäßigen Austausch. Für Eltern besteht die Möglichkeit, dass sie sich zusammentun und eine Tagesmutter anstellen (siehe Baustein 1, *Gemeinnützigkeit und Steuern*). Es ist möglich, dass die Tagesmutter die Kinder abwechselnd in jeder Wohnung der Eltern betreut. Eine weitere Möglichkeit ist es, als Tagesmutter bei einem Träger fest angestellt zu sein. In den Räumen der Kita bzw. zusätzlich an eine Kita angegliedert wird die Kinderbetreuung übernommen. So besteht ein kollegialer Austausch sowie eine Absicherung im Krankheitsfall.

Kategorie	Inhalt
Relevanz für Gründung	Wenn Sie alleine oder zu zweit selbstständig tätig sein möchten, ist diese Form angemessen. Wenn Sie dies neben anderen Verpflichtungen machen möchten. Wenn Ihnen der Verdienst nicht so wichtig ist. Wenn Sie die Betreuung Ihrer eigenen Kinder gut mit Ihrer Tätigkeit als Tagesmutter vereinbaren können. Die Form kommt auch infrage, wenn keine Betriebserlaubnis für einen Hort erteilt wird, aber Schulkinder betreut werden sollen.

Tabelle 19: Gruppenform Kindertagespflege

Spiel- und Krabbelgruppen

Auch diese Formen sind neben der Kindertagesbetreuung ein Instrument, Elternbildung und Kinderbetreuung anzubieten. Einige Kindertagesstätten holen sich diese ins Haus oder sind selbst Anbieter der Gruppen.

Kategorie	Inhalt
Was ist es?	Ein tageweises ein- bis dreistündiges Angebot mit oder ohne Aufsicht der Eltern. Die Spiel- und Krabbelgruppe wird begleitet durch Fachkräfte, oder sie findet selbstorganisiert statt.
Für wen?	Für Eltern, die ihren Kindern ein soziales Miteinander mit anderen Kindern ermöglichen möchten. Für Eltern, die ihr Kind auf die Kita vorbereiten möchten. Für Eltern, die keinen Kita-Platz bekommen haben. Für Eltern, die gern über eigene Zeit verfügen möchten. Für Eltern, die mit anderen Familien ins Gespräch kommen möchten. Für Eltern, die sich Begleitung, Anregungen und Austausch in Erziehungsfragen wünschen. Für Eltern, die die Bindung zu ihren Kindern festigen möchten.
Ziele	Die Kinder machen vielfältige Lernerfahrungen. Der Kontakt zu anderen Kindern wird unterstützt und begleitet. So werden erste soziale Fähigkeiten eingeübt. Eltern lernen schrittweise, ihre Kinder loszulassen und wieder einmal etwas für sich zu tun. Eltern werden in Erziehungsfragen beraten und begleitet. Eltern werden ermutigt, sich auf ihre Kinder einzulassen, mit ihnen zu spielen und sie altersentsprechend zu unterstützen.
Besonderheiten	Diese Gruppen sind oft über die Familienbildung organisiert, sodass es neben der Betreuung der Kinder auch um eine Stärkung der Erziehungskompetenz geht. Einige Gruppen sind an eine Kita angegliedert.

Kategorie	Inhalt
	Die Treffen finden meist in Multifunktionsräumen statt, sodass ein schnelles Ein- und Aufräumen möglich ist, aber auch keine großen Spielzeuge angeschafft werden können. Feste Räume sind teuer, da die Gruppenform keine Förderung erhält. Wenn die Eltern dabei sind, ist nach § 25 SGB VIII keine Betriebserlaubnis nötig, ansonsten schon. Je nach Konzept und Kinderanzahl sind eine bzw. zwei Fachkräfte sowie Elterndienste nötig. Die Eltern übernehmen die Betreuungskosten vollständig selbst.
Relevanz für Gründung	Diese Gründung bietet sich an, wenn es schon genügend Kitas gibt und Sie nicht mehr im Bedarfsplan aufgenommen werden.

Tabelle 20: Gruppenform Spiel- und Krabbelgruppen

12.3 Entscheidungsfindung

Sie kennen nun die Möglichkeiten und haben die eine oder andere Form in Erwägung gezogen. Mit dieser Vorauswahl gehen Sie mit dem örtlichen Jugendamt ins Gespräch und entscheiden danach, was aus der kommunalen Bedarfslage die sinnvollste Gruppenform ist.

Zusammenfassung

- Für eine Kita-Gründung benötigen Sie besondere Qualitäten, da Sie ein Unternehmen gründen.
- Es gelten eine Reihe von gesetzlichen Vorgaben, die im SGB VIII festgelegt sind. Darüber hinaus bestehen landesgesetzliche Regelungen. Diese zu kennen und anzuwenden sind Voraussetzungen für eine erfolgreiche Gründung.
- Bezüglich der Finanzierung richten Sie sich nach den landesüblichen Vorgaben. Es ist sinnvoll, die geplante Einrichtung zu kalkulieren, damit klar ist, ob ein dauerhafter Betrieb umsetzbar ist.
- Es bietet sich aufgrund der finanziellen Vorteile an, eine gemeinnützige Rechtsform zu gründen.
- Aus den geeigneten Rechtsformen Verein, GmbH und Genossenschaft wählen Sie die aus, die Ihnen für die eigene Idee die meisten Vorteile bringt.
- Es gibt verschiedene Gruppenformen, deren Auswahl mit dem kommunalen Bedarfsplan und dem Elternwunsch übereinstimmen sollte.

Kita-Gründung in *Baden-Württemberg*

Wo: Baden-Württemberg

Wann: 1991–94

Rechtsform: Vereinsgründung 1992, Umwandlung zur Genossenschaft 2009

Alter und Anzahl der Kinder: damals 15 Kinder von 3,5 Jahren bis zur Schulpflicht, heute 66 Plätze für Ü3-Kinder und 30 Plätze für U3-Kinder

Eigene Position: Gründungsmitglied, im Vorstand und später Geschäftsführung, heute stellvertretender Aufsichtsratsvorsitzender

Dauer des Gründungsprozesses: drei Jahre

Erzählen Sie mal, wie war das damals mit der Kita-Gründung?

Es ist wichtig, dass sich eine Gruppe von Menschen findet, die bereit sind, sich über das normale ehrenamtliche Maß hinaus zu engagieren und sich auch mit dieser Sache zu verbinden. Sonst funktioniert es nicht. Man kann ja nicht sagen, dass eine wechselnde Gruppe oder Anzahl von Leuten so etwas aufbauen kann. Man braucht einfach drei bis sieben Leute, die bereit sind, das aufzubauen, zu führen und die Verantwortung zu übernehmen. Ein gewisser Stamm trägt das durch alle Höhen und Tiefen. Bis hinauf zu den Mitarbeitern, die auch bereit sind, weitergehende Verantwortung zu übernehmen für so einen Entwicklungsprozess. Man kann das mit einer Geschäftsgründung vergleichen.

Und welche Gründe gab es für Sie, in eine Genossenschaftsform zu wechseln?

Das ist ein langer Prozess. Ein Verein hat gewisse Vorteile, er hat verhältnismäßig wenig Regularien von außen und man muss einen Jahresabschluss machen sowie eine ordentliche Buchhaltung. Zudem kann man sich auch von einem Dachverband prüfen lassen. Gleichzeitig wird ein Verein von Zuschussgebern sehr kritisch beäugt, weil keine Kontrollgremien vorhanden sind im Vergleich zu einer Genossenschaft. Das muss man einfach ganz klar wissen. Beim Verein muss man im Endeffekt nur eine Sache beachten, dass man die Gemeinnützigkeit nicht verliert, was vergleichsweise einfach ist. Das zweite große Problem beim Verein ist die Haftungsfrage. Dort haftet ein Vorstand in vollem Umfang.

Eine Genossenschaft hat ein paar wesentliche Vorteile: Sie ist durch das Genossenschaftsgesetz sehr streng geregelt. Man muss eine Organisationsform aufbauen, die dem Gesetz entspricht. Man braucht einen funktionierenden Vorstand und einen Aufsichtsrat. Allein schon diese zwei Organe bringen in freie Einrichtungen, die von vielen Ehrenamtlichen geführt werden, bestimmte Sicherheiten: Zwei Organe sind im Grunde genommen der Genossenschaft verpflichtet. Zum einen ist es der Vorstand, der die Geschäftsführung übernimmt und dabei umfänglich verantwortlich ist. Zum anderen führt der Aufsichtsrat, wie der Name schon sagt, die Aufsicht.

Bei uns wird das in der Regel so gehandhabt, dass die Vorstände später, wenn die Kinder den Kindergarten verlassen, in den Aufsichtsrat wechseln. Wir haben es auch so geregelt, dass auch Mitarbeiterinnen im Vorstand und Aufsichtsrat vertreten sind. Die Mitarbeiterinnen übernehmen dadurch für den Betrieb ebenso rechtliche und wirtschaftliche Verantwortung. Das ist ein ganz großer Vorteil von der Genossenschaft. Des Weiteren unterliegt sie natürlich der Prüfungspflicht des Genossenschaftsverbandes, der einmal im Jahr vorbeikommt. Er schaut sich die Einrichtung sowie die Buchhaltung an und überprüft, ob die rechtlichen Bedingungen wie die Strukturen sowie Geschäftsführung stimmen und ob die Regularien eingehalten werden. Dann kann man zu Zuschussgebern ein größeres Vertrauensverhältnis aufbauen.

Einem Verein diese Strukturen zu geben, ist relativ schwierig. Ein Verein kann führungslos werden, wenn der Vorstand nicht mehr funktioniert. Dies kann einer Genossenschaft überhaupt nicht passieren.

Und eine gGmbH wäre für Sie nicht infrage gekommen?

Mit einer gGmbH haben wir uns nicht detailliert beschäftigt. Ich glaube, dass sie für unseren Geschäftsbetrieb nicht die richtige Rechtsform wäre. In einer gGmbH brauchen Sie Gründungskapital, das ist in der Genossenschaft mit Genossenschaftsanteilen und dem Stammkapital etwas einfacher. Die gGmbH ist von der Handhabung her schwieriger, weil sie nur auf die Gesellschafter fokussiert ist. Zudem ist es in einer gGmbH nicht möglich, normale Eltern zu Gesellschaftern zu machen, das kriegt man verwaltungstechnisch gar nicht hin. In einer Genossenschaft ist das sehr einfach, Sie können die Eltern als Mitglieder aufnehmen, wenn das gewollt ist. Diese zahlen ihren Anteil und können im Prinzip dann wieder austreten, wenn ihre Kinder die Einrichtung verlassen. Das ist verwaltungstechnisch sehr einfach zu regeln.

Eine gGmbH macht dann Sinn, wenn jemand eine Geschäftsidee im sozialen Bereich hat und zum Beispiel ein Heim für schwer erziehbare Kinder oder behinderte Kinder gründen möchte. Dann sucht derjenige mehrere Gesellschafter, die diese Einrichtung mit einem gewissen wirtschaftlichen Hintergrund betreiben. Dafür wäre die gGmbH die richtige Form. Beim Kindergarten könnte das der Fall sein, wenn man einen Betriebskindergarten für eine große Firma gründen möchte. Aber das Verhältnis der Eltern zur Einrichtung ist dann ähnlich wie bei einer öffentlichen Einrichtung. Das ist ein ganz anderer Hintergrund als bei uns.

Wo hatten Sie die meisten Schwierigkeiten und den größten Rückenwind?

Die größte Schwierigkeit war immer, sich die üblichen Zuschüsse in der notwendigen Höhe zu sichern. Dazu muss man wissen, dass sich in Baden-Württemberg 95 % aller Kindergartenplätze historisch bedingt in kommunaler oder kirchlicher Trägerschaft befinden. Dementsprechend wurde das Kindergartengesetz auf diese Träger zugeschnitten, wobei die freie Trägerschaft vom Gesetz immer möglich gewesen war und sie auch verhältnismäßig problemlos anerkannt wurde. Diese Sicherung der Finanzen ist ein langer Prozess, weil man in Baden-Württemberg jährlich über die Bedarfsplanung mit der Standortgemeinde verhandeln muss.

Das zweite ganz große Problem war, dass die Förderung grundsätzlich auf die Standortgemeinde zugeschnitten war. Das heißt, das Gesetz ging immer davon aus, dass Kinder nicht in einer anderen Gemeinde in den Kindergarten gehen. Dies zu ändern war ein sehr langer Prozess, der von 1997 bis 2008 andauerte. Durch den politischen Druck und die gesellschaftlichen Veränderungen wurde erreicht, dass die Finanzierung heute keinen Unterschied mehr macht, welche Einrichtung das Kind besucht. Es muss nicht die Wohnortgemeinde sein, auch die Nachbargemeinde ist möglich. Gerade für freie Träger mit besonderer pädagogischer Ausrichtung wie der Waldorfpädagogik war dies schwierig, denn wir haben einen überörtlichen Einzugsbereich.

Andererseits brachte uns die größte Schwierigkeit auch viel Rückenwind: Bezüglich der Finanzierung hat die öffentliche Hand gebremst und mehr oder weniger Zuschüsse verweigert, die uns zustanden. Per gerichtlicher Verpflichtung konnte dann erreicht werden, dass die Kommunen erhebliche Nachzahlungen leisten mussten. Das hat aufgrund des jahrelangen

Spardrucks zu einem Entwicklungsschub geführt, weil so eine finanzielle Reserve da war.

Das Zweite, was den größten Rückenwind gebracht hat, war die pädagogische Arbeit mit den Kindern. Wir haben es schon immer so gemacht, dass wir uns mit unserem Angebot am Bedarf der Eltern orientiert haben. Das ist im Land durch den hohen Anteil an öffentlichen Trägern eine lange Zeit anders gewesen, und das ganze Betreuungssystem hat sich sehr träge entwickelt. Wir haben schon 1998, was für Baden-Württemberg eigentlich untypisch war, Betreuung für Kinder unter drei Jahren angeboten. Wir haben einfach den Bedarf gesehen. Diese Öffnung für neue Formen hat uns eigentlich auch den notwendigen Rückenwind gebracht. Und wenn die pädagogische Arbeit und die Arbeit mit den Eltern stimmen, dann hatten wir hier auch nachhaltig Erfolg.

Die Eltern gucken heute sehr genau, ob sie und die Kinder sich wohlfühlen. Gleichzeitig sind die Eltern sehr flexibel. Genauso sind wir heute auch wieder vorne dran: Es gibt einen hohen Bedarf an flexibler Betreuung. Es ist ja nicht so, dass alle Eltern fünf Tage die Woche einen Ganztags- oder einen verlängerten Platz benötigen, sondern es gibt einen Bedarf nach Platz-Sharing. Der eine braucht donnerstags und freitags vormittags einen Platz und die andere Familie hat dienstags und mittwochs Bedarf. Hier versuchen wir, uns am Bedarf zu orientieren, was oft auch mühsam ist, aber insgesamt brachte uns das den Rückenwind.

Wie viele Leute waren Sie am Anfang?

Ganz am Anfang waren es 20 Gründungsmitglieder, was zwischenzeitlich auf 60 bis 70 Mitglieder angewachsen ist. Heute in der Genossenschaft haben wir 100 Mitglieder, das wird sich auch so einpendeln. Wir haben etwa 80 bis 100 Familien, und manche bleiben natürlich auch Mitglied in der Genossenschaft, wenn die Kinder weg sind.

Und die Mitglieder waren alle aktiv?

Am Anfang schon. Es gab in der Gründungsphase auch immer wieder mal Konflikte, wo sich Leute wieder badisch gesagt »vom Acker gemacht haben«. Damals waren wir sehr aktiv und haben den Aufbau relativ gut ehrenamtlich gestemmt. Die erste Bauphase haben wir zu 100 % in Eigenleistung umgesetzt, und später waren auch immer wieder Eigenleistungen enthalten.

Es ist heute zum Beispiel so, dass die Eltern alle Hausmeisterdienste, die Pflege der Außenanlagen, die Reinigung bis hin zum Kochen ehrenamtlich übernehmen. Die Menschen sind dazu bereit, wenn sie sich in der Einrichtung gut aufgehoben fühlen und ihre Kinder gut aufgehoben wissen. Dann kommen sie sehr schnell von einer Forderungshaltung in eine Geberhaltung.

Das liegt ja auch an der Rechtsform Genossenschaft, die für viele zunächst einmal ein bisschen fremd ist. Irgendwann wird klar, dass es ihr eigener Kindergarten ist, der von den Familien getragen wird. Diesen Schritt muss jeder innerlich im Kopf selbst machen. Wenn er einmal getan ist, dann kommt auch das Engagement.

Und wenn Sie jetzt mal so überlegen, was würden Sie anderen Gründungswilligen gerne ans Herz legen?

Wenn man gründungswillig aktiv wird, muss jeder für sich abklären, wie viel er bereit ist zu geben. Das muss man in der Gruppe ausdiskutieren. Ist man wirklich bereit, die Einrichtung eine gewisse Zeit zu tragen? Es ist nicht damit getan, dass man tolle Ideen hat und die Gruppe dann wieder auseinandergeht. Das ist oft ein Problem. Solche Gründungen überleben, wenn die Ideen stark sind, aber diese Initiativen brauchen ja auch Entwicklungszeit.

Das zweite ist, wenn es Konflikte gibt, wo es hingehen soll, muss man das sehr schnell klären. Das ist ganz wichtig auch dahin gehend, dass man sich dann wieder trennt. Es ist sehr schwierig, wenn man als selbstgetragene Einrichtung Konflikte mitnimmt, weil sie verschleppt sind und ein Betrieb da ist, der läuft. Diese Konflikte brechen dann mit einhundertprozentiger Sicherheit irgendwann auf. Konflikte sind natürlich notwendig, man muss sich miteinander auseinandersetzen. Es kann auch sein, dass in einer Gründungsinitiative verschiedene Menschentypen nicht zusammenpassen, aber das ist ganz wichtig, dass man diese Dinge auch rechtzeitig klärt. Solche Konflikte sollte man nicht verschleppen. Dann geht es meistens zulasten der Mitarbeiterinnen.

Würden Sie heute noch einmal eine Kita gründen?

(Lacht) Das kann ich so nicht sagen. Ich habe nichts bereut. Wir haben zu denen gehört, die das mitgetragen haben. Würde ich es wieder tun? Gut, damals habe ich die Notwendigkeit gesehen, und in der Summe gibt der Erfolg ja auch Recht. Es ist schon so, dass es ein gewisser Stamm von Leuten ist. Heute sind noch zwei Erzieherinnen da, die Gründungsmitglieder sind und im Aufsichtsrat sitzen noch drei Leute, die auch schon so lange dabei sind. Das zeigt auch, dass dies eine kleine Gruppe von Menschen getragen hat. Und die dazugekommen sind, haben auch viel beigetragen.

Es ist eigentlich müßig, darüber zu diskutieren, ob man noch einmal gründen würde, da man nicht mehr in eine solche Situation kommt. Insgesamt hat es sich gelohnt. Aber es gab auch weniger schöne Zeiten, es gab viele Konflikte, die man einfach aushalten musste. Daran kann man wachsen.

Was muss man aus Ihrer Sicht als Gründer einer Kita mitbringen, damit man erfolgreich ist?

Es müssen zwei bis vier Leute sein, die sich mit Verwaltungsstrukturen auskennen und eine gewisse kaufmännische Bildung haben. Man braucht jemanden, der einen Finanzplan macht und mit Behörden taktisch umgehen kann. Am besten sind das Menschen, die sich aufgrund ihrer Ausbildung und Lebenserfahrung damit auskennen. Sonst wird es schwierig. Man gründet sich in einem Bereich, in dem das Feld eigentlich schon besetzt ist. Im sozialen Bereich gibt es zwar Notwendigkeiten, aber für vieles gibt es irgendwo schon eine Einrichtung. Insofern muss man sich genau in die Paragrafen hineinbeißen. Da brauchen Sie einfach jemanden, der damit umgehen kann und der ein gewisses Standing hat.

Vielen Dank für das Interview.

Baustein 2: Den Weg bis zur Einrichtungseröffnung gehen

Nachdem die Rahmenbedingungen klar sind und Sie wichtige Entscheidungen getroffen haben, machen Sie sich an die Umsetzung. Im Konzept beschreiben Sie, wie genau Ihre Kita bzw. Ihre Firma aussieht (Kapitel 13). Sie benötigen darüber hinaus Wissen, wie geeignete Räume aussehen und wie Sie diese finden können (Kapitel 14). Dies gilt ebenso für das Personal (Kapitel 15). Ein wichtiger Bestandteil im Tagesablauf ist die Ernährung und die damit verbundenen Hygienebestimmungen (Kapitel 16). Zudem geht es um Ihren Auftritt in der Öffentlichkeit und eine gelingende Eröffnung (Kapitel 17).

13 Alles Wichtige kommt ins Konzept

Sobald Sie die Idee der Gründung einer Kindertageseinrichtung verfolgen und sich daran machen zu entscheiden, wie sie denn aussehen und funktionieren soll, sind Sie schon mitten in Ihrer Konzeptionierung. Ein Konzept ist laut Duden ein Plan bzw. ein Entwurf, der alle wichtigen Punkte stichwortartig benennt. Es muss zu Beginn des Prozesses an die Behörden vorgelegt werden (siehe Baustein 1, *Gesetzliche Bestimmungen kennen*, § 45 SGB VIII), und es wird bei der Anerkennung als freier Träger der Jugendhilfe sowie bei der Betriebserlaubnis geprüft, ob die geplante Einrichtung sowohl den Werten des Grundgesetzes als auch den Bildungsgrundsätzen jedes Bundeslandes entspricht. Sie stellen im Konzept die wesentlichen Inhalte dar, wie diese spezielle Kita bzw. Kindertagespflegestelle arbeitet bzw. arbeiten soll. Dieses Schriftstück gibt die Richtschnur für das tägliche Handeln vor.

Dies heißt andererseits auch, dass sich ein Konzept verändert und den tatsächlichen Gegebenheiten anpasst, weil es von den handelnden Personen gestaltet wird. In regelmäßigen Abständen überarbeiten Sie daher Ihr Konzept, welches »nur« eine Abbildung der Praxis ist. Wenn es fertiggestellt ist, wird der Begriff »Konzeption« verwendet.

> In einigen Kita-Gesetzen sind jährliche Konzeptionstage als Fortbildungstage vorgesehen. Hier setzen sich die Fachkräfte mit der Weiterentwicklung des Konzepts auseinander.

Zudem geben fast alle Kita-Gesetze bezüglich der Begleitung und Initiierung von Bildungsprozessen im Kindergarten sogenannte »Bildungspläne« o. ä. vor. Dazu wird in jedem Bundesland eine andere Systematik verwendet. Wie diese dann in jeder Bildungseinrichtung umgesetzt werden, muss die Konzeption beantworten.

Weiterhin sind aktuelle gesetzliche Änderungen – zum Beispiel im Rahmen der Inklusion oder bezüglich der Beteiligung der Kinder im Rahmen des Kinderschutzes – im Alltag in der Einrichtung und somit auch im Konzept zu berücksichtigen. Der Träger hat im Rahmen der Dienstaufsicht die Aufgabe, diese Änderungen entsprechend umzusetzen.

Darüber hinaus ist es sinnvoll, im Konzept nicht nur alle einrichtungsspezifischen Fragen zu klären, sondern zudem Lösungen für die Organisation des jeweiligen Trägers zu entwickeln.

Erfahrungsgemäß ist das pädagogische Konzept bei vielen Neugründungen gut ausgereift. Gleichzeitig könnten organisationale Fragen zwischen Einrichtung und Träger noch besser im Vorfeld gelöst und dargestellt werden, wollen Sie handlungsfähig sein und auf dem Markt bestehen.

13.1 Wie kommen Sie zu einem Konzept?

Dafür gibt es leider kein Patentrezept. Prinzipiell ist es sinnvoll, dass sich alle wichtigen an der Kita-Idee beteiligten Menschen zusammenfinden und zu den entsprechenden Punkten austauschen. Zeitsparender kann es sein, wenn Sie sich bestimmte Themenbereiche aufteilen und in den Untergruppen verschiedene Lösungen entwickelt werden, die dann in der Großgruppe vorgestellt und entschieden werden. Es empfiehlt sich, ein Schema dafür zu verwenden. Dann arbeiten Sie die einzelnen Punkte einfach der Reihe nach ab. Je mehr Diskussionsbedarf besteht, sprich je mehr Personen beteiligt sind, desto länger dauert es.

Da im Konzept viele Details entschieden werden, wäre ein Einbezug der pädagogischen Fachkräfte sinnvoll. Da die Mitarbeiterinnen zu diesem Zeitpunkt jedoch meist noch nicht feststehen, ist hier eine grobe Richtung gefragt. Im ersten Jahr des Betriebs sollte das Konzept wenn möglich überarbeitet werden.

Bezüglich der Zeitplanung sind mindestens drei volle Arbeitstage für die Diskussion und Entscheidungsfindung einzuplanen. Zudem sollte dabei klar sein, wer die Verschriftlichung übernimmt. Dies können Sie sich in Abschnitten aufteilen, wobei Sie ein Datum der Fertigstellung vereinbaren sollten, zum Beispiel ca. zwei bis vier Wochen.

In der Korrekturphase haben Sie vorher geklärt, wer in welcher Reihenfolge und welcher Zeit korrigiert. Es macht Sinn, dafür die Word-Funktion »Änderungen nachverfolgen« zu verwenden. Am besten machen Sie dies hintereinander: Erst korrigiert Frau Weber und dann Frau Müller. Die Datei hat dann zwei unterschiedlich markierte Korrekturen. Herr Werner erhält das Manuskript zurück und setzt die Änderungen entsprechend um. In den Fragen, wo es Gesprächsbedarf gibt, wird dies persönlich diskutiert. Planen Sie dafür ein Treffen von mindestens zwei Stunden ein. Wenn die Entscheidungen entsprechend eingepflegt sind, lassen Sie es von jemand anderem auf Grammatik und Rechtschreibung Korrektur lesen.

Insgesamt sind etwa zwei Monate für die Konzeptionserstellung einzuplanen. Je gründlicher Sie arbeiten, desto leichter wird es in der Umsetzung. Es besteht einfach schon eine Lösung, an die sich im Idealfall alle halten.

13.2 Für wen schreiben Sie?

Machen Sie sich klar, für wen Sie das Konzept formulieren. Die Inhalte sollen die Fragen der verschiedenen Zielgruppen beantworten.

Sie schreiben das Konzept zum einen für die Eltern, daher sollte es den Tagesablauf und die pädagogische Ausrichtung der Einrichtung transparent beschreiben. Die Eltern möchten das Beste für ihre Kinder, sie wollen diese gut aufgehoben wissen und an Entwicklungsprozessen teilhaben. Gleichzeitig sind sie über jede Unterstützung dankbar. Daher beantworten Sie in jedem Punkt, wie dies in Ihrer Einrichtung gelingen kann. Für die Behörden ist das Konzept ein wesentlicher Bestandteil für die Aufnahme in den Bedarfsplan und die Finanzierungszusage, daher sollte es alle gesetzlich vorgeschriebenen Punkte in sinnvoller Weise beantworten. Für Mitarbeiterinnen und Träger bietet das Konzept eine wichtige Richtschnur für das tägliche Handeln. Im günstigsten Fall kann jede neue Mitarbeiterin nach der Lektüre direkt mitarbeiten, weil sie weiß, welche Haltung in der Einrichtung besteht und wie den Kindern gegenüber agiert wird.

13.3 Was muss alles hinein und in welcher Form?

Im Internet finden Sie viele Konzeptionen von Kitas, die inspirierend sein können.

Zum Beispiel wird die Konzeption einer Einrichtung in Bayern den Eltern zugänglich gemacht, dies sieht das Gesetz vor.

Es gibt vielfältige Möglichkeiten, wie Sie Ihr Konzept anlegen. Es bestehen keine festen Vorgaben. Wir unterscheiden im Folgenden die Pflicht und die Kür. Dieses Vorgeben bietet die Möglichkeit, dass Sie selbst entscheiden können, was Sie zusätzlich zur Pflicht aufnehmen möchten. Zudem könnten Sie zwischen interner und externer Konzeption unterscheiden: Manche Punkte sollten Sie klären, aber zum Beispiel (noch) nicht gegenüber den Eltern oder Behörden kommunizieren.

In jedem Punkt wird zuerst der Inhalt erklärt. Dann stellen wir Fragen, die Sie allein oder in der Gruppe beantworten. Mögliche Lösungen stehen in Klammern. Dieses Vorgehen ist etwas schematisch, doch so ermöglichen wir Ihnen, eigene Lösungen zu finden. Leider reicht der Umfang des Buchs auch nicht aus, um alle Fachbegriffe zu erklären. Wenn Sie sich weiter informieren wollen, finden Sie einige Literaturvorschläge im Anhang.

Gerade die ersten Punkte sind am Anfang noch sehr vage, da viele Bedingungen noch nicht klar sind. Daher ist es sinnvoll, wenn Sie vorab erst einmal das Kita-Gesetz studieren. Dann kennen Sie sich mit der Förderung aus, denn nur was finanziert wird, kann tatsächlich auch entstehen. Mit den gesetzlichen Rahmenbedingungen im Hinterkopf stellen Sie sich bitte vor, wie Ihre Traum-Kita aussehen könnte. Wenn Sie keine Finanzierung anstreben, können Sie ganz frei träumen.

13.4 Was unbedingt in ein pädagogisches Konzept hinein sollte

Kontaktinformationen

Hier steht, wie der Träger und die Einrichtung heißen. Ein Tipp: Da bei personalisierten Daten in der Urlaubszeit nur schwer gehandelt werden kann, verwenden Sie am besten eine allgemeine E-Mail- oder Postadresse. Diese kann dann von verschiedenen Vorstandsmitgliedern genutzt werden.

Wer sind Sie und wie sind Sie erreichbar (Name Träger, Name Einrichtung, bevorzugter Stadtteil, Adresse, Telefonnummer, E-Mail, Webseite)?

Schwerpunkte

Es ist sinnvoll, die zwei bis drei Schwerpunkte, die Sie im Verlauf der Konzeptentwicklung herausgearbeitet haben, zu Beginn direkt zu benennen und die Auswahl zu begründen. Dann wissen alle, was das Besondere an dieser Kita ist.

Durch welche zwei bis drei Merkmale zeichnet sich Ihre Einrichtung besonders aus und warum (Bewegung, Sprache, Ernährung, Montessori, Waldtage, spielzeugfreie Zeit, Freiheit der Kinder, s. u.)?

Kinder

Sie geben einen ersten Eindruck über die Besucher und Besucherinnen Ihrer Einrichtung.

Wie viele Kinder in welchem Alter besuchen die Einrichtung (Bezug zum Landesgesetz)? Aus welchem Einzugsgebiet kommen die Familien? Wie sind die Gruppen organisiert (offen, halb offen oder geschlossen, (siehe dazu: *Unser Methodenkoffer*))? Werden behinderte Kinder aufgenommen (siehe dazu: *Weitere pädagogische Querschnittsthemen*)? Welche Nationalitäten gibt es in welcher prozentualen Verteilung?

Öffnungs- und Betreuungszeiten

Jedes Kita-Gesetz regelt die Öffnungszeiten etwas anders. Über die tatsächliche entscheidet der Träger. Für eine Ganztagsbetreuung sind in der Regel mindestens acht Stunden vorgesehen, in einigen Bundesländern bis zu elf bzw. zwölf Stunden (siehe *Nützliche Hintergrundinformationen*). Wenn eine Kita länger als vorgeschrieben geöffnet hat, ist dies im Dienstplan einzuplanen. Eine Orientierung an den Wünschen und Bedarfen der Eltern, gerade von Alleinerziehenden, kann ein Alleinstellungsmerkmal sein.

Welche Öffnungszeiten hat die Einrichtung (Bezug Landes-Gesetz)? Welche Bring- und Abholzeiten und festen Kernzeiten gibt es (z. B. Bringzeit bis 9 Uhr, Kernzeit von 9 bis 12 Uhr, Abholzeiten 12 bis 12.15 Uhr sowie ab 14 Uhr)? Welche Regeln gelten dabei (nach 9 Uhr ist die Kita-Tür abgeschlossen, bei einer Abholung um 14 Uhr isst das Kind mit (siehe dazu: *Tagesablauf*))? Wann hat die Kita Betriebsferien (Bezug Landes-Gesetz oder weniger Schließtage) und gibt es dann Alternativen (z. B. Kooperation mit Nachbar-Kita, Feriengruppe)? Wie sichern Sie, dass der elterliche Betreuungsbedarf berücksichtigt wird (regelmäßige Bedarfsabfrage jedes Jahr, zweimal pro Jahr, Anpassung der Öffnungszeiten, individuelle Lösungen)?

Elternbeitrag

Die Kosten des Besuchs sind mitunter ausschlaggebend für eine Anmeldung. Daher lohnt eine exakte Darstellung.

Was kostet es, sein Kind in der Kita betreuen zu lassen (Bezug Landes-Gesetz, Verordnung oder Satzung der Kommune, des Trägers, Ermäßigungen je nach Einkommen, Kinderanzahl)? Es gibt neben dem Elternbeitrag einen zusätzlichen Trägeranteil und das Essensgeld (siehe *Nützliche Hintergrundinformationen*)?

Personal

Die Qualität einer Einrichtung ist vor allem durch das Personal bestimmt. Dazu gehören auch die hauswirtschaftlichen Kräfte wie Küchen- und Reinigungskräfte sowie die Haustechnik. Nicht zu vergessen Ihre Aufgaben als Träger (siehe *Nützliche Hintergrundinformationen*).

Wie viele Fach- und Ergänzungskräfte beschäftigen Sie (Bezug Landesgesetz)? Wie sind diese organisiert (Leitung, stellv. Leitung, Gruppenleitung, Ergänzungskräfte bzw. Bezugserzieherinnen, Hauswirtschaft)? Hier bietet sich ein Organigramm für die Organisationsstruktur an (siehe Baustein 3, *Qualität halten und verbessern*).

Wer gehört zum Team (Namen und Funktionen)? Wie sieht der Betreuerschlüssel aus (eine Mitarbeiterin betreut durchschnittlich wie viele Kinder)? Welche Aufgaben fallen neben der reinen Betreuungszeit an (Bezug Landesgesetz zur Verfügungszeit: Vor- und Nachbereitung, Teamsitzungen, besondere Aufgaben)?

Wie gestaltet sich die Fach- und Dienstaufsicht (Fachaufsicht durch Leitung bzw. Fachberatung/Träger, Dienstaufsicht durch Träger)? Wer ist beim Träger zuständig (Namen und Funktionen)? Welches übergeordnetes Personal gibt es (Fachberatung, Supervisorin)?

Qualitätssicherung

Jede Einrichtung hat laut § 22 SGB VIII die Aufgabe, die eigene Qualität zu messen und zu verbessern (siehe Baustein 3, *Qualität halten und verbessern*).

Wie wird Qualität gemessen, gesichert und weiterentwickelt unter Einbezug der gesetzlichen und trägerspezifischen Regelungen (Bezug Landes-Gesetz, Das Deutsche Kindergartengütesiegel, Kronberger Kreis, DIN EN ISO 9001:2000, TQM, Qualitypack)?

Wenn Sie keine Methode nutzen: Über welche Fortbildungen verfügen die Mitarbeiterinnen bzw. welche sind wofür geplant? Wie gewährleisten Sie Supervision und Fachberatung für das Team? Wie finden kollegiale Fallberatungen (z. B. zum Kinderschutz) oder Besprechungen zum Entwicklungsstand aller Kinder im Team statt (regelmäßig, bei Bedarf)?

Räumlichkeiten

Der Raumbedarf ist klassischerweise an der Anzahl der Gruppen orientiert. Bei der Raumnutzung wird die Arbeit in Gruppen und die (teil)offene Arbeit unterschieden (siehe dazu *Unser Methodenkoffer*).

Wo liegen die Räume (Stadtteil und Architektur, z. B. mit Foto)? Wie sieht die Raumaufteilung aus und welche Funktionen haben die Räume (Darstellung z. B. durch Grundriss, Beschreibung der Funktionen)? Welche Ausstattung liegt vor?

Wie ist die Außenanlage gestaltet (Kletterwand, Tipi, Weidengeflecht, Sandkasten, Matschstraße, Fahrzeugbereich)? Welche anderen Spielflächen außerhalb der Einrichtung werden genutzt (nahe gelegener Spielplatz, Waldtage, Grünflächen im Park)? Wo gehen Sie darüber hinaus mit den Kindern hin (Schwimmhalle, nahe gelegene Firmen, Sozialraumerkundung, Wohnorte der Kinder, andere Kitas, Seniorenheim, Schule)?

Pädagogische Schwerpunkte

In jedem Landesgesetz wird eine andere Systematik für die Bildungsarbeit im Kindergarten verwendet, dies wird Bildungsplan oder Bildungskonzept genannt. Diese Bildungsarbeit ist für jede Einrichtung im Alltag und auch in dieser Verschriftlichung von ungeheurer Bedeutung. Sie beantworten hier die Frage, wie Bildungsprozesse in Ihrer Einrichtung im jeweiligen Bildungsbereich initiiert, begleitet und vertieft werden.

Welche Bildungsbereiche gibt es (Soziales Lernen, Medien, Sprache, Umwelt, Bewegung, Gestaltung usw.)? Wie werden diese in Ihrer Einrichtung mit Leben gefüllt, und was ist das jeweilige Ziel?

> Bewegung nimmt bei uns einen großen Raum ein. Alle Kinder können den offenen Bewegungsraum täglich nutzen. Dazu gibt es mehrere Termine, in denen die jungen, mittleren und älteren Kinder den Raum jeweils getrennt bespielen können. Zudem gibt es je einen Termin für Jungen und einen für Mädchen. Dieser Raum ist mit verschiedenen Materialien ausgestattet, wie diese gerade genutzt werden, entscheiden die Kinder. Zudem geben die Fachkräfte Anregungen. Eine Kollegin begleitet die Aktivitäten altersgemäß und entsprechend der individuellen Entwicklung jedes Kindes. Ziel ist eine bewegungsreiche Umgebung zu schaffen, damit die Kinder sich vielfältig und ausdauernd entsprechend ihres Entwicklungsstandes bewegen. Die Kinder sind gesund und körperlich leistungsfähig.

Unser Methodenkoffer

Darüber hinaus werden verschiedene Methoden im Kindergarten angewendet. Diese sind zum einen für die Planung, Durchführung und Reflexion der Arbeit wichtig. Zum anderen ermöglichen sie die Gestaltung von Bildungsprozessen.

Gruppenbezogene und offene Arbeit

Viele Kitas arbeiten mit festen Gruppen. Dabei sind etwa zwei bis drei Fachkräfte für 12 bis 25 Kinder zuständig. Pro Gruppe gibt es in der Regel einen Gruppenraum und ein Nebenraum sowie einen Schlafraum für U3-Kinder. Meist werden die Räume in jeder Gruppe ähnlich bespielt. Im Morgenkreis wird besprochen, was am heutigen Tag ansteht, daran anschließend finden besondere Angebote im Gruppensetting statt.

Die (teil)offene Arbeit bedeutet, dass alle Kinder zu bestimmten Zeiten bzw. dauerhaft weitere Räume bespielen können. Dies setzt voraus, dass die Mitarbeiterinnen sich auf einen Angebotsbereich spezialisieren und in diesem etwas anbieten. Dies erfordert eine hohe Motivation und Selbstständigkeit von den Mitarbeiterinnen. Daher sollte das gesamte Team hinter dieser Arbeitsweise stehen.

Alle bzw. ein Teil der Räume sind nach Funktionen aufgeteilt. Dadurch können Sie Ressourcen sparen, da es nicht zwei Bauecken und zwei Puppenecken etc. gibt, sondern jeweils nur eine. Mögliche Beispiele für die Raumaufteilung sind: Kreativbereich, Experimente-Labor, Rollenspielbereich, Baubereich, Kinderrestaurant, Werkstatt, Sinnesraum, Therapieraum, Snoezelen-Raum (Entspannungsraum mit schönem Licht und weichen Kissen u. ä.), Lesebereich, Zahlenraum, Bewegungsraum.

Ein weiterer Vorteil dieser Arbeit ist es, dass in der Bring- und Abholzeit die »geöffneten« Bereiche gezielt eingesetzt werden können, damit alle Erzieherinnen ihre Verfügungszeit auch tatsächlich nehmen können (siehe Baustein 2, *Motiviertes Personal gewinnen*)

Arbeiten Sie in der klassischen Gruppe oder (teil)offen und warum? Wie drückt sich das im Kita-Alltag aus (Gestaltung des Tagesablaufes)?

Besonderes pädagogisches Konzept

Es gibt verschiedene pädagogische Konzepte, die Sie sich zunutze machen können. Dies erspart unter Umständen die Suche nach eigenen Wegen, da vieles schon durchdacht ist.

Nutzen Sie ein bestimmtes pädagogisches Konzept (Montessori, Wald, Waldorf, Reggio)? Wie drückt sich dies in der Arbeit aus (Raumnutzung, Spielmaterial, Aktivitäten)?

Beobachtung und Dokumentation

Es gibt die qualitative und die quantitative Beobachtung.[16] Sie sollten nicht mehr als insgesamt zwei bis drei Methoden nutzen, wobei sich eine Kombination anbietet. Lassen Sie sich bei Bedarf beraten.

Die *qualitative Beobachtung* ist weit verbreitet und ermöglicht es, den individuellen Lernfortschritt zu dokumentieren sowie das Kind in seinen Stärken wahrzunehmen. Folgende Methoden eignen sich dafür: Bildungs- und Lerngeschichten, Der Baum der Erkenntnis, Portfolio, Ganzheitliches Bildungsdokumentations-Programm (GABIP), Kompetenzschnecke und die Leuvener Engagiertheitsskala.

Die *quantitative Beobachtung* ersetzt nicht etwa die qualitative Beobachtung, sondern ergänzt sie. Der Schwerpunkt liegt hier auf der Früherkennung von möglichen Entwicklungsverzögerungen bzw. -störungen sowie zum Teil auf der Planung weiterer Entwicklungsziele. Einige Beispiele für allgemeine Entwicklungsscreenings sind: Grenzsteine der Entwicklung von H.J. Laewen, Gelsenkirchener Entwicklungsbegleiter, Kuno Bellers Entwicklungstabelle. Darüber hinaus bestehen spezielle Verfahren zur Früherkennung: Sismik (Sprachentwicklung und Interesse an Sprache bei Migrantenkindern in Kindertageseinrichtungen), Seldak (Sprachentwicklung und Literacy bei deutschsprachigen Kindern), »Die Abenteuer der kleinen Hexe« (motorische Auffälligkeiten).

Welche der oben genannten Methoden wenden Sie an? Wie beobachten Sie die Kinder (jeder beobachtet mehrere Kinder über einen festgelegten Zeitraum, eine Kollegin verschriftlicht, beobachten alle)? Wie tauschen Sie sich über den Entwicklungsstand und über Ihre Beobachtungen aus (Besprechungen von zwei Kindern pro Woche in der Teamsitzung, morgens wird ein Kind in der Jour fixe besprochen)? Wie planen Sie die weitere pädagogische Arbeit pro Kind (anhand der Ergebnisse, jeder für »seine« Kinder, pro zuständigen Bereich)?

Jahresplanung

Die Planung des neuen Kita-Jahres ist für die Fachkräfte ganz alltäglich, gibt sie doch den Rahmen für kommende Aktivitäten. Daher können Sie auch darüber berichten.

---

16. Beudels, Wolfgang & Haderlein, Ralf & Herzog, Sylvia (Hrsg.) 2012: Handbuch Beobachtungsverfahren in Kindertageseinrichtungen. Borgmann Media, Dortmund.

Wie planen Sie Ihre Aktivitäten (pro Jahr und Monat, jeder pro Gruppe/Bereich, je nach Tagesform und situationsbezogen, wer entscheidet)? Wie beziehen Sie die Themen der Kinder mit ein (situationsorientiert)?

Weitere pädagogische Querschnittsthemen

Bei diesen aktuellen Themen sollten Sie eigene Lösungen entwickeln, die in der Regel in erster Linie mit Haltung zu tun haben. Dies auch deshalb, weil Sie sich umso deutlicher von anderen Trägern unterscheiden.

Wie greifen Sie die folgenden Querschnittsthemen auf?

- **Inklusion** (Einzelintegration, Gruppenangebot, Raumgestaltung, wer kann die Einrichtung besuchen?),
- **Interkulturelle Öffnung** (mehrsprachige Kinderbücher, Kultur als Thema, Vermittlung unserer Werte, Feste und Bräuche, Übersetzung ermöglichen z. B. bei Elterngesprächen) und
- **Geschlecht** (geschlechtssensible Räume: Werkstatt und Verkleidungsraum, geschlechtergerechte Möglichkeiten: Konfliktklärung erlernen, körperlicher Selbstausdruck, Tobezeiten, eigenes und anderes Geschlecht reflektieren, Männer als Bezugspersonen, Sexualerziehung).

Erziehungs- und Bildungspartnerschaft zwischen Fachkräften und Eltern

Die gemeinsame Aufgabe von Eltern und Kita, Kinder in ihrer Entwicklung zu begleiten, sollte heute auf Augenhöhe stattfinden. Durch die Aufnahme jüngerer Kinder ist dies sogar notwendig, wollen Sie eine gelingende Ankunft gestalten.

Wie tauschen sich Eltern und Fachkräfte regelmäßig über die Entwicklung der Kinder aus (umfassende Eingewöhnung, regelmäßige Entwicklungsgespräche, Tür- und Angel-Gespräche)?

> Was sich in einer Einrichtung besonders bewährt hat, ist die Elternsprechtage auf Samstage zu legen. Dann sind Eltern und Mitarbeiterinnen entspannt. In den Räumen ist es ruhig, und die Termine finden in einem halbstündigen Takt statt.

Welche Haltung vermitteln die Fachkräfte (offen, annehmende Haltung, nicht wertend, Lebenswelt der Eltern akzeptierend)?

Wie werden die Eltern allgemein über die Aktivitäten im Kindergarten informiert (Terminübersicht, aktueller Rundbrief, Aushang tägliche Aktivitäten, zeitnahe Fotos über Aktivitäten der Kinder)? Gibt es Elternsprechstunden (von wem, wann, welche Themen können angesprochen werden, z. B. Weitervermittlung zu anderen Beratungsstellen möglich)? Welche Mitwirkungsmöglichkeiten haben Eltern (Elternbeirat im Rahmen der gesetzlichen Regelung)? Welche Mitbestimmungsmöglichkeiten sind gegeben (Festorganisation, Elternfragebogen und Umsetzung der Elternwünsche, Förderverein, Elternstammtisch)?

Tagesablauf

Die Darstellung eines normalen Tages ist für Eltern wichtig, weil sie dann sehen können, wie der Alltag im Kindergarten abläuft. Am besten formulieren Sie so verständlich und konkret wie möglich.

Wie sieht der Tagesablauf aus (Tabelle oder Erklärungen)?

Zeit	Was in dieser Zeit passiert	Was uns dabei wichtig ist
ab 7.30 bis 9.00 Uhr	Bring- und Frühstückszeit	Die Kinder werden liebevoll von uns begrüßt. Der Elternkontakt ist uns wichtig, wenn das Freispiel der Kinder dies zulässt.

Tabelle 21: Ein exemplarischer Tagesablauf

Wie werden durchgeführte Aktivitäten mit den Eltern kommuniziert (Tafel mit täglichen Aktivitäten, zeitnahe Fotopräsentationen, Tür- und Angelgespräche mit den Eltern)?

Mittagsschlaf

Der Mittagsschlaf ist vor allem für U3-Kinder ein relevanter Bestandteil des Tagesablaufs. Daher planen Sie mindestens eine, wenn nicht zwei feste Schlafenszeiten ein. Bei ganz kleinen Kindern ist vor allem das individuelle Schlafbedürfnis ausschlaggebend. Ein Vorteil ist dabei, dass Ü3-Kinder auch schlafen können, wenn sie möchten. In Kitas, die nur eine Ruhezeit einplanen, kann dies anders sein.

Welchen Stellenwert hat der Mittagsschlaf im Tagesverlauf (welche Kinder, wie funktioniert das)? Wie entscheiden Sie, wer schläft? Wie werden die Eltern in den Prozess eingebunden (enge Absprache mit den Eltern, Kennenlernen der Rituale zuhause, da in der Kita alles anders ist)? Was ist das Ziel des Mittagsschlafs (Entspannung für alle die möchten, jedes U3-Kind muss schlafen)? Welche Rituale gibt es (Musik, Geschichte, Lampe, eine Erzieherin hilft beim Einschlafen)? Wie werden Kinder begleitet, denen das Schlafen schwerfällt (individuelle Zeiten, extra Raum)?

Essen und Getränke

Viele Kinder verbringen heute den ganzen Tag in der Kita. Demnach nimmt auch die Ernährung einen breiten Raum ein (siehe *Ernährung und Hygiene*).

Welche Rolle spielt ein gesundes, ausgewogenes Essen im Alltag der Einrichtung (Schwerpunkt im Konzept bzw. keine besondere Rolle)? Wie werden die Wünsche der Kinder berücksichtigt (regelmäßige Abfragen, gemeinsam einkaufen und kochen, Ideensammlung bei den Kindern)? Welche Regeln und welche Ausnahmen bestehen (gemeinsames Tischritual, Unterschiede für jüngere und ältere Kinder)?

Wie bieten Sie das Frühstück (selbst mitbringen oder Frühstücksbuffet), das Mittagessen (frisch gekocht, cook and chill, Tiefkühl- oder Warmanlieferung) und den Nachmittagssnack (Obst, Kuchen, Joghurt) an? Was gibt es für Getränke (Wasser, Tee, Milch)? Wie geht die Einrichtung mit Nahrungsmittelunverträglichkeiten u. ä. um (kurz beschreiben)?

Wie werden die Eltern einbezogen (Kochkurse, Ernährungsvortrag, Projekte)?

Eingewöhnung

Je jünger die Kinder sind, desto wichtiger ist die Eingewöhnung. Die meisten Kitas arbeiten mit dem *Berliner Eingewöhnungsmodell,* wobei auch das *Münchener Eingewöhnungsmodell* angewendet wird. Wichtig ist dabei, eine Bindung zum Kind aufzubauen. Nach ersten Schnuppertagen kann ein Besuch zuhause in der gewohnten Umgebung des Kindes sinnvoll sein. Dann schließt sich der stundenweise Besuch der Kita mit einer Bezugsperson an, die, sobald sich das Kind von den Erzieherinnen trösten lässt, kurz und dann immer länger »verschwindet«, bis das Kind alleine in der Kita bleibt. Dieser Prozess dauert zwischen einer und mehreren Wochen. Planen Sie bei U3-Kindern mehr Zeit ein.

Die Mitarbeiterinnen öffnen sich für die Kinder und deren Lebensumfeld. Dies schließt auch eine intensive Arbeit mit den Eltern mit ein. Gerade viele Mütter können nach Jahren der Kinderbetreuung nun wieder über die eigene Zeit verfügen und üben das Loslassen erst einmal ein. Dabei unterstützt sie der Kindergarten.

Wie begleiten Sie Kinder und Familien, damit alle gut in der Kita »ankommen« (eine bestimmte Methode)? Welche Hilfen bzw. Unterstützung halten Sie für die Eltern vor (auf Wunsch Beratung, Tür- und Angelgespräche, Tipps zur Erziehung)?

Sicherstellung des Kinderschutzes

Jede Kindertageseinrichtung und Kindertagespflegestelle muss, wenn sie von gewichtigen Anhaltspunkten für die Gefährdung des Wohls eines Kindes erfährt, eine Gefährdungseinschätzung vornehmen. Darüber hinaus sind die folgenden Maßnahmen relevant: Die Beratung durch eine insoweit erfahrene Fachkraft muss sichergestellt sein, dafür können Sie zum Beispiel mit dem örtlichen Jugendamt bzw. einem Dachverband kooperieren. Jeder Mitarbeiterin und jede Ehrenamtliche, die mit Kindern arbeitet, muss alle fünf Jahre ein *erweitertes polizeiliches Führungszeugnis* vorlegen. Eine Vorlage stellen Sie pro Person unter Angabe des Namens und Geburtsdatums aus. Mit dieser geht die Mitarbeiterin zum kommunalen Bürgerbüro und erhält das Führungszeugnis mit der Post zugestellt. Bei Neueinstellungen muss dies vor Dienstantritt vorliegen.

Wie werden Eltern und Kinder bei einer Gefährdungseinschätzung bezüglich ihres Kindeswohl einbezogen (wann sprechen Sie mit Kindern darüber, wann und wie werden sie beraten, frühzeitige Elterngespräche)? Wie dokumentieren Sie die Fälle (Verwendung Indikatorenkatalog und Dokumentationsvorlagen z. B. Herner Materialien, KiWo-Skala)? Wie sieht das *Schutzkonzept* der Einrichtung aus, also die Frage danach, wie Kinder im Alltag der Einrichtung beteiligt werden und wie sie sich in persönlichen Angelegenheiten in der Einrichtung beschweren können (Kinderkonferenz, kindgemäßer Fragebogen, Ansprechpartner, Sprechzeiten, über Aktivitäten und Themen selbst/in Gruppe/Kleingruppe entscheiden)? Wie kommunizieren Sie das *Schutzkonzept*, den internen Ablauf und die Dokumentation bei möglicher Kindeswohlgefährdung gegenüber den Eltern (Allgemeine Information der Eltern, z. B. auf dem Elternabend sowie durch Aushang am schwarzen Brett, im Kindergarten-ABC)?

Anmeldung

Eine zentrale Frage für Eltern sind die Modalitäten der Anmeldung. Ein transparenter Umgang damit wird gerade auch in Zeiten der Bedarfsdeckung ein Zeichen für Qualität sein. Eine freundliche und zeitnahe Rückmeldung lässt Eltern einfach entspannen.

Wie regeln Sie die Anmeldung (Bezug Landes-Gesetz sowie übliche Praxis)? Gibt es ein spezielles Verfahren sowie bestimmte Fristen (bis wann muss die Anmeldung stattfinden, damit das Kind bis wann einen Platz erhält; wann werden die Plätze vergeben; wann müssen die Kinder geboren sein, dass sie einen Platz erhalten können bzw. ab wann erhalten sie keinen Platz)? An wen müssen sich die Eltern wenden? Müssen die Eltern bei der Anmeldung etwas Besonderes berücksichtigen (Alter des Kindes, mit oder ohne Behinderung, U-Heft mitbringen, Impfausweis, Arbeitsnachweis der Eltern)? Wie schnell melden Sie sich zurück (innerhalb einer Woche bzw. so schnell wie möglich)?

Wie hoch stehen die Chancen auf einen Platz (z. B. bei der Vergabe im letzten Jahr konnten wie viele Familien von insgesamt wie vielen berücksichtigt werden)? Gibt es eine Warteliste (wie lang ist sie)? Was raten Sie den Eltern zu tun, wenn sie bei Ihnen keinen Platz erhalten (bei Kommune anmelden, da dort ein Rechtsanspruch besteht, bei vielen Kitas anmelden, Kindertagespflege in Anspruch nehmen bei jüngeren Kindern, bei Interesse selbst als Tagesmutter arbeiten)?

13.5 Was zudem sehr nützlich in einem Konzept ist

Darüber hinaus können Sie zu Beginn der Kita-Gründung weitere Punkte festlegen. Sie entscheiden selbst, ob Sie diese im Konzept aufnehmen.

Unternehmenskonzept

Im Unternehmenskonzept legen Sie die Strukturen Ihrer Firma fest und beschreiben, wo es einmal hingehen soll:

Wie heißt das Unternehmen, welche Rechtsform hat es und welchen Sitz? Wer sind die Gesellschafter/Vorstände? Wem obliegt die Geschäftsführung? Welches Finanzamt ist zuständig? Gibt es schon eine Steuernummer? Liegt eine Gemeinnützigkeit vor oder wird sie angestrebt? Die gleiche Frage gilt für die Anerkennung als Träger der freien Jugendhilfe. Bei welchem Spitzenverband soll eine Mitgliedschaft beantragt werden (siehe *Nützliche Hintergrundinformationen*)? Wann ist der geplante Betriebsbeginn? Wo wird die Verwaltung umgesetzt, zudem die Buchhaltung und Personalbuchhaltung? Welche Versicherungen werden abgeschlossen (siehe Baustein 3, *Dauerhafte Pflichten als Arbeitgeber*)? Mit wem genau arbeiten Sie zusammen (Notar, Versicherungen, Immobilien, Steuerbüro)? Wie sieht das Organigramm aus (siehe Baustein 3, *Qualität halten und verbessern*)?

Haltung und Werte

Viele der oben genannten Inhalte können begründet werden durch eine bestimmte Haltung oder ein bestimmtes Menschenbild. Welche Haltung wird in der Einrichtung gelebt? Welche Werte drücken dies aus?

> In unserer Kita wollen wir jungen Familien die Vereinbarkeit aller Lebensbereiche ermöglichen. Wir richten uns dabei zuerst nach den Bedürfnissen der Kinder, wobei wir eine sichere Bindung als Basis unserer Arbeit ansehen. Das heißt, jüngere Kinder werden von uns täglich kürzer als ältere betreut, wobei wir individuelle Schlaf- und Essenszeiten ermöglichen. Wir hören uns an, was sie brauchen und begleiten die Familien bei Vereinbarkeitsfragen, dazu stehen regelmäßige Beratungstermine zur Verfügung. Work-Life-Methoden sind auch gegenüber unseren Mitarbeiterinnen eine wichtige Quelle für Arbeitszufriedenheit und Motivation. Wir wollen eine Beteiligung am gesellschaftlichen Leben für alle Eltern erreichen, unabhängig vom Geschlecht.

Elternbefragungen

Befragungen von Eltern sind im Rahmen der Erziehungspartnerschaft ein Merkmal für die Qualität von Kitas, wenn die Ergebnisse bei der Konzeptionierung der Einrichtung einfließen.

Wie befragen Sie die Eltern (einmal jährlich, alle zwei Jahre handschriftlich per Post oder online)? Was sind die Inhalte der Befragung (Zufriedenheit mit Betreuung, Zufriedenheit mit Erziehungspartnerschaft am Kind, Angebote für Eltern/Familien, Einbindung der Eltern bei der Konzeptionierung und Umsetzung von Angeboten, Öffnungszeiten, Arbeitszeiten, Wünsche der Eltern offen abfragen)? Wer wertet die Befragung aus (Träger, Leitung und Eltern)? Wie werden die Ergebnisse kommuniziert (schriftlich, auf Elternabend)? Wie wird gesichert, dass eine Umsetzung der Ergebnisse in die Praxis erfolgt (Festlegung im Maßnahmenplan, Gremium prüft)?

Kooperation und Vernetzung

Eine Kindertageseinrichtung existiert nicht im leeren Raum, sondern der Stadtteil bzw. die Kommune kann wünschenswerterweise ein reiches Angebot vorweisen. Daher ist es sinnvoll, hier aktiv zu werden um Kontakte und Kooperationen zu knüpfen. Aus Sicht von Kindern und Eltern lohnt es sich sehr bzw. ist geradezu notwendig. Das Konzept des Familienzentrums hat diesbezüglich in vielen Bundesländern Einzug gehalten. Aber auch jede normale Kita sollte sich auf den Weg machen und sich in den Sozialraum öffnen.

Wie vernetzen Sie sich in den Stadtteil bzw. die Kommune (Senioreneinrichtungen, Schulen, andere Kitas, öffentliche Einrichtungen, Betriebe, Stadtteilarbeitskreis, gemeinsame Feste)? Mit welchen zusätzlichen Diensten sind Sie vernetzt oder wollen sich vernetzen, je nach Bedarf der Familien (Erziehungsberatung, Familienbildung, Kindertagespflege, Ärzte, Frühe Hilfen, Familienbildung, Jugendamt, Logopädie, Ergotherapie, Heilpädagogik, Frühförderung)? Gibt es ein Betreuungsangebot außerhalb der Kita-Öffnungszeiten, welches für Ihre Eltern interessant ist (als zusätzliche Leistung, Kindertagespflege)?

Pädagogische Aktivitäten der letzten 12 Monate

Wenn die Einrichtung schon länger besteht, können Sie in der Rückschau sowohl regelmäßige Aktivitäten als auch einige Höhepunkte in das Konzept aufnehmen. Dies zeigt sehr lebendig, wie Sie arbeiten.

Wie sah das Kita-Leben im letzten Jahr aus (»normale« Aktivitäten, Projekte, Höhepunkte)? Was haben sich die Kinder angeeignet, gelernt und was waren ihre Themen (Bezug zu den Bildungsbereichen)? Was haben Sie für das neue Jahr geplant (Aufgreifen der Themen, Weiterentwicklung, neue Schwerpunkte)?

14 Passende Räume finden

Auch das Raumprogramm ist in jedem Bundesland unterschiedlich gelagert. Es lassen sich trotzdem einige Eckdaten für Kitas formulieren.

14.1 Raumbedarf

Pro Kindergruppe, die je nach Alter und Form aus 10 bis 25 Kindern besteht, steht ein Gruppenraum mit etwa 50 Quadratmetern, ein Nebenraum mit 25 Quadratmetern sowie bei jüngeren Kindern ein Schlafraum zur Verfügung. Planen Sie die Gruppen für U3-Kinder ebenerdig ein, das erleichtert den Kleinen den Weg nach draußen.

Wie Sie diese Räume nutzen werden, haben Sie im Konzept festgelegt. Wenn Sie ein offenes Konzept haben, bietet sich ein Kinderrestaurant an sowie verschiedene Funktionsräume. Vielfach beliebt ist dabei eine Nestgruppe für die Krabbelkinder, die aus dem vertrauten Nest heraus den Kindergarten »erobern«. Bei der Arbeit in Gruppen sollte die Einrichtung der Gruppenräume alle Bildungsbereiche abdecken und zudem Ruhebereiche beinhalten.

In beiden Fällen können Sie überlegen, ob Sie in jedem Raum einen separaten Arbeitsplatz für Mitarbeiterinnen schaffen. Dazu benötigen Sie einen kleinen Tisch in normaler Höhe sowie einen Stuhl. Dort bereiten die Fachkräfte ihre Arbeit vor und können Beobachtungen und Dokumentationen vom Spiel der Kinder durchführen. Alle Kinder wissen, dass dieser Platz den Erwachsenen vorbehalten ist. Dies schont zudem den Rücken.

Darüber hinaus gibt es folgende Räume:

- ein Büro für die Leitung, welches für Elterngespräche bereitsteht;
- ab 20 Mitarbeiterinnen ist ein Personalraum nötig, dort finden die Pausen, die Teamsitzungen sowie Beratungsgespräche statt;
- einen Mehrzweck- bzw. Bewegungsraum mit mindestens 40 Quadratmetern;
- der Flur, der für die Kinder als Garderobe dient, und wenn möglich einen Elternbereich mit Hochtisch und Barhockern, ein Kinderrestaurant sowie weitere Nischen zum Spielen bereithält;
- ein zusätzlicher Therapieraum im Zuge der Inklusion;
- mehrere Toiletten für die Kinder sowie einen Waschbereich mit Seifenspendern und Papierhandtüchern oder eigenen Handtüchern, die jedem Kind zugeordnet werden müssen;

- einen vom Flur nicht einsehbaren Wickelbereich mit Treppe, sodass die Kinder allein hochklettern können sowie eine Duschmöglichkeit;
- eine Personaltoilette, die ebenfalls mit Seifenspender und Papierhandtüchern oder personalisierten Handtüchern ausgestattet ist;
- eine Küche, wobei sich ab 50 Kindern eine hochwertigere Ausstattung anbietet, wenn frisch gekocht werden soll;
- mehrere Stauräume für Material und Putzmittel und
- einen Eingangsbereich mit schwarzem Brett, welches die aktuellen Neuigkeiten und Termine bereithält.

Zudem ist in der Regel im Gesetz ein Außengelände vorgeschrieben. Dort können Sie zum Beispiel naturnahe Spielmöglichkeiten wie Weidentunnel, Kletterebenen und einen Sinnespfad einbauen. Eine Wasserspielstation ist bei den Kindern sehr beliebt. Tiere sind wünschenswert, wenn mindestens eine Mitarbeiterin dies unterstützt.

Eine Einrichtung hat ein offenes Außengelände. Es ist erwünscht, dass Anwohnerkinder den Spielplatz nutzen können, wenn die Kita geschlossen ist. In all den Jahren gibt es seither kaum Vandalismus. Im laufenden Betrieb der Kita muss jedoch die Aufsichtspflicht gewährleistet sein.

Darüber hinaus sollten Sie zwei Fluchtwege berücksichtigen. Ein Weg führt direkt hinaus und der zweite Fluchtweg muss mindestens 20 Minuten vor Flammen geschützt sein, damit die Feuerwehr anleitern und die Kinder holen kann.

Bei einer Kita befand sich in der zweiten Etage eine Terrasse. Diese kam als Fluchtweg infrage, als die Decke des unteren Geschosses mit Flammenschutz versehen wurde, sodass diese nicht brannte. In einer anderen Kita war der zweite Fluchtweg nur in einen Hof möglich, der von außen nicht begehbar war. Dann konnte die Betriebserlaubnis bzw. Nutzungsänderung (siehe folgender Punkt) nicht gewährt werden.

14.2 Diverse Genehmigungen rund um die Sicherheit einholen

Im Zusammenhang mit der Sicherheit der Kinder gibt es diverse Auflagen, die Sie jedoch nicht abschrecken sollten. Grundsätzlich gelten dabei keine festen Richtlinien, sondern die Vorgaben sind als Empfehlungen gedacht. Für die Behörden ist dabei Spielraum bei der Umsetzung des Einzelfalls gegeben. Für Sie als Träger steht kein Spielraum zur Verfügung. Sie müssen alle Auflagen genauso umsetzen, wie sie gegeben wurden. Wo es dennoch Beweglichkeit geben kann, werden wir gleich klären.

Es gibt zwei Grundgenehmigungen, die miteinander verwoben sind: Die **Betriebserlaubnis** wird vom Landesjugendamt erteilt, wobei die Räume und die Personalangelegenheiten geprüft werden. Zum anderen wird die **Baugenehmigung** von der Bauaufsicht ausgestellt. Grundsätzlich muss eine gewerbliche Nutzung der Wohnung bzw. des Gebäudes vorliegen und die Nutzung in »*Betrieb einer Kita*« geändert bzw. Umbau oder Neubau beantragt werden. Im Fall einer Vermietung ist es am einfachsten, wenn der Vermieter dies beantragt. Wenn allerdings im Mietvertrag steht, dass die Mieterin für die bauliche Nutzungsänderung zuständig ist, ist es Ihre Aufgabe. Das Problem ist, dass Sie einen Ansprechpartner bei der Bauaufsicht und einen beim Landesjugendamt haben, deren Vorstellungen sich mitunter widersprechen können. Die Bauaufsicht holt sich Stellungnahmen von verschiedenen anderen Behörden:

- Feuerwehr,
- Gesundheitsamt (siehe Baustein 2, *Ernährung und Hygiene*),
- Amt für Arbeitsschutz,
- Grünflächenamt und
- Naturschutzamt,

je nachdem, was betroffen ist. Am besten fragen Sie nach, welche Ämter involviert sind. Wenn die Bauaufsicht nicht involviert ist, dann veranlasst das Landesjugendamt die weiteren Stellungnahmen. Sie haben demnach automatisch mit unterschiedlichen Ämtern zu tun. Jedes Amt macht andere Auflagen, die dann umzusetzen sind. Dies erscheint nicht immer verständlich.

> Der Träger einer Kita musste alte Luftbilder prüfen lassen, um zu vermeiden, dass auf dem Außengelände nicht noch eine Bombe aus dem 2. Weltkrieg lag.

Auch können sich die Auflagen mit den baulichen Gegebenheiten wiedersprechen.

> Aus pädagogischen Gründen ist es vielleicht sinnvoll, die Toiletten angrenzend an den Gruppenraum zu bauen, dies geht aber nur, wenn Fallrohre an dieser Stelle an das Abwasser angeschlossen werden können.

Außerdem sollten Sie unter Umständen mit einer kompletten Ablehnung rechnen, was allerdings selten vorkommt.

> Eine Kita hat sechs Wochen vor der Eröffnung einer neuen Gruppe eine Ablehnung vom Bauamt erhalten. Die Begründung lautete, die Einrichtung wäre für ein Gewerbegebiet zu groß. Wenn zu viele Kinder im Gewerbegebiet betreut werden, könnte die Stadt keine Tag- und Nachtschichten im Gewerbegebiet genehmigen. Dass Kinder hier stören, ist etwas ganz Neues.

Daher geht es beim Umgang mit Behörden um die Frage, wie dies erfolgreich gelingen kann: Am sinnvollsten ist es, wenn das Landesjugendamt eine Vorbesprechung mit allen Ämtern initiiert und alle zum Ortstermin kommen. Ein solcher Termin lohnt sich sehr, da alle Interessen aufeinander abgestimmt werden können. Hier einigen sich die Behörden sozusagen untereinander auf die bestmögliche Lösung für Ihre speziellen Räume. Wenn dieser große Besichtigungstermin nicht zustande kommt, sollten Sie sich mindestens mit der Landesaufsichtsbehörde treffen.

> Beim Termin in Ihren Räumen sprechen Sie alle Probleme an. Fragen Sie nach, wenn Sie etwas nicht verstanden haben. Ihr Gefühl sollte sein, dass alle an einem Strang ziehen.

Im Nachgang zur Besichtigung erhalten Sie von jedem Amt eine Stellungnahme. Die Auflagen setzen Sie entsprechend um. Wenn nach Ihrer Einschätzung etwas nicht umgesetzt werden kann und daher geändert werden muss, sind Sie mit jedem Amt im Gespräch und kommunizieren die mögliche Änderung. Erst wenn alle ihr Okay gegeben haben, können Sie dies umsetzen. Hier empfiehlt sich unter Umständen ein persönliches Gespräch.

> Am besten gehen Sie mit dem Architekten zum Landesjugendamt und zeigen anhand Ihres Plans, dass an der Stelle keine Toiletten gebaut werden können, da sich die Fallrohre an einer anderen Stelle befinden.

Wenn Sie länger als einen Monat gar keine Rückmeldung von irgendeinem Amt erhalten haben, fragen Sie beim Bauamt nach und informieren sich über den aktuellen Stand. Dies sollte eine Ansprechpartnerin machen, z. B. die Architektin.

Liegt der **Nutzungsänderungsbescheid** dann vor, lesen Sie ihn am besten gründlich unter der Fragestellung durch, was für die tägliche Arbeit relevant ist. Alle Vorgaben und Vorschriften sind ebenfalls wie beschrieben umzusetzen. Wenn Sie die folgenden Punkte von Anfang an berücksichtigen, haben Sie hoffentlich schon Vieles geschafft:

- Alle Glasscheiben müssen aus Sicherheitsglas sein. Eine andere Möglichkeit ist Sicherheitsfolie.
- Fenster, die für die Kinder erreichbar sind, müssen als solches erkennbar sein. Dies ist möglich, indem Sie mittels Klebefolie einen bunten Balken o. ä. darauf kleben.
- Die Elektroanlage muss in Ordnung sein.
- Die Heizungen dürfen nicht aus dem Raum herausstehen, sondern müssen verbaut werden, zum Beispiel durch eine Heizkörperverkleidung.
- In jeden Türspalt klemmen Sie einen dafür geeigneten Gummistreifen.
- Erwachsene und Kinder dürfen nicht dieselbe Toilette benutzen. Es müssen demnach mindestens zwei Toiletten vorhanden sein.
- Das Waschbecken zum Händewaschen muss sich in unmittelbarer Nähe zwischen Toilette und Küche befinden. Das Mittagessen darf nicht zubereitet werden, ohne sich vorher die Hände zu waschen.
- Es dürfen nur ungiftige Pflanzen genutzt werden.
- Brennbare Flüssigkeiten wie z. B. Kleber dürfen Sie nur bis zu einer bestimmten Menge vorrätig haben.
- Die Spülmaschinentabs lagern Sie kindersicher.
- Putzmittel sind in einem abschließbaren Schrank an einem anderen Ort als der Küche zu lagern.
- Reinigungsmittel dürfen nicht in Wasserflaschen gelagert werden.
- Jede Einrichtung benötigt einen Flucht- und Rettungsplan sowie einen Notfallplan mit den wichtigsten Telefonnummern. Der zweite Fluchtweg muss gekennzeichnet sein.
- Es muss mindestens einen Feuerlöscher geben. Bringen Sie diesen an der Eingangstür und einen weiteren am zweiten Fluchtweg an. Wenn die Einrichtung weit verzweigt ist, benötigen Sie zusätzliche Feuerlöscher.
- Ein Erste-Hilfe-Koffer liegt vor. Im beiliegenden Heft werden die Unfälle dokumentiert, die behandelt werden. Eine Ersthelferin wird bestimmt und in Erster Hilfe geschult, was alle zwei Jahre aufgefrischt werden muss.

14.3 Erfolgreiche Raumsuche

Sie suchen demnach idealerweise nach einem ebenerdigen Haus mit Garten, welches auch mit Kinderwagen gut zugänglich ist. Auch eine Wohnung oder ein Gewerbeobjekt kommt infrage.

> Seitdem viele neue Kitas eröffnet werden, hat auch die Immobilienbranche den neuen Markt entdeckt. Statt selbst zu suchen, könnten Sie eine Immobilie finden lassen. Wenn Sie das finanzieren können, ist das zeitsparend und daher sinnvoll.

Gewöhnlich können Sie Gebäude finden, die leer stehen, aber noch nicht zum Verkauf stehen. Dafür fahren Sie am besten den gewünschten Stadtteil mit dem Fahrrad ab und fragen in Geschäften usw. nach. Auch ein Aushang oder Gesuch in der Zeitung, verbunden mit einer Pressemitteilung über die Gründung des Trägers, können erfolgreich sein. Entwickeln Sie den »Blick« dafür!

> Eine Gründerin fand regelmäßig leer stehende Räumlichkeiten, die dann für die neue Kita angemietet wurden. Dies gelang nicht nur einmal, sondern gleich sechsmal.

Eine weitere Möglichkeit ist es, wenn Sie Firmen vor Ort gezielt anfragen. Wenn Unternehmen Interesse an einzelnen Belegplätzen haben, können sie sich vielleicht auch vorstellen, geeignete Räumlichkeiten zur Verfügung zu stellen. Dann haben ihre Mitarbeiterinnen sehr kurze Wege.

Neben der richtigen Immobilie geht es in der Regel zudem um den »richtigen« Preis. Hier ist zu prüfen, welche Raummiete das Landesgesetz bezuschusst: die Kalt- oder Warmmiete. Meist sind die Kosten dafür gedeckelt, das heißt, sie müssen ortsüblich sein und dürfen einen bestimmten Betrag nicht übersteigen. Dies macht die Raumsuche möglicherweise um einiges schwieriger.

Bei der Raumsuche ist als Mieter zu berücksichtigen, dass ein Gewerbemietvertrag zugrunde gelegt wird. Der Unterschied zum privaten Mietvertrag ist, dass es keine Schutzrechte des Mieters gibt. Somit ist der Gewerbemietvertrag frei verhandelbar (siehe Anhang: *Link für Vertragsmuster*). Er sollte mindestens so lange laufen wie die Zweckbindung der Investitionsförderung vorsieht – bei Ersteinrichtung in der Regel zehn Jahre. Die Kündigungsfrist sollte so gestaltet sein, dass man in der Zeit neue Räume finden kann, also mindestens ein Jahr. Normal ist eine Verlängerungsoption um weitere fünf Jahre, wenn der Vertrag nicht vorher gekündigt worden ist.

Als anerkannter Träger der Freien Jugendhilfe ist man von der Umsatzsteuer befreit, da wie vorne erklärt keine Unternehmereigenschaft im Rahmen des Umsatzsteuergesetzes vorliegt. Deshalb ist eine Refinanzierung der Mehrwertsteuer, die der Vermieter ggf. optieren kann, im Normalfall nicht möglich. Das heißt, im Gewerbemietvertrag schließen Sie die Zahlung der Mehrwertsteuer aus.

14.4 Neubau und Umbau

Wenn Sie als Träger eine oder mehrere Einrichtungen betreiben, können Sie unter Umständen einen Neubau zusätzlich zum Tagesgeschäft gut stemmen. Für Neugründer ist es auch möglich, erfordert aber viel mehr Vorlauf als eine Anmietung. Bei einer Bauzeit von mehreren Monaten sollten Sie bei der Planung mit mindestens einem Jahr rechnen. Wenn Sie einen langen Atem haben, kann es sich lohnen.

Viele Kommunen schreiben den Bau von Kitas aus, wenn sich der Bedarf entsprechend darstellt. Dieses *Investorenmodell* bedeutet Folgendes: Der Investor baut die Kita, und die Kommune zahlt dann die Miete an den Träger. Somit werden die öffentlichen Investitionen durch auf Dauer angelegte Mietzahlungen finanziert, dies heißt *Public-Private-Partnership*. Der Vermieter entlastet dadurch den Vermögenshaushalt der Kommune. Für die Trägerschaft können Sie sich bewerben, da der freie Träger Vorrang vor einer kommunalen Trägerschaft hat. So spart sich die Kommune außerdem Trägeranteile.

Beim Umbau können Sie entsprechend der behördlichen Auflagen ggf. den Vermieter motivieren, die Räume entsprechend umzubauen. Sollte dies nicht der Fall sein, müssen die Kosten kalkuliert und im Rahmen der Investitionskostenförderung beantragt werden.

Wenn man als Mieter selbst investiert und zum Beispiel eine Wand sowie eine Toilette im Rahmen der Nutzungsänderung einbaut, hat nach Ablauf des Gewerbemietvertrages sehr häufig der Eigentümer das Wahlrecht, ob dies zurückgebaut oder übernommen wird. Demnach sind die Rückbaukosten bei Auflösung des Mietvertrages ggf. vom Träger zu übernehmen und daher buchhalterisch einzuplanen.

14.5 Gestaltung der Räume[17]

Unser Raumgefühl bestimmt in Sekundenschnelle, ob wir uns in einem Raum wohlfühlen oder nicht. Dabei kommt es auch auf den Zweck eines Raums an.

> Ein Schlafraum sollte reizarm gestaltet sein: einfarbig mit wenig Ablenkung für die Sinne, sodass die Kinder das Gefühl haben, dass sie nichts verpassen. Demnach können Sie auf Teppich, Tapete oder Bettwäsche mit bildlichen Motiven verzichten.

Wenn Kinder sich in Räumen wohlfühlen, kommt das Interesse, die Umgebung zu erkunden, von ganz alleine. Wie schaffen Sie es, die Bedürfnisse der Kinder bei der Raumgestaltung zu erfüllen? Nach der Maslowschen Bedürfnispyramide werden erst die körperlichen Bedürfnisse, dann das Sicherheitsbedürfnis erfüllt. Daran schließen sich das Zugehörigkeits- und Liebesbedürfnis, das Bedürfnis nach Wertschätzung und Selbstverwirklichung an. Es geht damit auch bei Kindern um Sinnfindung und Menschwerdung.

Die Kinder lernen beim Spielen und im Alltag, zuerst durch sinnliche Wahrnehmung, zu beobachten und zu begreifen, später durch Nachahmung, Interaktion, wiederholen, variieren und experimentieren. Dies sollte in Ihrer Kita möglich sein. Was heißt das nun konkret:

- Sie richten die Räume nach ihrer Funktion, wie Sie dies im Rahmen des Konzepts festgelegt haben, ein.

> Die Farben des Turnraumes können Komplementärfarben sein.

- Sie verwenden nur Dinge, die eine Funktion in der Arbeit mit den Kindern haben.
- Nutzen Sie nur Möbel, die die Kinder bespielen und davon eher wenige. Diese haben keine Türen, sodass die Kinder direkt loslegen können.
- Wandschränke für Material können in einer Höhe über 1,50 Meter angebracht werden.

17. Die Inhalte dieses Punktes sind eine Zusammenfassung von: Bendt, Ute; Erler, Claudia (2013): »Spielbudenideen. Praxislösungen zur Raumgestaltung in Kita und Kindertagespflege«. Mülheim an der Ruhr: Verlag an der Ruhr.

- Sehen Sie die Räume mit den Augen eines Kindes und gehen dafür in die Hocke.

Was bei der Anbringung von Spiegeln auf Kinderhöhe logisch ist, machen Sie genauso bei Bilderrahmen und Mobiles. Alles was in Erwachsenenhöhe hängt, ist auch für die Erwachsenen.

- Schaffen Sie eine gelebte Ordnung, die einfach zu begreifen ist.
- Denken Sie auch an einen Arbeitsplatz für die Erwachsenen. Sie sind mit den Kindern in Interaktion.
- Verwenden Sie mehr Spielmaterial wie Alltagsgegenstände, Recyclinggegenstände und Naturmaterialien als Spielzeug. Dieses kann so verwendet werden, wie die Kinder es gerade bespielen wollen.

Das vorhandene Material sollte alle **16 Spielformen** abdecken, diese sind nach Armin Krenz[18]: Entdeckungs- und Wahrnehmungsspiele, Produktionsspiele zum Gestalten, Bauspiele, Konstruktionsspiele, Finger- und Handspiele, Bewegungsspiele, Musikspiele, Handpuppenspiele, Marionettenspiele – Märchenspiele (Unterform), Schattenspiele, Sozialregelspiel, Aggressionsspiele zum Austoben, das Freispiel, das Rollenspiel, das Theaterspiel und das Planspiel.

18. Krenz, Armin (2010): »Das kindliche Spiel als Selbsterfahrungsfeld und Bildungsmittelpunkt für Kinder«. Online verfügbar unter http://www.kindergartenpaedagogik.de/2100.html, zuletzt aktualisiert am 15.07.2010, zuletzt geprüft am 14.11.2017.

15 Motiviertes Personal gewinnen und binden

Heutzutage sind Fachkräfte in der Frühpädagogik besonders begehrt. Als Träger sollten Sie daher etwas dafür tun, dass diese im eigenen Unternehmen tätig bleiben. Es geht demnach nicht nur darum, gutes Personal zu finden, sondern die Arbeitsbedingungen so zu gestalten, dass es gern und länger bleibt.

15.1 Wie finden Sie Personal?

Bevor Sie sich auf die Suche begeben, machen Sie sich den Ablauf eines Bewerbungsverfahrens klar. Daraus ersehen Sie ebenfalls den nötigen Zeitbedarf von zwei bis drei Monaten:

- Stellenausschreibung formulieren und korrigieren lassen (eine Woche),
- diese in Tageszeitung, lokalem Anzeigenblatt, Facebook, Stellenbörsen für Erzieherinnen im Internet veröffentlichen, mit einer Frist von zwei Wochen (zwei Wochen),
- nach Eingang der Bewerbungen eine Begrüßungs-E-Mail versenden (laufend),
- Bewerberinnenauswahl (eine Woche, wenn mehrere Personen an der Auswahl teilnehmen),
- Einladung zum Bewerbungsgespräch (dies findet zwei Wochen später statt), evtl. die Möglichkeit der Terminverschiebung einplanen,
- Bewerbungsgespräche durchführen (eine Woche),
- ggf. Hospitation bzw. Einladung zu einer Kinderaktion (ein bis zwei Wochen),
- Entscheidung der Stellenbesetzung (zeitnah),
- Zusage schriftlich oder telefonisch vornehmen (zeitnah),
- Absagen per E-Mail (eine Woche später) und
- Vertragsgespräch und -unterzeichnung (ein bis zwei Wochen) sowie
- ggf. Förderung durch die Agentur für Arbeit im Rahmen eines Eingliederungszuschusses, der vor Arbeitsaufnahme beantragt werden muss (ein bis zwei Wochen).

15.2 Die Stellenausschreibung

Bevor Sie eine Annonce texten, legen Sie die Rahmenbedingungen für die Stellen fest: Welche Stellen sollen mit wie vielen Stunden besetzt werden, wer ist Vorgesetzte, wer untergeordnet. Es folgt die Qualifikation für die Stelle, wobei auch Hochschulabschlüsse infrage kommen sollten, Aufgaben, Angaben zur fachlichen und persönlichen Eignung sowie die Eingruppierung. Dafür legen Sie sich am besten eine Tabelle an, dies macht es übersichtlicher, auch für das Gesamtbild.

> Für eine Einrichtung benötigen Sie eine pädagogische Leitung, die je nach Anzahl der Kinder und gesetzlichen Vorschriften freigestellt sein kann. Die stellvertretende Leitung arbeitet demnach normal in der Gruppe mit und übernimmt Teilaufgaben sowie die Abwesenheitsvertretung der Leitung. Pro Gruppe sind, wie weiter oben berechnet, zwei bis drei Mitarbeiterinnen beschäftigt. Entsprechend Ihres Konzepts legen Sie die Hierarchiebeziehungen der Teammitglieder fest. Eine Gruppenleitung ist sinnvoll, wenn die Einrichtung gruppengebunden arbeitet. Wenn dort ein offenes Konzept besteht, sind alle Mitarbeiterinnen Fachkräfte, wobei jede ihren eigenen »Schwerpunkt« hat.

In der dann zu formulierenden Anzeige bietet es sich an, die Anzeige um das Alleinstellungsmerkmal der Kita bzw. des Trägers anzulegen. Dabei geht es auch darum zu entscheiden, wie viel Sie für die Personalsuche ausgeben möchten. Wollen Sie »nur« eine Wortanzeige verwenden oder eine größere Anzeige? Möchten Sie überregional suchen oder in der örtlichen Tageszeitung? Auch auf Online-Stellenbörsen müssen Sie Kosten einplanen, wobei eine Suche über Facebook deutlich günstiger und zielgerichteter ist. Diese Entscheidungen haben Auswirkungen auf den Umfang und die Gestaltung des Texts. Hier ein Beispiel für eine Textanzeige:

> Als Erzieher wollten Sie schon immer mit den Kindern toben, bauen und wilde Sachen machen? Als Erzieherin sind Sie interessiert an neuen Konzepten zur geschlechterbewussten Erziehung? Dann suchen wir Sie! Unser Verein Hexen und Zauberer e. V. eröffnet eine Kita mit 60 Kindern ab dem ersten Lebensjahr zum 01.08.2015. Wir zahlen nach Tarif, und die persönliche Entwicklung jedes Mitarbeiters und jeder Mitarbeiterin ist uns wichtig. Erfahrungen in der offenen Arbeit wären von Vorteil. Unsere Kinder werden entsprechend der neuen Kinderschutzbestimmungen zudem viel mitentscheiden. Wenn Sie sie dabei begleiten

wollen, freuen wir uns über eine aussagekräftige Bewerbung bis zum (Datum) an folgende Adresse. Schauen Sie auch auf unsere Webseite.

Entscheiden Sie, wie Sie die Bewerbungsunterlagen erhalten möchten. Im sozialen Bereich ist dies per E-Mail üblich. Nach der Frist von zwei Wochen erhalten Sie hoffentlich eine Vielzahl an Bewerbungen.

15.3 Die Begrüßungs-E-Mail

Mit dem kurzen Anschreiben machen Sie deutlich, dass Sie die Unterlagen dankend erhalten haben und Sie nach Prüfung der Unterlagen evtl. auf die Bewerberinnen zukommen. Erarbeiten Sie eine Vorlage, die jede Bewerberin erhält. Auch die Einladung zum Bewerbungsgespräch sollte in ähnlichem Stil geschrieben sein. Generell bietet sich ein freundlicher und respektvoller Ton an, der Wertschätzung ausdrückt.

Sehr geehrte Frau Freundlich,
vielen Dank für Ihre Bewerbungsunterlagen und Ihr Interesse an unserer neuen Kita. Nachdem die Bewerbungsfrist abgelaufen ist, werden wir die Unterlagen sichten und Sie unter Umständen per E-Mail zu einem Gespräch einladen. Sobald die Stelle vergeben ist, erhalten Sie von uns ebenso eine Nachricht.
Mit freundlichen Grüßen (Name).

15.4 Die Bewerber*innenauswahl

Es liegen mehrere Bewerbungen auf Ihrem Tisch. Für die bessere Übersicht können Sie pro Bewerberin ein Blatt anlegen mit den von Ihnen gewählten Kategorien und dies entsprechend für die Person ausfüllen. Bewerberinnen ohne pädagogische Grundausbildung legen Sie erst einmal gesondert ab.

In manchen Bundesländern dürfen Quereinsteigerinnen unter bestimmten Auflagen in Kitas arbeiten. Wenn sie Interesse an einer berufsbegleitenden Ausbildung haben oder schon viel Erfahrung mitbringen, können Sie diese zusätzlich einladen. In der Regel sind sie hoch motiviert.

Meist machen Sie die Personalauswahl nicht alleine, sondern mindestens zu zweit. Es bietet sich an, dass einer von Ihnen vorsortiert und der andere dann seinen Eindruck in der Tabelle vermerkt. Meist haben Sie so zwei bis sechs passende Kandidatinnen für eine Stelle gefunden. Es gibt kein Patentrezept, wie viele Bewerberinnen Sie kennenlernen sollten.

Wenn mehrere Stellen zu vergeben sind, bietet sich es an, im Gespräch verschiedene Stellen anzubieten und zu schauen, was die Bewerberin interessiert und wie flexibel sie ist.

Für eine Leitungsstelle planen Sie in etwa einen ganzen Tag an Bewerbungsgesprächen ein. Pro Erzieherinnen-Stelle gehen Sie von einem halben Tag aus. Pro Gespräch können Sie 1,5 Stunden rechnen. Nach zwei bis drei Gesprächen findet eine halbstündige Pause statt.

Es folgt die Einladung zum Bewerbungsgespräch, die mit der Terminverwaltung in einer Hand bleiben sollte. Es bietet sich zudem an, Ausweichtermine freizuhalten, falls eine Bewerberin am vorgeschlagenen Termin nicht kann.

Sehr geehrter Herr Kinderglück,

Ihre Bewerbungsunterlagen haben uns zugesagt, und wir möchten Sie gerne kennenlernen. Wir erwarten Sie am Montag, den (Datum) um 10:30 Uhr in (Adresse). Wir treffen uns in den noch zu beziehenden Räumen der Kita. Ein Geschäftsführer (Name) unseres Trägers sowie die Einrichtungsleitung (Name) werden beim Gespräch dabei sein. Bitte geben Sie uns Bescheid, ob Sie den Termin wahrnehmen werden. Falls Sie verhindert sein sollten, finden wir gern einen neuen Termin. Noch ein letzter Hinweis: Fahrtkosten zum Bewerbungsgespräch können leider von uns nicht erstattet werden. Wir freuen uns, Sie kennenzulernen. Herzliche Grüße (Name)

15.5 Das Bewerbungsgespräch

Wenn das Gespräch in den neuen Räumen der Kita stattfindet, können Sie diese später zeigen. Ein Nachteil kann sein, dass es unter Umständen an Gemütlichkeit und Atmosphäre mangelt. Grundsätzlich ist es sinnvoll, den Raum vorzubereiten.

Wenn Sie am Tisch über Eck sitzen, ist dies für eine entspannte Stimmung förderlich. Der Tisch sollte groß genug sein, damit ausreichend Platz zur Verfügung steht. Ihrerseits planen Sie bitte mindestens zwei und höchstens drei Personen ein. Dekorieren Sie nett und bieten Sie Kaffee und Wasser an.

Vor dem eigentlichen Bewerbungsgespräch können Sie überlegen, was Sie von der Bewerberin wissen möchten. Dazu haben wir einige Fragen zusammengestellt, die eine Auswahl darstellen und je nach Ausrichtung der Kita erweitert werden können. Wenn Sie diese kopieren, können Sie die Antworten und Ihren Eindruck notieren.

- Warum haben Sie sich bei uns beworben? Was interessiert Sie an unserer Arbeit?
- Stellen Sie bitte Ihren beruflichen Werdegang dar.
- Beschreiben Sie eine schwierige Situation aus Ihrem beruflichen Alltag und wie Sie diese gelöst haben.
- Was meinen Sie, wie können Sie unser Team bereichern? Was bringen Sie persönlich mit?
- Was braucht ein Kind im ersten Lebensjahr/zweiten Lebensjahr usw.?
- Wie beobachten und dokumentieren Sie die Entwicklung der Kinder?
- Wie unterstützen Sie ein Kind in seiner ganzheitlichen Entwicklung? Wie planen Sie pädagogische Aktivitäten?
- Wo sehen Sie Ihre persönlichen Schwerpunkte in der pädagogischen Arbeit?
- Wo wollen Sie sich weiterbilden und warum?
- Welche Arbeit kommt für Sie überhaupt nicht infrage und warum?
- Was würden Sie tun, wenn ein Kind z. B. sich nicht von Ihnen beruhigen lässt und auch sonst nur schreit?
- Welche aktuellen Entwicklungen gibt es momentan in der Frühpädagogik und was hat das mit Ihrer Arbeit in der Kita zu tun?
- Was halten Sie von Eltern, die ihr Kind im ersten Lebensjahr in die Kita bringen? Und welche Aufgabe hat die Kita dabei?
- Stellen Sie sich vor, Sie haben die Verantwortung für die Gestaltung des Herbstferienprogramms bzw. eines Projekts. Wie würden Sie dabei vorgehen und was würden Sie anbieten?
- Was ist für Sie eine gelungene Kleinkind-/Vorschularbeit?
- Wie kann Ihr Hochschulabschluss in der täglichen Arbeit für die Einrichtung nützlich sein? Welche Begleitung von Fachkräften benötigen Sie beim Einstieg?
- Wo wollen Sie in fünf Jahren beruflich stehen? Was brauchen Sie dafür von uns?
- Leitungsfragen: Wie sieht eine Teamsitzung bei Ihnen aus? Wie motivieren Sie Ihr Team? Welche Qualitäten müssen die Mitarbeiterinnen aus Ihrer Sicht unbedingt mitbringen? Wie kann aus Ihrer Sicht die Erziehungspartnerschaft gelingen? Welche Unterstützung wünschen Sie sich vom Träger?

Das Bewerbungsgespräch beginnt mit einer Vorstellung der beteiligten Personen, worauf Sie zudem die Entwicklung des Trägers und der Einrichtung darstellen. Dabei heben Sie Ihr Alleinstellungsmerkmal hervor und begründen, warum die Einrichtung genau so laufen wird.

Dann beginnt das eigentliche Gespräch mit den von Ihnen vorbereiteten Fragen. Dabei lassen Sie der Bewerberin ebenfalls Raum für eigene Fragen. Natürlich kommt eine entspannte Atmosphäre auch dadurch zustande, dass Sie und Ihre Mitstreiterinnen sich gut verstehen und die Bälle zuspielen können. Humor tut einfach allen gut.

Gesprächspausen lassen Sie bitte zu. Sie unterbrechen die Bewerberin nicht, sondern lassen Sie aussprechen. Des Weiteren gilt: Störungen haben Vorrang:

> Sprechen Sie an, wenn Ihnen etwas auffällt. Wenn im Lebenslauf deutlich wird, dass keine Arbeitsstelle länger als ein oder zwei Jahre in Anspruch genommen wurde, fragen Sie danach, wie die Bewerberin sich das erklärt. Bei Lücken im Lebenslauf, bei Diskrepanzen im Zeugnis und bei abweichenden Aussagen ebenso.

Zu einem geeigneten Zeitpunkt besteht die Möglichkeit, die Räume zu zeigen. Am Ende des Gesprächs geben Sie einen ungefähren Zeitplan für die nächsten Schritte im Bewerbungsverfahren an. Fragen Sie die Bereitschaft ab, einen Nachmittag mit den Kindern zu gestalten. So können Sie sich ein Eindruck von der Arbeit mit Kindern machen. Dann verabschieden Sie die Bewerberin. Machen Sie bitte noch keine Zu- oder Absage.

15.6 Die engere Auswahl

Nach jedem Gespräch werden die Eindrücke in der Gruppe gesammelt. Dies sollte nicht zu ausführlich gemacht werden, eher spontan und kurz. Es folgt ja auch gleich der nächste Termin. Einer der Gruppe sollte protokollieren. Nachdem alle Gespräche geführt wurden, entscheiden Sie, welche Bewerberinnen in die nähere Auswahl kommen. Sie können dabei schon zu diesem Zeitpunkt eine Priorisierung pro Stelle vornehmen, die natürlich noch nicht endgültig ist.

> Wenn es mit Fr. B nicht klappt, dann rückt Fr. C auf.

Das heißt auch, dass Sie mit den Absagen warten, bis alle Zusagen feststehen.

Beim Hospitations- bzw. Kinderaktions-Termin wird die Bewerberin von Ihnen ein Stück weit begleitet. Wenn die Kita noch nicht eröffnet ist, können Sie die eigenen Kinder organisieren. Dann wird mit ihnen ein Gruppenangebot durchgeführt. Geben Sie nichts vor, dann kann sich die Bewerberin frei entfalten. Achten Sie darauf, wie die Kinder angesprochen werden und wie sich die Kinder fühlen. Planen Sie etwa 1,5 bis zwei Stunden pro Bewerberin ein.

Daran anschließend ändert sich Ihre »Top-Liste« unter Umständen. Entscheiden Sie, wer die Bewerberinnen über die Zusage informiert. Sie können dies am Telefon oder auch per E-Mail machen. Sie bitten innerhalb von einem oder zwei Tagen um eine Rückmeldung.

In einem Vertragsgespräch vereinbaren Sie gemeinsam die Eckdaten der Zusammenarbeit. Ein erweitertes polizeiliches Führungszeugnis muss vor Arbeitsbeginn vorliegen (siehe Baustein 2, *Alles Wichtige kommt ins Konzept, Sicherstellung des Kinderschutzes*).

15.7 Der Arbeitsvertrag

Als freier Träger sind Sie kein Tarifpartner. Daher sind sogenannte *an den Tarifvertrag angelehnte Arbeitsverträge* üblich. Natürlich steht es Ihnen frei, nach Tarif zu bezahlen. Dies dürfte sich unter Umständen positiv auf die Fachkräftegewinnung auswirken. Falls kein passender Muster-Arbeitsvertrag vorliegt, erstellen Sie nach gründlicher Recherche selbst einen und lassen ihn vom Arbeitsjuristen prüfen.

Vor Arbeitsantritt bzw. am Tag der Arbeitsaufnahme benötigen Sie folgende Unterlagen von der Arbeitnehmerin: Identifikationsnummer, Sozialversicherungsnummer, Geburtsurkunden der Kinder, Eheurkunde und eine Bescheinigung vom Finanzamt über die Steuerklasse. Zudem ist eine Mitteilung der Krankenkasse notwendig, die die Arbeitnehmerin dort telefonisch anfordert. Dann legen Sie eine Personalakte an.

15.8 Wie binden Sie Personal?

Die Bindung beginnt schon am ersten Arbeitstag, zum Beispiel damit, wie eine neue Mitarbeiterin von Ihnen und dem Team empfangen und eingearbeitet wird. Ist Ihnen der Umgang mit dem Personal wichtig, machen Sie sich am besten einen Plan, wie dies gelingen kann. Dies sind einige Möglichkeiten:

- planvolle Einarbeitung von berufserfahrenen Fachkräften über einen Zeitraum von drei Monaten
- Mentoring-Programm für Hochschulabsolventen zur Einarbeitung und Begleitung
- Führung durch die Vorgesetzte
- herausfordernde Aufgaben
- gutes Teamklima
- ausreichende Zeit für Vor- und Nachbereitung der pädagogischen Arbeit
- Ideensammelbox für Mitarbeiterinnen und Festlegung des Vorgehens damit
- regelmäßige Sitzungen zwischen allen Mitarbeiterinnen und Geschäftsleitung
- Fachberatung, die keine Vorgesetztenfunktion hat und die in die Teams kommt
- internes und externes Fortbildungsangebot
- gezielte Profilbildung jeder Mitarbeiterin
- übergeordnete Aufgaben für Mitarbeiterinnen
- Planung eines anderweitigen Einsatzes von Schwangeren im Beschäftigungsverbot
- Einrichtung altersgerechter Arbeitsplätze
- Vereinbarkeit von Familie und Beruf ermöglichen
- betriebliches Gesundheitsmanagement entwickeln

Wir wollen es an dieser Stelle bei dieser allgemeinen Auflistung belassen. Bei einigen Punkten ist deutlich geworden, dass dies von einem kleinen Träger nicht nebenbei geleistet werden kann. Daher sollten Sie erwägen, einige der Maßnahmen extern einzukaufen.

Es ist sinnvoll, die aus Ihrer Sicht wichtigsten Punkte als Prozesse zu beschreiben und zu klären, wie diese ablaufen sollen. Sie können zudem in einem Zeitplan festlegen, was Sie später umsetzen wollen. Eine niedrige Fluktuation lässt grüßen.

15.9 Wie kann der Dienstplan aussehen?

Der Dienstplan ist das wichtigste Instrument für einen gelingenden Personaleinsatz. Daher sollten Sie darüber Bescheid wissen und dies nicht komplett der Leitung überlassen. Denn bei der Gestaltung eines Dienstplans gibt es vielfältige Möglichkeiten, die Sie nutzen können.

Ein guter Dienstplan berücksichtigt Krankheits-, Fortbildungs- und Urlaubszeiten, sodass die Einrichtung kontinuierlich und verlässlich arbeiten kann. In diesem Zusammenhang empfehlen wir an dieser Stelle ein kleines Buch von Cramer (2003)[19]. Auch wenn es nur noch über Fernleihe zu bekommen ist, lohnt sich das Buch sehr. Der folgende Text stellt in Kürze dar, wie Sie einen motivierenden Dienstplan gestalten.

Sie haben im Rahmen des Konzepts die Öffnungszeiten festgelegt. Bei der Anmeldung bzw. nach der Eröffnung empfiehlt es sich, die Bedarfe der Eltern noch einmal abzufragen und die Öffnungszeiten entsprechend anzupassen. Grundsätzlich müssen zwei Mitarbeiterinnen im Haus sein. Wenn einer etwas passiert, kann die andere Hilfe holen. Das bedeutet, dass im Früh- und Spätdienst zwei Kräfte zur Verfügung stehen müssen. Falls Sie Elterndienste einsetzen wollen, beschreiben Sie dies entsprechend im Konzept.

In der Regel haben Sie im Rahmen der im Arbeitsvertrag vereinbarten Arbeitszeit mit jeder Mitarbeiterin geklärt, zu welchen Zeiten ihr Arbeitseinsatz stattfindet.

Grundsätzlich spricht nichts dagegen, dass eine Mitarbeiterin nur vormittags/nachmittags/mittags und andere nur an bestimmten Tagen arbeiten. Dies ist natürlich in der Eingewöhnung etwas schwierig, aber ein Jahresarbeitszeitkonto kann auch dies berücksichtigen, indem die Mitarbeiterinnen in den ersten Monaten der Eingewöhnung neuer Kinder mehr bzw. regelmäßiger arbeiten.

Als Planungsgröße legen Sie zudem fest, welches die Kernzeiten Ihrer Einrichtung sind und wann Früh- und Spätdienste beginnen und enden.

In den westlichen Bundesländern ist die übliche Kernzeit von 9:00 bis 12:00 bzw. bis 14:00 Uhr. In dieser Zeit finden die Gruppenangebote und alle pädagogischen Angebote statt. Davor und danach ist auch noch vieles möglich, aber diese Zeit muss von den Kindern nicht besucht werden. Daher können Sie davon ausgehen, dass weniger Kinder anwesend sind. Für den Früh- und Spätdienst legen Sie bestimmte Räume fest, die nacheinander »öffnen« und »schließen«.

Nachdem Sie dies geklärt haben, empfiehlt sich der Praxistest: Für die genaue Personalplanung zählen Sie eine Woche lang mittels einer Strichliste im Halbstundentakt, wann die Kinder kommen und gehen. Im Ver-

19. Cramer, Martin (2003): »Arbeitszeitmodelle und Dienstplangestaltung. Wie Kindergärten TOP werden«. 1. Aufl. Weinheim, Basel, Berlin: Beltz (Team- und Organisationsentwicklung praktisch).

gleich mit den Anwesenheitszeiten des Teams können Sie sehen, wo zu viele bzw. zu wenig Mitarbeiterinnen tätig sind. Dies berücksichtigen Sie entsprechend im Dienstplan.

Zudem können Sie etwas schematischer vorgehen und den **Betreuungsbedarf** genau berechnen: Bei einer zweigruppigen Einrichtung mit 50 Kindern sind in der Kernzeit pro Gruppe je zwei Fachkräfte tätig. Die Tabelle zeigt, wie der Personaleinsatz entsprechend der Kinderzahl aussehen sollte und berechnet den täglichen und in der Summe den jährlichen Personalbedarf.

Kernzeit und Dienste entsprechend Kinderzahl	Anzahl Mitarbeiterinnen	Dauer des täglichen Einsatzes
Kernzeit 9:00–12:30 (3,5 Stunden)	2 Gruppen à 2 Mitarbeiterinnen	14 Stunden
Frühdienst 7:00–9:00 (2 Stunden)	1 Gruppe à 2 Mitarbeiterinnen	4 Stunden
2. Dienst 8:00–9:00 (1 Stunde)	1 Gruppe à 1 Mitarbeiterin	1 Stunde
3. Dienst 8:30–9:00 (0,5 Stunden)	1 Gruppe à 1 Mitarbeiterin	0,5 Stunden
Nachmittags kurz 12:30–14:00 (1,5 Stunden)	1 Gruppe à 1 Mitarbeiterin	1,5 Stunden
Nachmittags mittel 12:30–15:00 (2,5 Stunden)	1 Gruppe à 1 Mitarbeiterin	2,5 Stunden
Nachmittags lang 12.30–16:00 (3,5 Stunden)	1 Gruppe à 1 Mitarbeiterin	3,5 Stunden
Spätdienst 16:00–16:30 (0,5 Stunden)	1 Gruppe à 1 Mitarbeiterin (Putzkraft im Haus)	0,5 Stunden
Personalbedarf täglich	Summe	27,5 Stunden
Personalbedarf jährlich	(x 5 Wochentage x 46,4 Arbeitswochen, da vier Wochen Schließzeit)	**6.380 Stunden** *Ergebnis 1*

Tabelle 22: Personaleinsatz entsprechend dem Betreuungsbedarf, Beispiel einer Einrichtung in NRW

Im zweiten Schritt berechnen Sie die **zur Verfügung stehende Arbeitszeit**: In der Einrichtung sind fünf Erzieherinnen tätig, davon eine als Leitung mit 15 Leitungsstunden. Es arbeiten vier Erzieherinnen Vollzeit mit 39 Stunden und eine mit 19,5 Stunden in Teilzeit.

Anzahl Erzieherinnen	Wochenarbeitszeit		Umfang Stunden pro Jahr
4 1	39 Stunden 19,5 Stunden		8.845,2 Stunden *Summe 1*
	Abwesenheitsgrund	Stunden/Wochen	Umfang pro Jahr
5	Urlaub	6 Wochen	• 1.053 Stunden
5	Krankheit	2, 5 Wochen	• 438,75 Stunden
5	Fortbildung	1 Woche	• 175,5 Stunden
		8,5 Wochen	1667,25 Stunden *Zwischensumme 2*
5	Teamsitzung	42 Wochen x 1,5 Stunden	315 Stunden
5	Elternarbeit, Vor- und Nachbereitung (1/10 der Arbeitszeit)	42 Wochen x 3,9/1,9 Stunden	735 Stunden
1	Leitungsstunden	42 Wochen x 15 Stunden	630 Stunden
			1.680,00 Stunden *Zwischensumme 3*
	Verfügbare Erzieherinnenstunden im Jahr	Summe 1 – Zwischensumme 2 und 3	5.497,95 Stunden *Ergebnis 2*
	Differenz zum Bedarf		**882,05 Stunden**

Tabelle 23: Zur Verfügung stehende Arbeitszeit im Verhältnis zum Bedarf, Beispiel einer Einrichtung in NRW

Im Jahr fehlen der Einrichtung demnach 882,05 Arbeitsstunden, dies entspricht pro Woche 19 Stunden. Die beste Möglichkeit wäre eine Personalaufstockung zum Beispiel durch eine Praktikantin, jemanden über den Bundesfreiwilligendienst (BUFDI) oder im Rahmen des Freiwilligen Sozialen Jahres (FSJ). In der Regel ist dies jedoch nicht finanzierbar und daher keine Lösung.

Die Zeiten, die Ihr Personal mit Vor- und Nachbereitung verbringt sowie aufgrund von Krankheit, Urlaub und Fortbildung nicht in der Einrichtung tätig ist, entsprechen ca. 25 % der Arbeitszeit. Demnach können Sie 1/4 der Erzieherinnen nicht in der Arbeit am Kind einplanen. In unserem Beispiel ist das eine Fachkraft. Mit einem solchen Dienstplan schaffen Sie Raum, statt nur Lücken zu füllen.

Wie gehen Sie nun beim oben berechneten Beispiel vor? Entweder a) Sie verringern die Stunden, die Sie für die Arbeit am Kind vorgesehen haben oder b) Sie verlängern die Anwesenheitszeiten der Erzieherinnen.

a) Dies können Sie erreichen, indem Sie die Kernzeit noch weiter verkürzen, was bei unserem Beispiel keinen Sinn ergibt. Ggf. benötigen Sie anhand der geringen Kinderzahlen am Nachmittag weniger Betreuungsstunden.
b) Dies ist schwierig, da das auf Kosten der Fortbildungstage und der Vor- und Nachbereitungszeiten geht. Wird in der Praxis oft so gelöst.

Eine weitere Frage ist in dem Zusammenhang, wie Sie den Personaleinsatz anhand Ihrer offenen oder gruppenbezogenen Arbeitsweise vornehmen (siehe Baustein 2, *Alles Wichtige kommt ins Konzept*, *Unser Methodenkoffer*). Die Gruppenarbeit erschwert es, in den Dienstplan Verfügungszeiten einzuplanen. Laut Berechnung muss es jeden Tag Zeiten geben, die die Erzieherin nicht in der Gruppe verbringt, sondern ihre Arbeit vor- und nachbereitet. Dafür können Sie erheben, was zu welcher Tageszeit wo mit wie vielen Kindern stattfindet und wie viele Fachkräfte dazu benötigt werden. Dann teilen Sie die Mitarbeiterinnen auf die verschiedenen Aufgaben auf und planen Pausen und Verfügungszeiten ein. Wenn Sie die Arbeitszeit mit jährlichen Arbeitszeitkonten flexibel gestalten, können wöchentliche bzw. monatliche Differenzen ausgeglichen und bedarfsgerechte Angebote durchgeführt werden. Sie lösen sich im Grunde von der tariflich festgelegten Arbeitszeit und planen 1/5 der Zeit mehr ein, die über einen längeren Zeitraum wieder ausgeglichen wird. Minusstunden zu machen ist sinnvoll, wenn weniger Kinder da sind. Dies können Sie unter Umständen ad hoc entscheiden.

Immer mehr Kitas greifen auf das sogenannte »Thekenmodell« zurück: Morgens werden Eltern und Kinder von einer Fachkraft begrüßt. Gemeinsam sprechen Sie ab, wie lange das Kind heute bleibt und was im Kindergarten ansteht. Besonders lohnt es sich, wenn Sie offen arbeiten oder mehr als 50 Kinder betreuen. Sie können statt einer Theke eine gemütliche Couch in den Eingangsbereich stellen, die die Familien zum Verweilen einlädt. So intensivieren Sie nebenbei den Kontakt zu den Eltern.

Sie können die Dienste zum Beispiel im 4-Wochen-Rhythmus planen. Oder Sie planen in der Eingewöhnung einen erhöhten Betreuungsschlüssel ein. Die Krankheit einer Kollegin kann durch eine längere Arbeitszeit einer anderen Kollegin aufgefangen werden. Dafür verkürzt sich die Arbeitszeit in der Woche, in der die Kollegin wieder da ist. Auch in den Schulferien sind kürzere Dienste möglich, da meist weniger Kinder anwesend sind. Diese Flexibilität kann als Nebenabrede im Arbeitsvertrag vereinbart werden, dann haben Sie eine verbindliche Regelung.

16 Ernährung und Hygiene

Dass eine gesunde und ausgewogene Ernährung für die frühkindliche Entwicklung von hoher Bedeutung ist, sollte im Kindergarten genauso wichtig sein wie zuhause.

> Wie eine Studie der Bertelsmann Stiftung aus dem Jahr 2014 belegt, genügen gerade einmal ein Drittel aller Kitas in Deutschland den Kriterien der Deutschen Gesellschaft für Ernährung e. V. (DGE).[20] In fast allen Kitas wird zu wenig Obst, Gemüse und Fisch gegessen, wobei Fleisch und Wurst zu oft auf dem Speiseplan stehen.

Diese Ergebnisse sind alarmierend, daher sollten Sie gerade als neuer Anbieter darauf achten, gesunde und kindgerechte Mahlzeiten und Getränke anzubieten.

> Sie könnten überlegen, inwieweit Sie die Kinder in die Essenszubereitung einbeziehen und die Ernährung auch gegenüber den Eltern, zum Beispiel mit einem gemeinsamen Kochangebot, thematisieren.

In der Regel erhalten Kinder, die sich über Mittag in der Einrichtung aufhalten, ein warmes Mittagessen. Im Zuge der Erweiterung von Ganztagsplätzen wurden und werden Umbauten in den Küchen vorgenommen. Vielfach sind jedoch normale Haushaltsküchen im Einsatz. Das monatliche Mittagessen kostet für die Eltern zwischen 30 und 65 €.

> Für ein ausgewogenes Essen berechnet die oben genannte Studie pro Mahlzeit 4 €, dies wären 80 € im Monat.

Alle Familien, die Sozialleistungen beziehen, erhalten einen Zuschuss nach dem Bildungs- und Teilhabepaket, wenn ein Antrag gestellt wurde (siehe Baustein 1, *Möglichkeiten der Finanzierung & Förderung*, Punkt j). Demnach zahlen Leistungsempfänger für das Mittagessen ca. 25 € im Monat.

---

20. Arens-Azevêdo, Ulrike; Pfannes, Ulrike; Tecklenburg, Ernestine (2014): »Is(s)t KiTa gut? KiTa-Verpflegung in Deutschland: Status quo und Handlungsbedarfe«. Im Auftrag der Bertelsmann Stiftung. Online verfügbar unter https://www.bertelsmann-stiftung.de/fileadmin/files/BSt/Publikationen/GrauePublikationen/GP_Isst_Kita_gut.pdf, zuletzt geprüft am 14.11.2017.

Dass der Elternwille dabei ein anderer sein kann als das Geld zu bezahlen, berücksichtigen Sie besser von Anfang an. Machen Sie den Eltern die Vorteile deutlich.

16.1 Möglichkeiten der Zubereitung

In einigen Bundesländern ist in der Sachkostenpauschale der hauswirtschaftliche Aufwand für die Zubereitung und Portionierung des Essens sowie für Aufräumarbeiten in der Küche enthalten. In anderen Bundesländern ist dies nicht der Fall. Grundsätzlich darf die Arbeit in der Küche nicht über die pädagogischen Zuschüsse der Kita finanziert werden. Sie stellen demnach das Personal zusätzlich ein. In welchem Umfang Sie Küchenkräfte einsetzen, hängt von der Entscheidung ab, wie das Essen zubereitet werden soll. Zudem müssen Sie mit der Zubereitungsart diverse Nahrungsmittelunverträglichkeiten berücksichtigen können. Hier gibt es verschiedene Möglichkeiten.

Frisch kochen

Wenn Sie in der Einrichtung frisch kochen, behält das Essen seine Inhaltsstoffe, da es nicht stundenlang erhitzt wird, sondern direkt auf den Tisch kommt. Im Krankheits- und Urlaubsfall benötigen Sie eine Vertretung. Zudem ist eine große Auswahl an Rezepten notwendig und eine hoch motivierte Köchin mit Sinn für Abwechslung und Kindergeschmack.

> In einer Einrichtung hat sich das Team entschieden, das tägliche gemeinsame Kochen mit den Kindern als Schwerpunkt der Einrichtung umzusetzen. Die Kinder entscheiden mit, was sie essen möchten. Jede Mitarbeiterin ist abwechselnd dran, sie sucht ein Rezept heraus und bereitet morgens mit den Kindern alles vor. Am Mittag wird es von einer Küchenkraft gekocht, Zuarbeiten übernehmen Kinder und Fachkraft. Auch auf die Einhaltung der Kriterien der DGE wird geachtet.

Selbst zu kochen finanziert sich in etwa bei einer Kinderanzahl von über 40 Kindern, und der Preis liegt auch dann im oberen Bereich. Sie könnten diesbezüglich überlegen, ob Sie eine Kooperation mit einer Nachbareinrichtung eingehen und für diese zum Beispiel mitkochen. Dafür benötigen Sie eine professionell ausgestattete Küche sowie jemanden, der den Fahrdienst übernimmt. Zudem ist die Zubereitung des Essens ein wirtschaftlicher Geschäftsbetrieb (siehe Baustein 1, *Gemeinnützigkeit und Steuern*), wobei Sie ggf. unter die Mehrwertsteuerpflicht fallen und diese daher in den Essenspreis einrechnen müssen.

Für das frisch Kochen suchen Sie einen hoch motivierten und für Kinder gerne kochenden Menschen, der viele Rezepte hat bzw. weiß, wie diese beschafft werden können. Sie benötigen zusätzlich einen Plan B für Krankheit, Sie könnten zum Beispiel auf Warmanlieferung zurückgreifen. Bei vielen Anbietern können Sie bis morgens um 9 Uhr Komponenten oder Menüs bestellen, die Lieferung kommt dann zeitnah an. Wenn gar nichts geht, bestellen Sie Pizza für alle. Eine weitere Möglichkeit ist ein Koch-Notfallplan: Hier tragen sich Eltern an den Wochentagen ein, an denen sie ad hoc einspringen können.

Tiefkühlkost

Die Bestellung von einzelnen tiefgekühlten Essenskomponenten wird von jeder Einrichtung individuell zusammengestellt. Einmal in der Woche wird die Ware geliefert. Die Küchenkraft mischt und bereitet die Komponenten wie gewünscht zu. Ein Zukochen ist jederzeit möglich. Das Essen kann für die Kinder mit der Zeit langweilig werden, da es immer das Gleiche gibt.

Warmanlieferung

Hier benötigen Sie einen Anbieter in der Nähe, der frisch kocht und direkt zu Ihnen liefert. Ein Nachteil ist, dass das Essen unter Umständen stundenlang warmgehalten wird. Ein Nährwert ist nur noch eingeschränkt vorhanden. Sie können bei Kantinen in der Nähe anfragen. Eine kindgerechte Ernährung ist dies leider nur eingeschränkt.

> In einer Einrichtung ist täglich eine Mitarbeiterin mit einem Edelstahlwagen zur Mensa der Hochschule gegangen und hat das Essen abgeholt. Bis 11 Uhr musste bestellt werden.

Cook and Chill

Dieses Verfahren ist besonders beliebt, da die Lebensmittel schonend vorgegart, gefroren und in sogenannten Konvektomaten, dies ist eine besondere Ofenart, in der Einrichtung fertig zubereitet werden. Dafür benötigen Sie einen *Caterer*, der Ihnen das Essen täglich bringt. Einen Konvektomaten können Sie mieten.

Viele Kitas nutzen die drei letztgenannten Möglichkeiten und beschäftigen zudem eine Küchenkraft, die das Essen portioniert und die Küche aufräumt. Auch übernimmt diese Kraft die Zubereitung von Zwischenmahlzeiten wie Obst, Gemüse, Joghurt u. ä.

Toll ist es, wenn die Kinder mithelfen, indem sie Obst und Gemüse selbst schneiden. Sie lernen dabei auch diverse Obst- und Gemüsesorten kennen.

Bei Ihrer Kalkulation berücksichtigen Sie die Kosten des Caterers, des Personals und der zusätzlichen Lebensmitteleinkäufe. Je nachdem, wie viele Schließtage Ihre Einrichtung hat und wie es ortsüblich ist, wird der Essenbeitrag auf 12 Monate bzw. 11 Monate gerechnet. Zudem kann es üblich sein, dass Sie Essensgeld an Eltern zurückzahlen, wenn Kinder zum Beispiel in den Ferien nicht kommen. Erkundigen Sie sich am besten in anderen Kitas.

16.2 Hygiene durch HACCP

Ein weiteres großes Thema sind in diesem Zusammenhang die Hygienevorschriften, die für die Gemeinschaftsverpflegung gelten. Grundsätzlich kann das Gesundheitsamt unangemeldet zur Kontrolle vorbeikommen. Als Arbeitgeber müssen Sie dafür sorgen, dass alle Mitarbeiterinnen, die Essen zubereiten, ausgeben oder portionieren, alle zwei Jahre zu § 42 und 43 Infektionsschutzgesetz beraten werden. Die Erstbelehrung wird vom Gesundheitsamt durchgeführt, die Folgebelehrungen kann die Leitung durchführen und sich schriftlich auf einem Vordruck unterzeichnen lassen. Eine Lebensmittelhygieneschulung nach § 4 Lebensmittelhygieneverordnung steht für jeden jährlich an, dies macht am besten eine Ernährungswissenschaftlerin.

Zudem werden in der Gemeinschaftsverpflegung die Methoden des HACCP (»Hazard Analysis of Critical Control Points«) angewendet. Durch ein in der Einrichtung durchgeführtes Kontrollsystem minimieren Sie gesundheitliche Risiken (siehe *Nützliche Hintergrundinformationen*). Dies impliziert ein Dokumentationssystem, welches täglich geführt und in Listenform in der Einrichtung aufbewahrt wird. Hier die wesentlichsten Anforderungen:

- Lebensmittel müssen im Kühlschrank und im Trockenbereich nach dem Motto »*first in, first out*« gelagert werden. Dazu sind die älteren

Einkäufe vorn und die neueren weiter hinten zu lagern. Alle Lebensmittel sind zudem regelmäßig auf die Haltbarkeit zu kontrollieren.

- Handtücher haben in der Gemeinschaftsverpflegung nichts verloren. Es werden nur Papierhandtücher verwendet, die beim Handwaschbecken, welches zusätzlich zum Küchenwaschbecken besteht, in einem dazugehörenden Spender bereitgehalten werden.
- Desinfektionsmittel benötigen Sie am Wickeltisch und auf der Toilette.
- Sie achten auf die Einhaltung der Kühlkette, indem bei der Warenannahme die Tiefkühlkost entsprechend geprüft wird. Wenn Ihre Mitarbeiterinnen selbst einkaufen, werden Kühl/Tiefkühltaschen verwendet.
- Muttermilch ist einen Tag vor der Verwendung in der Kita beschriftet (Name des Kindes, Datum und Uhrzeit der Abfüllung) abzuliefern. Die Temperatur (4 bis 6 Grad Celsius) wird mittels Infrarot-Thermometer gemessen (ob die Kühlkette eingehalten wurde) und notiert. Tiefgekühlte Muttermilch hält sich sechs Monate, sie sollte schnellstmöglich verwendet werden. Aufgetaute Milch darf nicht wieder tiefgefroren werden. Die Milch wird direkt vor dem Füttern erwärmt durch einen Flaschenwärmer mit Warmluft. Die Mikrowelle ist nicht geeignet.
- Das Küchenfenster benötigt ein Fliegengitter.
- Die Küchenarbeitsplatte darf keine Risse und Lücken haben, in denen sich Bakterien ansammeln könnten.
- Von jedem Essen werden in einer kleinen Plastikdose Rückstellproben entnommen (außer Reis, Nudeln und Kartoffeln). Diese werden zehn Tage im Tiefkühlschrank aufbewahrt, danach können sie entsorgt werden. Vergessen Sie das Datum nicht.
- Eierspeisen müssen durchgegart werden, da erst nach zehn Minuten Salmonellen abgetötet sind.
- Der Mülleimer soll mit dem Fuß zu öffnen sein, damit er nicht mit den Händen angefasst werden muss.
- Die Entsorgung der Küchen- und Windelabfälle steht täglich an.
- Die Kühlschrank- und die Tiefkühlschranktemperatur wird täglich gemessen und in eine Liste eingetragen. Die Liste können Sie von außen an jedem Kühlschrank befestigen.
- Bevor Sie das Essen ausgeben, wird die Temperatur mit einem Einstichthermometer gemessen. Es muss mindestens 75 Grad Celsius haben, sonst bilden sich Bakterien. Auch dies wird in einer Liste festgehalten.

- Im sogenannten *Hygieneplan* legen Sie fest, was in welchem Zyklus von wem gereinigt wird. Dieser muss aushängen und ebenfalls täglich unterschrieben werden.
- Alle oben aufgeführten Belehrungen der Mitarbeiterinnen müssen in der Einrichtung vorliegen, sodass sie bei einer Prüfung gesichtet werden können.

Demnach ist es Ihre Aufgabe, die Küchenkraft für die Umsetzung zu qualifizieren und sie dabei anzuleiten. Eine regelmäßige Kontrolle ist dabei unerlässlich, wollen Sie eine hygienische Verpflegung garantieren.

17 Öffentlichkeitsarbeit und Eröffnung

Bevor Sie an den Start gehen, erarbeiten Sie eine Strategie, wie Sie in der Öffentlichkeit von Eltern, anderen Kitas und Kooperationspartnern wahrgenommen werden wollen. Dieser Prozess kann etwas Zeit beanspruchen, genauso wie die gemeinsame Formulierung des Konzepts. Mit dem Unterschied: Es geht darum, sich bekannt zu machen.

17.1 Ihr Auftritt in der Öffentlichkeit

Nachdem Sie für sich geklärt haben, wie Ihre Einrichtung »arbeiten« wird, geht es um die Präsentation der neuen Kita. Layout und Logo hinterlassen einen Eindruck, der mit Ihrer Idee übereinstimmen sollte. Es bietet sich an, eine Kleingruppe »Öffentlichkeitsarbeit« zu bilden, die alles dazu erarbeitet und alle Akteure bei der Entscheidungsfindung einbezieht. Denn hinter einem Logo, das identitätsstiftend wirkt, stehen besser alle Gründerinnen. Planen Sie für diesen Prozess zwei Monate ein. Sie benötigen in jedem Fall eine Grafikerin. Wenn Sie finanziellen Spielraum haben, kann eine Werbeagentur Sie bei der Texterstellung unterstützen und den Gesamtauftritt komponieren.

17.2 Öffentlichkeitswirksame Materialien

In der Kleingruppe machen Sie sich noch einmal klar, was das Alleinstellungsmerkmal Ihrer Einrichtung bzw. Ihres Trägers ist. Dies können ein bis zwei Besonderheiten aus dem Konzept sein. Reduzieren Sie Ihre Merkmale so lange, bis Sie auf diese eine ausschlaggebende Besonderheit kommen. Wenn Sie zu viele Merkmale haben, die nicht unter ein Merkmal zusammenzufassen sind, dann sollten Sie Ihr Konzept ggf. noch einmal anpassen.

> Ist es die geschlechtsbewusste Erziehung, dann benötigen Sie ein anderes Logo als in einer Kita, in der sich alles um Ernährung und Bewegung dreht.

Dieses Merkmal sollte sich, wenn möglich, in ihrem Logo wiederfinden und in allen Materialien, mit denen Sie sich in der Öffentlichkeit präsentieren.

Neben dem Logo benötigen Sie weiterhin einen Namen. Recherchieren Sie im Internet, welche Namen es in Ihrer Region schon gibt. Der eigene Name sollte, wenn möglich, in der Region einzigartig sein.

> Ortsüblich sind mitunter lustige Kinderbezeichnungen wie Rappelkiste, Mullewupp oder Gänseblümchen. Ob dies für Ihre Zwecke sinnvoll ist, entscheiden Sie selbst.

Ihr Name sollte zum einen zu Ihrem Alleinstellungsmerkmal passen. Zum anderen geht es um die Frage, wie Sie wahrgenommen werden wollen. Möchten Sie ein verlässlicher Bildungsanbieter, ein innovativer Träger, ein elitärer Kinderladen oder ein Allrounder im Sozialraum sein? Dies sollte sich im Namen und im Logo ausdrücken. Das ist keine leichte Aufgabe, Sie benötigen einen kreativen und unkonventionellen Geist.

Haben Sie sich für einen Namen entschieden, geben Sie diesen an eine Grafikerin. Lassen Sie sich drei unterschiedliche Entwürfe gestalten. Es empfiehlt sich, die Erwartungen an das Logo zu besprechen. Diese legen Sie in der Großgruppe vor. Hier wählen Sie gemeinsam ein Logo aus und modifizieren es noch einmal in Farbe, Formgebung und dem Zusammenhang mit der Schrift. Dies geht dann nochmals ins kleine oder große Gremium. Fertig ist das gute Stück.

Übliche Materialien

Für die Erstellung der folgenden Materialien sollten mit Kosten von mindestens 1.000 € plus MwSt. rechnen. Für eine Kita ist Folgendes üblich:

- Briefpapier (Behörden, Elternkorrespondenz, Sponsorensuche),
- Flyer über die Einrichtung (für zukünftige Eltern, Auslage in Behörden, im Stadtteil, bei Kinderärzten etc.) und
- eine kleine Webseite (Kurzvorstellung Einrichtung, Konzept kurz erläutern, Anmeldemodalitäten, Kosten für Eltern und Kontaktaufnahme).

Zudem bieten sich an: Visitenkarten für Leitung und Vorstand (wenn Sie Kontakte knüpfen), ein halbjährliches Programm (wenn es viele Termine auch für externe Familien gibt) sowie eine ausführliche Webseite mit Terminen, Konzept, Aktuellem und Online-Anmeldung (wenn Sie Zeit für die laufende Aktualisierung haben).

Sie geben der Grafikerin schrittweise die Dokumente in Auftrag. Da Sie alle Texte selbst schreiben, ist der Arbeitsaufwand nicht zu unterschätzen. Arbeiten Sie mindestens zu zweit, dann können Sie sich gegenseitig Rückmeldung geben.

Was alles in den Flyer der Kita gehört

Im Grunde ermöglicht ein Flyer interessierten Eltern die Klärung der wesentlichsten Fragen. Eltern treffen dadurch die Entscheidung, ob sie die Kita bei der Anmeldung in die nähere Auswahl ziehen. Stellen Sie in verständlichen, kurzen Sätzen die folgenden Punkte dar:

- Wer Sie sind: *»Wir sind eine Gruppe von Eltern, die für ihre Kinder einen Bauernhofkindergarten gegründet haben. Wir wollen, dass die Kinder in der Natur und mit Tieren aufwachsen.«*
- Was Ihre Einrichtung anbietet: Anzahl Plätze, Alter der Kinder, Betreuungszeiten, Lage, Alleinstellungsmerkmal(e), Personal.
- Welche Kosten auf die Eltern zukommen: Essensgeld, Elternbeitrag der Kommune bzw. des Trägers, evtl. eine Übersicht dazu
- Wie die Anmeldung funktioniert: Ansprechpartner, Telefon, Webseite, evtl. Vordruck im Internet herunterladen und ausfüllen, Anmeldetermine, Infoabend.
- Welche Eltern Sie suchen bzw. sich wünschen: *»Wir wünschen uns Eltern, die ihren Kindergarten mitgestalten wollen.« »Wir suchen Eltern, die auf Bildungsangebote ihrer Kinder Wert legen.« »Unsere Kita ist für alle Familien da. Wir unterstützen Familien gern bei den vielen Fragen des Alltags.«*
- Warum die Eltern genau diese Einrichtung auswählen sollten: knackige Begründung in einem Satz: *»Sie wählen unsere Einrichtung, weil Sie Ihr Kind bzw. Ihre Kinder schon immer in sicheren Händen wissen wollten.« »Sie wählen unsere Einrichtung, weil wir Plätze für Ihre kleinen und Ihre großen Kinder haben.«*

Schreiben Sie positiv: Besser als Verneinungen wie *»Bei uns gibt es keine Gruppenräume, sondern...«* sind Aussagen wie *»Wir arbeiten mit einem offenen Konzept: Die Kinder entscheiden selbst, wo und mit wem sie ihre Zeit verbringen.«*.

Verwenden Sie einen aktiven Schreibstil: *»Wir berücksichtigen, wenn möglich Ihre individuellen Betreuungswünsche.«* ist besser als *»Wenn möglich kann auf den individuellen Betreuungsbedarf der Eltern eingegangen werden.«*.

Falls Sie Fotos haben, sollten Sie diese im Flyer verwenden. Grundsätzlich gilt die Regel: Weniger Text ist mehr. Zudem geht es auch darum zu entscheiden, an welche Stelle die Textbausteine hinkommen. Die von Ihnen gegenseitig korrigierten Texte werden entsprechend layoutet. Dann wird der Entwurf mindestens einmal auf Richtigkeit geprüft. Seien Sie dabei sorgsam, denn jedes Zeichen ist wichtig.

Ein Flyer mit einer falschen angegebenen Webseite ist kaum zu verwenden. Dies können Sie nur noch retten, indem Sie die Angaben mit einem Aufkleber, der die richtige Webseite enthält, überkleben.

Für die Zusammenarbeit mit der Grafikerin ist am besten eine Person verantwortlich. Diese gibt dann die Rückmeldungen ins Plenum. Ähnlich verfahren Sie mit der Webseite. Damit die Anmeldung interessierter Eltern leicht und schnell klappt, hinterlegen Sie ein Anmeldeformular zum Download. Auch hier bietet sich ein Schnuppern bei der Konkurrenz an. Momentan ist das Design von Webseiten immer weniger textlastig geworden, dadurch können Sie den Flyertext sowie einige zusätzliche Hintergrundinfos verwenden. Schön ist es auch, wenn Sie Aktuelles auf der Startseite posten. Dann fühlen sich die Eltern einbezogen. Seien Sie kreativ und innovativ.

17.3 Ansprache der Öffentlichkeit

Die Überlegungen zum Logo und Namen eines Trägers hängen eng mit der Frage zusammen, wie Sie die einzelnen Zielgruppen ansprechen wollen. Es geht dabei um die Ansprache der Eltern, der Behörden, anderen etablierten Einrichtungen, dem Sozialraum sowie natürlich Förderern und Unterstützern.

Für neue Anbieter war es bisher recht schwierig auf dem seit Jahren etablierten Kita-Markt. Dies dürfte sich durch den Ausbau der Kita-Landschaft verändert haben. Dennoch sollten Sie erst einmal wenig Interesse von den Behörden und anderen Kitas erwarten. Stellen Sie sich auf freundliche Beharrlichkeit in den ersten zwei Jahren ein. Es dauert ein Weilchen, bis sich herumspricht, wie Ihre Kita arbeitet und dass Sie damit auch erfolgreich sein können.

In einer überregionalen altersgemischten Kita wechselten einige dreijährige Kinder aufgrund der vorgesehenen Altersstruktur der Einrichtung in wohnortnahe Kindertageseinrichtungen. Dazu gelang es nach einigen Anläufen, die Fachkräfte der »neuen« Kitas zur Hospitation zu gewinnen. Diese waren sehr überrascht, wie selbstständig und selbstbewusst die Kinder waren. Es gelang ihnen durch den Kontakt mit den Kindern, an diese Erfahrungen in der neuen Kita anzuknüpfen. Die Fachkräfte gaben ihre positiven Eindrücke anderen Kolleginnen weiter, und damit schwanden die Vorurteile in der lokalen Kita-Landschaft gegenüber dem neuen Anbieter.

Nehmen Sie nichts persönlich, sondern orientieren Sie sich an den Eltern, die in der Regel ein hohes Interesse, welches sich aus dem Bedarf ergibt, an Kinderbildungseinrichtungen mitbringen.

Wie Sie Eltern ansprechen und für sich gewinnen

In vielen Regionen Deutschlands ist der Bedarf an Kita-Plätzen schon viele Jahre, andernorts noch lange nicht gedeckt. Daher stellt sich die Situation regional höchst unterschiedlich dar. Je größer die Konkurrenz ist, desto gezielter sollten Sie überlegen, wie Sie die Eltern erreichen können.

Es empfehlen sich Artikel in der Tagespresse bzw. im kostenlosen Anzeigenblatt, wo Sie über die baldige Eröffnung berichten. Ein Pressegespräch mit Foto macht einen sehr guten Eindruck. In vielen größeren Städten gibt es zudem sogenannte *Familienmagazine*, die unter anderem über Aktuelles berichten. Ein Interview im örtlichen Fernsehen oder Radio ist ebenfalls sehr empfehlenswert.

Sie können im Stadtteil Aushänge machen oder Ihre Flyer verteilen. Dazu eignen sich Geschäfte, kommunale Behörden und Schulen. Fragen Sie vorher einfach, ob Sie dies aushängen bzw. auslegen dürfen. Auch auf Kinderfesten im Stadtteil und auf Stadtfesten bietet es sich an, Ihre Flyer zu verteilen, oder Sie machen mit einem Stand auf sich aufmerksam.

Zudem kommen Anzeigen in Presseerzeugnissen infrage, wobei höhere Kosten auf Sie zukommen. Unter der Rubrik »*Kinder*« oder Ähnliches geben Sie eine Kleinanzeige bzw. eine Bildanzeige auf. Das Ganze auch online zu annoncieren, ist etwa genauso teuer wie eine »normale« Anzeige. Der Vorteil ist, dass Sie über *Facebook* gezielt Eltern mit jungen Kindern im Einzugsgebiet der Kita ansprechen. Die Eltern können sich zum Beispiel auf einem Vordruck, den Sie ins Internet gestellt haben, bzw. auf einem Anmeldeformular anmelden.

Ein weiterer wichtiger Punkt ist das kommunale Verzeichnis aller Kitas. Hier sollten Sie sich frühzeitig um Aufnahme bemühen. Neben Druckerzeugnissen sind diese zum Teil auch online zugänglich.

Wenn Sie schon länger bestehen, machen Sie ein öffentlichkeitswirksames Sommerfest, einen Tag der Offenen Tür oder regelmäßige Elterncafés. So werden Sie bekannt. Auch über die Organisation der Anmeldung steuern Sie, wie viele Eltern Ihre Einrichtung kennenlernen können. Dafür bietet sich ein fester Termin in der Woche bzw. im Monat an. Sie stellen persönlich im Einzelgespräch oder im Rahmen eines Kennenlernnachmittags die

Einrichtung vor. Entscheiden Sie sich für das, was am besten zu Ihnen passt.

Kontakt zu den Behörden

Gegenüber offiziellen Stellen wollen Sie einen seriösen und verlässlichen Eindruck machen. Dabei werden das örtliche Jugendamt und das Landesjugendamt unterschieden.

Schauen Sie sich die Trägerlandschaft innerhalt einer Kommune an.

> In manch einer großen Stadt gibt es vergleichsweise wenig Elterninitiativen. Im bundesweiten Durchschnitt liegt der Anteil bei 9 %. Dort können Sie davon ausgehen, dass eine solche Gründung weniger gefördert wird.

Daher kann es sein, dass bestimmte Trägerformen von Amtsseite weniger unterstützt werden als andere. Dann können Sie sich darauf vorbereiten.

Gewöhnlich spricht der Träger mit den Behörden und nicht die Leitung. Dies kommt nur infrage, wenn es ausdrücklich erwünscht wird.

Grundsätzlich halten Sie Ihre Drucksachen von Anfang an in einem einheitlichen und ansprechenden Stil, wie wir oben beschrieben haben. Als Ansprechpartnerinnen von Ihrer Seite dienen höchstens zwei Personen, die wenn möglich gleich bleiben sollten. Alle Änderungen an der konzeptionellen Ausrichtung müssen Sie begründen. Falls es bei Ihnen entgegen aller Vorstellungen bei den Ansprechpartnern und beim Konzept viel Bewegung gibt, machen Sie das Beste daraus. Behalten Sie einen guten Stil bei.

Es empfiehlt sich, alle wichtigen Kontakte grundsätzlich zu zweit zu machen. Das ist mit der heutigen Technik relativ einfach. Wenn sich nämlich eine von Ihnen aufregt, dann kann die andere den roten Faden weiterspinnen und einen später wieder »runterholen«.

Fragen Sie lieber einmal zu viel als zu wenig. Achten Sie darauf, offene Fragen zu stellen und nicht gleich alle Karten auf den Tisch zu legen. Fragen Sie zum Beispiel allgemein, wie die Behörde eine Wald-Kita sieht. Geben Sie noch keine konkreten Angaben zur Adresse der Kita weiter. Sie wissen ja selbst noch nicht, wo es langgehen soll. Das Amt nimmt einen meist so wahr, als ob schon alles festgelegt ist. Das ist anfangs natürlich nicht der Fall. Gleichzeitig sollten Sie offen für die Vorgaben sein. Sie haben eine Idee, hören von Amtsseite die Rahmenbedingungen heraus und modifizieren die Idee entsprechend. Sie können die Behörde nicht mit eigenen Ideen erpressen.

> Wenn Sie eine Scheune und ein Waldgebiet für eine Kita nutzen möchten, kann es sein, dass die Behörde zu einem Bauwagen mit zwei Toiletten rät. Es ist dann geschickt, wenn Sie das zusätzlich zur Scheune umsetzen. Wenn Sie dies ablehnen, ist die Kita-Idee an dieser Stelle gestorben.

Das kommunale Interesse ist es in der Regel, zu sparen. Daher wird die Kommune versuchen, so wenig Geld wie möglich ausgeben zu müssen. Dies kann einen Einfluss auf die Beratung haben. Daher fragen Sie am besten gezielt nach: »Wie viele Monate kann das Personal vorfinanziert werden?« Ansonsten sagt einem das keiner.

Gegenüber der Aufsichtsbehörde stellen Sie bitte nur Fragen, die der Erteilung der Betriebserlaubnis nicht im Weg stehen: »Dürfen die Eltern selber kochen?« ist eine offene Frage. Dies ist deshalb schwierig, da die Eltern wegen der Hygienevorschriften zuhause nicht vorkochen dürfen, in der Einrichtung ist das Kochen durch Eltern unter Umständen möglich.

Bei Fragen, die die Betriebserlaubnis gefährden können, wie z. B. längerfristige Krankheiten des Personals, sollten Sie sich von Ihrem Dachverband beraten lassen, wie sich die Stimmungslage im Landesjugendamt darstellt. Da Sie als Partner der öffentlichen Jugendhilfe auf Augenhöhe zusammenarbeiten, müssen Sie die Informationen natürlich zeitnah weitergeben.

Kontakt zu anderen Einrichtungen

Es bietet sich an, ähnliche Kita-Rechtsformen im Sozialraum zu kontaktieren, um sich über Tipps und Tricks vor Ort auszutauschen, wenn daran von der anderen Seite auch Interesse besteht. Gerade unter Elterninitiativen ist ein Austausch bestimmt möglich.

In den verschiedenen Einrichtungen im Stadtteil stellen Sie sich telefonisch vor. Wenn hier Offenheit besteht, können Sie einen Termin vereinbaren, um sich persönlich kennenzulernen und zu klären, wie eine mögliche Kooperation aussehen kann. Zum Beispiel freuen sich Altenheime über eine Zusammenarbeit, auch Therapeuten, Schulen und die Frühförderung können interessiert sein. Mit anderen Kitas könnten Sie zum Beispiel bei Elternveranstaltungen wie Elternkursen kooperieren.

In einer Kommune bilden alle Kitas zusammen ein großes Familienzentrum, wobei Elternveranstaltungen reihum in jeder Kita angeboten werden. Die Inhalte werden gemeinsam geplant. Die Eltern nehmen das Angebot auch in den »fremden« Kitas sehr gut an.

Wenn die Einrichtung eröffnet ist, werden Sie als Träger auf diverse kommunale Treffen eingeladen: Es gibt eine Kita-Leitungsrunde, ein Gremium Arbeitsgemeinschaft § 78 SGB VIII sowie die Stadtteilkonferenz. Dabei können Sie Ihre Kita vorstellen und alle Interessierten zur Hospitation einladen, was Ihnen unter Umständen jahrelange Vorurteile erspart. Falls die Sitzungen rotieren, könnten Sie Ihre Einrichtung anbieten für den nächsten Termin. Dann erreichen Sie alle Teilnehmenden.

Wie finden Sie Unterstützer?

Unterstützer sind einflussreiche Personen, die die Entwicklung der Einrichtung bzw. des Trägers fördern können. Sie haben daher eine hohe Bedeutung für den Erfolg Ihrer Idee. Daher planen Sie die Ansprache dieser Personen von Anfang an gezielt ein.

Wenden Sie sich recht früh in ihrer Planung mit einem Anschreiben an die verschiedenen Fraktionen im kommunalen Parlament. Diese entscheiden über Ihre Finanzierung. Machen Sie persönliche Gesprächstermine aus und überzeugen Sie durch Fachlichkeit und Innovation. Heute wollen sich alle großen Parteien die *Vereinbarkeit von Familie und Beruf* zu Eigen machen, das müsste Ihnen zugutekommen.

Mit einem ähnlichen Anschreiben sprechen Sie zudem alle wichtigen Institutionen an. Sie machen Ihre Idee bekannt und bitten um Unterstützung, zum Beispiel in Form von Belegplätzen, Sachspenden oder Spenden (siehe auch Baustein 1, *Möglichkeiten der Finanzierung*, Punkt l). Eine Woche später melden Sie sich telefonisch und machen, wenn Interesse besteht, einen persönlichen Gesprächstermin aus.

17.4 Die Kita eröffnen

Nachdem Sie viele Anmeldungen von Familien erhalten haben, erstellen Sie die Platzvergabe. Dabei geht es zum einen darum, Kinder aus jeder Altersstufe zu berücksichtigen. Da jedes Jahr eine etwa ähnliche Anzahl an Kindern die Kita verlassen sollte, starten Sie wenn möglich mit den vorgegebenen Kindern pro Altersstufe. Die übrigen Plätze belegen Sie in jedem Jahr entsprechend. Versuchen Sie Eltern mit Geschwisterkindern zu überzeugen, alle Kinder in der neuen Kita anzumelden. Dies erspart Eltern doppelte Wege.

Alter der Kinder	Zur Verfügung stehende Plätze	Belegte Plätze
0 Jahre	4	4
1 Jahr	4	4
2 Jahre	14	14
3 Jahre	18	6
4 Jahre	18	4
5 Jahre	17	–
Summe	**75**	**32**

Tabelle 24: Exemplarische Platzbelegung im Kitajahr 2014/15

Sie informieren die Eltern telefonisch oder per Post über die Zusage und senden den Betreuungsvertrag, der entweder von der Kommune bereitgestellt wird bzw. von Ihnen erstellt werden kann. Anregungen dafür finden Sie im Internet. Auf einem ersten Elternabend bereiten Sie alle Familien auf den Start der neuen Einrichtung vor. Eventuell besteht die Möglichkeit, vor dem Start eine Spielgruppe anzubieten, sodass sich die Kinder auf das gemeinsame Miteinander einstellen können und sich alle Familien schon einmal kennenlernen.

Somit sind Sie auf der Zielgeraden angekommen und können zum Tag *X* die Eröffnung planen. Nach Umbau und Einrichtung finden eine Brandschutz- und eine Hygienebegehung von Amtsseite statt. Hier wird geprüft, ob alle Auflagen umgesetzt wurden.

Einen oder mehrere Monate vorher fangen einige Mitarbeiterinnen an zu arbeiten und bereiten alles entsprechend vor. Sie entwickeln gemeinsam eine Idee, wie das geschriebene Konzept gelebt werden kann. Dann kommen die Kinder.

Die Betriebserlaubnis wird während des laufenden Betriebs vor Ort erteilt, ebenso kommen die Bauaufsicht und ggf. alle anderen einbezogenen Ämter vorbei. Nur so sieht die Behörde, wie die Räume genutzt werden und das Personal arbeitet. Demnach beginnt die erste Woche ganz »normal« mit der Eingewöhnung der Kinder. Bei der Begehung durch das Landesjugendamt sollten mindestens ein Vertreter des Trägers und die Leitung der Einrichtung anwesend sein. Achten Sie darauf, dass die Realität mit dem übereinstimmt, was Sie dem Amt gegenüber dargestellt haben.

Wenn Sie ein Fotoentwicklungsset im Rahmen der Ersteinrichtung angeschafft haben, sollte es in Betrieb sein. Oder wenn Sie im Konzept beschreiben, dass Sie Essen geliefert bekommen, sollte nicht der Kochplan der Eltern aushängen. Wenn keine Elterndienste angegeben wurden, sollten keine Eltern in der Einrichtung Aufsicht führen.

Sie erhalten kurze Zeit später die Betriebserlaubnis per Post oder E-Mail zugestellt. Dann können Sie feiern. Überlegen Sie, wie Sie das Fest feiern wollen. Soll es am Nachmittag in der Kita oder am Wochenende sein? Laden Sie alle Eltern, Unterstützer und ggf. andere Einrichtungen aus dem Sozialraum ein. Sie können ein Spieleangebot für die Kinder durchführen, Führungen für die Erwachsenen machen und ein Kuchen- und Grillbuffet anrichten. Gern spricht auch der Träger ein Wort und bedankt sich bei allen Mitarbeiterinnen für den unermüdlichen Einsatz in der ersten Zeit. Ein Schwank aus den ersten Tagen ist sicher auch beliebt. Hut ab, Sie haben es geschafft.

Zusammenfassung

- Im Konzept legen Sie fest, wie die neue Kita genau arbeitet und beschreiben für Eltern und Ämter, was Sie anbieten. Ihre Besonderheiten können Sie ruhig herausstellen.
- Daran anschließend stellen Sie Ihren Raumbedarf zusammen und suchen den passenden Ort, den Sie mit den Behörden abstimmen. Alle Auflagen müssen Sie umsetzen.
- Neben der Personalgewinnung ist eine Strategie, wie Sie Ihre Mitarbeiterinnen an Ihr Unternehmen binden, wichtig.
- Die Ernährung spielt im Tagesablauf eine wichtige Rolle, die entsprechend konzeptionell und organisatorisch gut durchdacht werden sollte.
- Durch eine gute Öffentlichkeitsarbeit präsentieren Sie sich als Einrichtung und Firma und sprechen mit Ihrer Kita-Idee genau die Familien an, die sie suchen.

Kita-Gründung in *Nordrhein-Westfalen*

Wo: Nordrhein-Westfalen
Wann: 1983–1985, ab 1988 mit zwei Gruppen
Wer: Elterninitiative mit 15 Kindern im Alter von 4 Monaten bis 6 Jahre
Eigene Position: Schatzmeister
Dauer des Gründungsprozesses: 3 Jahre

Erzählen Sie mal, wie war das damals mit der Kita-Gründung?

Als meine Frau, unser Sohn und ich zu der Gruppe dazukamen, waren es gerade 10 Kinder unter drei Jahren. Die Gruppe hatte schon Räume gehabt, es waren 85 Quadratmeter mit einem schönen Garten in einem kleinen Ladenlokal. Wir versuchten zuerst, Geld zu organisieren für unsere Krabbelgruppe. Der Verein wurde gerade gegründet. Jemand von uns hatte Kohlebeihilfe beantragt, weil wir mit Kohle geheizt hatten. Durch diese Kohlebeihilfe sind wir jedoch aufgeflogen: Uns war überhaupt nicht klar, dass wir illegal waren. In NRW war 1984 keine Betriebserlaubnis für »Krabbelgruppen« mit Kindern unter drei möglich. Das heißt, wir brauchten eine Betriebserlaubnis. Im Februar 1985 bekamen wir dann einen Besuch vom Landesjugendamt, das die Räumlichkeiten besuchte. Wir hatten uns Unterstützung geholt von einem Dachverband. Es wurde dabei festgelegt, dass wir eine kleine altersgemischte Gruppe für Kinder im Alter von 4 Monaten bis zum Beginn der Schulpflicht starten konnten mit 15 Kindern in diesen Räumen. Das war der Beginn der Einrichtung.

Und wo hatten Sie die meisten Schwierigkeiten?

Die Räume waren ehrlich gesagt zu klein. Die waren ja von uns ausgesucht für Kinder unter drei Jahren. Und wir hatten einfach massive Probleme, dass selbst die Eltern, die aus der Krabbelgruppe stammten, kein Interesse daran hatten, dass ihre Kinder mit drei Jahren in diesen Räumen blieben. Das heißt, uns fehlten immer Kinder über drei Jahre. Die Räume waren einfach zu klein und die Altersspanne zu groß. Das hat sich erst dann mit dem Umzug geklärt. Als wir 1988 in die neuen Räume umzogen, wo dann eine zweite Gruppe gegründet wurde, klappte das auch mit der Altersstruktur. Das heißt, die Kinder blieben bis zur Schulpflicht.

Was war am leichtesten für Sie oder wo hatten Sie den meisten Rückenwind?

Den meisten Rückenwind hatten wir, als wir die neuen Räume fanden und wir selber mit Hand anlegen konnten beim Arbeiten, Umbauen usw. Das hat uns zusammengeschweißt. Wir wollten dann auch noch die zweite Gruppe erweitern für Schulkinder bis zum 10. Lebensjahr. Das ist uns dann auch endgültig nach langem Kampf gelungen. Aber diese ganzen Baustellen, wie Umzug, Gruppenerweiterung und neue Strukturen haben uns einfach zusammengeschweißt; das war eine total schöne kreative Atmosphäre. Wir sind zweimal im Jahr als ganze Gruppe übers Wochenende weggefahren und haben alle unsere Lösungen und Zukunftsvisionen gemeinsam erarbeitet.

Wie viele Leute waren das denn?

Im Vorstand waren es sechs bis neun plus das Erzieherteam und die ganzen Eltern. Wir hatten 35 Kinder, mit Geschwisterkindern waren das dann ungefähr 28 Elternpaare.

Mit denen sind Sie dann alle zusammen weggefahren?

Ja, alle zusammen waren wir dann knapp unter 70. Das war immer eine Herausforderung, wie man diskutiert und zusammen entscheidet. Und wie man eine Perspektive und Konzepte entwickeln kann.

Würden Sie mit der Erfahrung von damals heute noch einmal eine Kita gründen?

Ja, mir würde das total viel Spaß machen. Es haben alle an einem Strang gezogen, wir haben das nicht nur für den Kindergarten gemacht, sondern auch an uns selber gedacht. Dass man mehr Freizeit hatte und man einfach einen anderen Lebensstil von anderen Familien kennengelernt hat, wie die ihre Kinder erziehen. Man hat sich gegenseitig kritisiert, gut gefunden und besprochen. Das fand ich einfach sehr bereichernd, besonders wenn man ein Einzelkind hat.

Das war damals ja bestimmt auch eine andere Zeit als heute?

Ja, es war eine andere Zeit. Zum Beispiel war die Förderung nicht so gut, man musste immer irgendwie kreativ sein, weil man mit der Kinderbetreuung unter drei Jahren ja immer im illegalen Bereich war. Das hatte dann auch immer so etwas Grenzwertiges. Man fühlte sich als Speerspitze.

Warum war das illegal?

Die Landesregierung in Nordrhein-Westfalen meinte einfach, dass die Kinder zur Mutter gehören und dass es ab drei, vier Jahre vielleicht einen Kindergartenplatz geben könnte zur Vorbereitung auf die Schule. Aber eher mit vier Jahren. Zum Beispiel die Förderung für Kinder unter drei Jahren in der kleinen altersgemischten Gruppe sah so aus, dass man 60 % Förderung von den anerkannten Betriebskosten bekam und 40 % Eigenanteil leisten musste. Daran merkt man ja schon die Wertschätzung. Der größte Teil der Förderung war vom Land, die Stadt hat so gut wie nichts dazu gegeben.

Wie haben Sie sich motiviert?

Ja, jeder wollte berufstätig werden, von Lehrerinnen und Lehrern, die dann zurück an die Schule gehen wollten bis hin zur alleinerziehenden Mutter, die ihr Leben gestalten wollte. Alleine mit dem Kind auf dem Spielplatz zu sitzen, darauf hatte keiner von uns Lust. Und für mich war auch immer die Perspektive, dass das Kind dann auch bis zum zehnten Lebensjahr in einer Bildungseinrichtung betreut war und sich dort entwickeln und entfalten konnte, wo es einfach gern hinging. Dann konnte man auch langfristig an Berufstätigkeit denken.

Und das ist Ihnen dann auch gelungen?

Ja, 1983–1985 war dann die Gründung, und 86 habe ich dann meinen Job angenommen. Ohne das hätte es nicht geklappt.

Was würden Sie anderen Gründungswilligen unbedingt ans Herz legen?

Zuerst mal: Nur gemeinsam geht es besser. Man kann es nur, wenn man andere Leute findet und gerne in einer Gruppe etwas gründen möchte. Dann sollte man das auch immer als politische Aufgabe sehen. Das ist ja nicht nur der Betreuungsplatz für das eigene Kind, sondern es kommen viele nachfolgende Familien. Und das erleichtert auch die Begründung, warum man das braucht. Zum Beispiel ist es in Berlin so angenehm, dass wenn sich Eltern zusammenfinden, schon der Bedarf selbst nachgewiesen ist. Das heißt, die haben, wenn genügend Eltern da sind, automatisch die

Zusage, dass sie auch gefördert werden. Das ist eine Wertschätzung des Elternwillens. In Nordrhein-Westfalen ist das ja nicht so. Da muss immer der Wille der Eltern gegeben sein und das Geld von der Kommune. Wenn die Kommune spart, dann spart sie eben.

Was braucht man aus Ihrer Sicht, um eine Kita zu gründen?

Es muss bei den Eltern so etwas wie Unternehmertum da sein. Das heißt, man muss offen für Neues sein. Man hat es ja nicht gelernt, eine Kita zu gründen. Man schafft ein kleines Unternehmen. Und alles, was ein Unternehmen braucht von Buchhaltung, Personalbuchhaltung, Personalführung, Kommunikation mit neuen Kunden oder nachfolgenden Eltern, Werbung und Qualitätssicherung, kann man erlernen oder seine Kompetenzen entsprechend erweitern. Man muss einfach den Willen haben, als Gruppe zu lernen, offen für etwas Neues und lernbereit zu sein.

Vielen Dank.

Baustein 3: Erfolgreich bleiben im laufenden Betrieb

Ihre Einrichtung ist neu eröffnet und alle gewöhnen sich ein. Das Team hat sich kennengelernt, unterstützt sich idealerweise gegenseitig und geht respekt- und liebevoll mit den Kindern um. Wir beginnen mit der Buchhaltung als Methode für die Darstellung Ihrer finanziellen Handlungen (Kapitel 19). Als Träger benötigen Sie Handwerkszeug, damit Sie Ihre Pflichten als Arbeitgeber wahrnehmen können (Kapitel 18). Darüber hinaus geht es für Ihre Einrichtung und für Sie als Träger darum, wie Sie sich weiterentwickeln (Kapitel 20).

18 Was Sie über Buchhaltung wissen sollten

Grundsätzlich ist es über die Lektüre dieses Buchs hinaus sinnvoll, zum Thema Buchhaltung eine Fortbildung bei einem Kita-Dachverband oder bei der örtlichen Industrie- und Handelskammer (IHK) zu besuchen. Beratung zu Steuerfragen und Buchhaltung erhalten Sie auch von Ihrem Steuerberater. Dieses Kapitel gibt allgemeine Erklärungen.

Die Buchhaltung hat grundsätzlich die Aufgabe, alle Einnahmen und Ausgaben für die Ermittlung des Jahresergebnisses vollständig zu erfassen. Sie gibt somit Hilfestellung für die Kalkulation und ermöglicht eine Abrechnung mit den Zuschussgebern. Und zu guter Letzt sollten Sie damit ohne Probleme Ihre Gemeinnützigkeitserklärung abgeben können (siehe Baustein 1, *Gemeinnützigkeit und Steuern*). Bevor eine Rechtsform arbeitsfähig ist, entscheiden Sie darüber, ob Sie die Buchhaltung selbst machen oder in Auftrag geben. Dies hängt sowohl von den finanziellen Ressourcen als auch von eigenen Kenntnissen ab. Die Buchhaltung auszugliedern kostet im Jahr pro Gruppe etwa 3.500 € inkl. MwSt. und Gehaltsbuchhaltung.

Für jede Rechtsform gibt es verschiedene Möglichkeiten. Der Verein und jede freiberufliche Selbstständige ist verpflichtet, jedes Jahr eine zeitnahe Einnahmen- und Ausgabenrechnung nach der Abgabenordnung zu führen. Die Erklärung an das Finanzamt erfolgt dabei alle drei Jahre. Die Rechtsformen GmbH und Genossenschaft müssen zusätzlich bilanzieren und jährlich die Erklärung beim Finanzamt abgeben.

Zeitnah bedeutet das, dass Sie die Kasse wöchentlich und die Bank monatlich machen. Diese Aufgaben fallen für jeden der vier Bereiche

- ideeller Bereich,
- Vermögensverwaltung,
- steuerfreier Zweckbetrieb und
- steuerpflichtiger Betrieb

getrennt an (siehe Baustein 1, *Gemeinnützigkeit und Steuern*, Tabelle 13). Diese Form der Buchhaltung erklären wir am Beispiel eines Vereins, der eine Kita betreibt. Im Rahmen der Finanzierung haben wir eine Beispielrechnung einer Kita verwendet (siehe Baustein 1, *Möglichkeiten der Finanzierung & Förderung*, Tabelle 3), woran nun in Teilbereichen das Vorgehen innerhalb der Buchhaltung erläutert wird.

18.1 Grundsätze der Buchhaltung

Diese Leitsätze stehen in § 243–246 Handelsgesetzbuch (HGB), sie sind verbindlich einzuhalten:

- Die Buchführung muss klar und übersichtlich sein.
- Die Belege müssen in Deutsch formuliert bzw. übersetzt sein.
- Alle Geschäftsvorfälle sind fortlaufend, vollständig, zeitgerecht und geordnet vorzunehmen.
- Der ursprüngliche Buchungsinhalt darf nicht unleserlich gemacht werden.
- Es darf keine Buchung ohne Beleg vorgenommen werden.
- Kasseneinnahmen und -ausgaben sind täglich bzw. wöchentlich abzurechnen.

Die Buchhaltung mit einem Tabellenkalkulationsprogramm (z. B. Excel) zu machen, ist demnach nicht geeignet. Da in Excel jederzeit etwas geändert werden kann, ohne dass es nachvollziehbar wäre, können Sie die Tabellenkalkulation nicht verwenden. Bei den üblichen Buchhaltungsprogrammen gibt es einen Stornosatz, wenn Sie etwas falsch gebucht haben.

18.2 Der reguläre Ablauf

Sie erhalten monatlich Ihre Kontoauszüge von der Bank sowie das Kassenbuch von der Leitung der Einrichtung mit allen Belegen. Als Erstes prüfen Sie auf Vollständigkeit: Liegen alle Kontoauszüge in vollständiger Reihenfolge und die entsprechenden Belege (Rechnung und Einzahlungsbeleg) vor? Diese sortieren Sie nach dem Datum. Bei allen Kosten ohne Belege erstellen Sie einen Ersatzbeleg. Auf diesem steht, wie zum Beispiel die Kosten der Miete aufgeteilt werden. Diesen Ersatzbeleg kopieren Sie so oft, wie die gleiche Miethöhe anfällt. Dann ordnen Sie dies entsprechend den Kontoauszugsposten zu, zum Beispiel auf 12 Monate. Dasselbe tun Sie bei den Elternbeiträgen: Wenn die Eltern den Posten Elternbeitrag und Essensgeld in einer Summe überweisen, schreiben Sie beide Beträge auf den Ersatzbeleg. Bei der Buchhaltung werden diese Beträge dann ebenso getrennt gebucht, dies heißt Split-Buchung.

Es gibt darüber hinaus Sonderfälle: Wenn auf dem Markt etwas ohne Quittung einkauft wurde, kann ein Eigenbeleg ausgestellt werden, der dann zudem noch gegengezeichnet werden muss, gewöhnlich vom Vorstand. Die Höhe des belegten Ausgangs sollte glaubhaft sein. Ein Kilo Kartoffeln sollte also keine 10 € kosten.

Bis hierhin haben Sie alle Belege nach Zeit, Bank und Kasse sortiert. Im nächsten Schritt werden alle Belege nach einer bestimmten festgelegten Regelung von Ihnen als Verantwortliche kontiert. Im **Kontenrahmen** sind die folgenden Systematiken dargestellt.

Als erstes erfolgt die Zuweisung zu den oben genannten vier Bereichen, den sogenannten **Kostenstellen**. Sie können numerisch, alphabetisch oder nach Begriffen aufgeteilt werden. Dies ist relevant für die Gemeinnützigkeitserklärung und für den satzungsgemäßen Jahresabschluss.

Vier Bereiche	Kostenstellen
Ideeller Bereich	A
Vermögensverwaltung	B
Kita (Steuerbegünstigter Zweckbetrieb) Geförderter Bereich Nicht geförderter Bereich	C D
Sonstige Aktivitäten	E

Tabelle 25: Kostenstellen nach Bereichen

Wenn Sie mehrere Kitas betreiben, können die **Kostenträger** ergänzt werden. Jede Kita erhält eine fortlaufende Nummer und kann dann einzeln in den hier beschriebenen Kostenstellen ausgewiesen werden. Dies ist relevant für die Betriebskostenabrechnung, aber auch für die unternehmerische Entscheidung, ob sich eine Kita trägt.

Kostenträger	Kostenstellen				
Kita 01	A	B	C	D	E
Kita 02	A	B	C	D	E

Tabelle 26: Kostenträger und Kostenstellen

Jeder Beleg muss einer **Kostenart** zugeordnet werden, die in jeder der Kostenstellen und jedem Kostenträger anfallen kann. Dies können zwei- bis fünfstellige Ziffern sein, was von der Buchhaltungssoftware abhängt. Zudem berücksichtigen Sie bitte Ihre gesetzlichen Vorgaben. Es folgen Beispiele für **anrechnungsfähige Kosten**.

Kostenart	untergliedert in:
Personalkosten	11 Bruttopersonalkosten
	12 Berufsgenossenschaft, Haftpflicht
	13 Fortbildungen
Sachkosten	21 Pädagogischer Aufwand (Verbrauchsmaterial bis 450 €)
	22 Elternarbeit (Getränke, Fobi für Eltern, Ausflug mit Eltern und Kindern)
	23 Büroaufwand (alles für die Leitung einer Einrichtung)
	24 Fachverband (Mitgliedsbeiträge oder Einkauf der Fachberatung)
	25 Getränke für Kinder (kann auch bei Beköstigung stehen)
	26 Sanitärbedarf (Putzmittel, Utensilien)
	27 Personalkosten Reinigung (Putzkraft)
	28 Energie (Strom, Heizung)
	29 Mietnebenkosten (Müllabfuhr, Schornsteinreinigung, öffentliche Abgaben usw.)
Miete	31 Kaltmiete (wie im Mietvertrag vereinbart)

Tabelle 27: Kostenarten Personal- und Sachkosten

Bei den Personalkosten könnten Sie eine zusätzliche Kostenart für Vertretungskräfte erstellen, damit Sie direkt sehen, ob sich eine Vertretung finanziert.

Eine Teilung der Kosten auf die verschiedenen Bereiche oder Einrichtungen ist möglich:

> Kostenart Versicherung (Vermögenshaftungsversicherung), Kostenstelle ideeller Bereich A 12 sowie
> Kostenart Versicherung (Betriebshaftpflicht), Kostenstelle Kita geförderter Bereich, Kita 01 C 12

Bei den **nicht anerkennungsfähigen Kosten** käme folgende Aufteilung infrage:

Kostenart	untergliedert in:
Beköstigung	41 Lebensmittel (Getränke, Essen)
	42 Bruttopersonalkosten Küche
	43 Externe Anlieferung (Caterer)
	44 Sonstige Kosten (Putzmittel für Küche, Geschirr, Zubehör)

Tabelle 28: Kostenarten Beköstigung

Die Personalkosten Küche rechnen Sie so ab, wie Sie es festgelegt haben (siehe Baustein 2, *Ernährung und Hygiene*).

Die Verwaltungskosten des Trägers können entweder im Zuschuss enthalten sein oder eben auch nicht. Wir rechnen sie einmal bei den nicht anerkennungsfähigen Kosten hinzu. Meist ist es auch eine kommunale Verhandlungssache, sodass Sie selbst verhandeln müssen.

Kostenart	untergliedert in:
Verwaltungskosten	51 Buchhaltungskosten (Programm, Dienstleistung)
	52 Gehaltsbuchhaltungskosten (Programm, Dienstleistung)
	53 Personalkosten Verwaltung
	54 Bürokosten
	55 Öffentlichkeitsarbeit
	56 Miete Geschäftsräume

Tabelle 29: Kostenarten Verwaltungskosten

18.3 Die Steuerungsfunktion der Buchhaltung

Sie legen die zu verwendende Kontierung eines Unternehmens zu Beginn fest. Die Unterteilung der Kostenarten ist auf Dauer angelegt und soll der Einrichtung das Handeln sowie eine Kostenkontrolle ermöglichen. Jedes Jahr etwas zu ändern macht einen Vergleich der Jahre schwierig. Dies sollten Sie von Anfang an berücksichtigen. So können Sie die Einrichtung und auch das Unternehmen steuern.

Bei der Finanzplanung für ein neues Unternehmen orientieren Sie sich am besten an ortsüblichen Preisen. Wenn Sie schon länger am Markt tätig sind, machen Sie einen Vergleich der letzten Jahre und stellen fest, wo viele Kosten angefallen sind. Dann planen Sie entsprechende Änderungen.

In einer Kita ist zum Beispiel der Posten »Getränke für Kinder« immer recht hoch gewesen. Aufgrund von Spardruck wurde von Apfelschorle auf Leitungswasser umgestellt, dadurch konnten die Kosten um 50 % gesenkt werden.

Um die Energiekosten zu senken, ist zu überlegen, die Heizung freitags ab- und sonntags wieder anzustellen oder bei allen Geräten eine Energiemessung durchzuführen. Sie könnten darüber hinaus den Vermieter bitten, Doppelverglasungen anzuschaffen. Unter Umständen hilft auch einfach ein Anbieterwechsel.

Diese Steuerung gelingt natürlich leichter, wenn Sie all die Jahre dasselbe Buchhaltungssystem haben.

In der Wirtschaft ist ein regelmäßiges **Controlling** üblich, welches meist nicht durch Führungskräfte, sondern durch eine gesonderte Abteilung durchgeführt wird. Hier wird überprüft, ob der Plan den tatsächlichen Kosten entspricht und dann ggf. nachjustiert. Aus eigener Erfahrung empfehlen wir dabei, mindestens drei Termine im Jahr durchzuführen. Pro Quartal ist ebenfalls sinnvoll. Gegen Ende des Kita-Jahres ist es ausreichend, einen bis zwei Monate vor Ablauf zu prüfen. Sie können dann noch Ausgaben machen oder es eben lassen.

Mögliche Termine wären demnach (Prüfzeitraum): Mitte November (August bis Oktober), Mitte Februar (August bis Januar), Mitte Juni (August bis Mai).

Für den **Verwendungsnachweis** bzw. die Statistik benötigen Sie die Vorgaben, was nachgewiesen werden muss sowie wie Sie es nachweisen müssen. Dementsprechend ist die Buchhaltung aufzuarbeiten. Grundsätzlich können Sie rückwirkend händisch Korrekturen in der Auswertung vornehmen. Daher empfiehlt sich zur Auswertung ein Buchhaltungsprogramm, welches in ein Excel-Format exportieren kann (z.B. Collmex, Lexware). Zudem schlägt das Programm eine Kontierung vor, die Sie selbst auf Ihre Bedürfnisse anpassen. Außerdem werden darüber die steuerlichen Meldungen gemacht, zum Beispiel die Umsatzsteuervoranmeldung. Es bedarf wegen regelmäßiger Änderungen laufender Updates. Sie können hier zwischen einer Basisvariante und Erweiterungen mit Mahnwesen und offene Postenverwaltung wählen. Die Kosten belaufen sich dabei auf mindestens 10 € im Monat.

18.4 Debitorenbuchhaltung

Einzelne Bücher der Buchhaltung können Sie ausgliedern, sodass nur die Gesamtsumme von der Buchhaltung übernommen wird. Dies ist üblich bei Leistungen, die die Eltern aufbringen. Dort ist vermerkt, was die Eltern aufbringen müssen (z. B. das Essensgeld normal oder ermäßigt, Rest über Bildungspaket, Trägeranteil, Windelgeld usw.). Die einzelnen Summen werden jeder Familie in Rechnung gestellt. In der Debitorenbuchhaltung wird pro Familie dargestellt, ob das Geld per SEPA-Lastschrift, Überweisung oder bar eingegangen ist. Der Vorteil dieser Buchhaltung ist, dass Sie aufgrund von monatlichen Listen sehen können, wer bezahlt hat und wer nicht. Dadurch können Sie dies den Eltern gegenüber nachweisen.

Die Einrichtung von Debitoren empfiehlt sich bei mehr als 50 Familien. Bei weniger Kindern entscheiden Sie, ob sich dieses Verfahren ebenfalls lohnt. Ohne Debitoren werden durch die Einrichtungsleitung oder eine andere Person an einem Stichtag im Monat alle Eingänge auf dem Konto und in der Barkasse geprüft. In einer Liste, in der alle Familien und deren Beträge vermerkt sind, wird pro Monat ein Häkchen gemacht. Der Nachteil ist: Sie haben außer dieser Bleistiftliste keinen Nachweis, dass eine Familie nicht bezahlt hat. Einzig und allein die Prüfung aller Kontoauszüge würde ergeben, dass zum Beispiel eine Zahlung fehlte. Dies kommt vor, wenn die Eltern per Dauerauftrag bezahlen. Bei der SEPA-Lastschrift ist es so, dass Sie einen Nachweis über die Rücklastschrift von der Bank erhalten, den Sie den Eltern vorlegen können. Ein weiterer Vorteil ist bei der Debitorenbuchhaltung, das Mahnwesen dadurch zu vereinfachen.

18.5 Mahnwesen

Wenn die Eltern Beiträge für die Kinderbetreuung an Sie bezahlen, ist es Ihre Aufgabe, die Eltern bei Nichtzahlung darüber zeitnah zu informieren. Wenn zum Beispiel das Essensgeld oder der Elternbeitrag aussteht, wird eine Nachricht über die offenen Posten fällig sowie eine Frist zur Einzahlung des offenen Betrages ausgesetzt.

Dies sind sogenannte Mahnbriefe: Zuerst schreiben Sie eine freundliche Zahlungserinnerung und dann eine immer ernster werdende 1. bis 3. Mahnung. Nach Ende der 3. Mahnung wird das Mahnverfahren eingeleitet sowie die Kündigung des Betreuungsvertrages ausgesprochen. Der Betreuungsvertrag enthält einen Passus zum Umgang mit offenen Posten, hier ein Beispiel:

> Bei zweimonatiger Nichtzahlung des Essensgelds bzw. des Elternbeitrags besteht für den Träger die Möglichkeit, den Betreuungsvertrag mit sofortiger Wirkung zu kündigen.

Bevor Sie tatsächlich eine Kündigung aussprechen, sollten Sie und die Einrichtungsleitung alles in Ihrer Macht Stehende getan haben, damit es nicht dazu kommt. Wenn diese dennoch erfolgt ist, sollte das Personal über die fristlose Kündigung informiert sein und das Kind bzw. die Kinder morgens wieder nach Hause schicken.

> In einer Einrichtung kam es vor, dass das Geld erst an dem Tag bezahlt wurde, als den Kindern der Besuch verwehrt blieb. Wenn dies geschieht, können Sie die Kündigung jederzeit formlos wieder zurücknehmen.

Eine Bearbeitungsgebühr für die Mahnbriefe ist bisher in der Branche nicht üblich.

Es empfiehlt sich, die Mahnungen nicht von der Leitung, sondern vom Träger zu schreiben. Dadurch trennen Sie die finanziellen Angelegenheiten von der täglichen Arbeit. Einige Träger handhaben es so, dass nach der Mahnung die Eltern von der Leitung angesprochen werden und dann auf kurzem Wege eine Lösung gefunden werden kann.

Eine Möglichkeit der Rückzahlung des offenen Betrags ist Ratenzahlung oder Barzahlung zu einem Termin, an dem die Familie über ausreichend Bargeld verfügt, zum Beispiel zum Ende des Monats. So können dann auch die laufenden Kosten gezahlt werden. Bei anderen Trägern zahlen die Eltern den fehlenden Betrag auf das Konto ein. Da die Eltern täglich in der Einrichtung sind, wird die Bereitschaft, das Geld zu bezahlen, entsprechend groß sein. Von Ihrer Seite aus ist es sinnvoll, sich vor Augen zu halten, welche Aufgaben Eltern leisten und dass es immer Gründe dafür geben kann, warum Eltern in eine solche Lage geraten. Dies hilft, die Situation zu verstehen und individuelle Lösungen zu finden. Oftmals ist es für die Kinder wichtig, wenn sie die Einrichtung weiter besuchen.

Es gibt Fälle, da zahlen die Eltern kein Essensgeld, und die Kinder besuchen dennoch weiter die Einrichtung. Dies wird unter anderem aus Kinderschutzgründen getan. Sie können eventuell auch eine Stiftung, die die Finanzierung dieser Kosten übernimmt, finden.

18.6 Die Gehaltsbuchhaltung

Während die Buchhaltung im Nachhinein gemacht wird, ist die Gehaltsbuchhaltung im Vorfeld vorzunehmen. Sie können dies mit einfachen Programmen selbst bewerkstelligen. Wenn Sie nach Tarif bezahlen, sollten Sie darin fit sein, zumindest in der Eingruppierung. Daher benötigen Sie ein Programm, welches den TVöD hinterlegt hat oder in dem Sie selbst die entsprechenden Summen (Lohnarten) eingeben können. Damit das Personal am Ende des Monats pünktlich und richtig sein Geld bekommt, müssen im Voraus alle Änderungen gewöhnlich bis zum 10. des laufenden Monats erfasst oder nacherfasst werden. Wenn Sie das Gehalt der Mitarbeiterinnen richtig ausgerechnet haben (siehe Baustein 1, *Möglichkeiten der Finanzierung & Förderung*), müssen Entwicklungsstufen selbst nachgepflegt werden oder das Programm übernimmt das. Zudem sind Steuerklassenänderungen und die Geburt eines Kindes einzutragen. Alle Vertretungskosten, wenn jemand aufgrund von Krankheit ausfällt und eine andere Mitarbeiterin einspringt, werden nachträglich erfasst und die Monatsabrechnung nachträglich korrigiert.

Alle Abrechnungen mit der Krankenkasse bezüglich **Umlage 1 und 2** werden durch den Arbeitgeber in Auftrag gegeben. Zur Erklärung: Bei Krankheit übernehmen die Krankenkassen – hier die Umlagekasse – ab dem ersten Krankheitstag bis zu sechs Wochen einen bis zu 80-prozentigen Zuschuss zu den Lohnkosten. Danach erhält der Arbeitnehmer Krankengeld von der Krankenkasse. Achtung: Unter Umständen kann dabei nach TVöD ein Zuschuss vom Arbeitgeber fällig werden. Diese Umlage U1 muss jeder Arbeitgeber mit bis zu dreißig Arbeitnehmern vom Lohn in Höhe von 2 bis 3 % des Gehalts monatlich abführen. Sie können unter Umständen eine Befreiung von U1 bei der Beitragszahlung beantragen, wenn Sie einem Wohlfahrtsverband angehören. Die Umlage U2 ist Pflicht, dabei erhält der Arbeitgeber der Schwangeren 100 % ihres Gehalts, zum Beispiel bei Beschäftigungsverbot, zudem zahlt die Krankenkasse den Zuschuss zum Mutterschaftsgeld an die werdende Mutter. Die Kosten dafür werden von den Krankenkassen festgelegt. Die **Umlage U3** – Insolvenzgeld – betrifft die Möglichkeit des Arbeitnehmers, in Falle eines Konkurses Insolvenzgeld bei der Agentur für Arbeit zu beantragen. Die Umlagen U1, U2 und U3 gelten auch für Mini-Jobs.

Bezüglich Layout von Webseiten und Broschüren ist Folgendes zu beachten: Unternehmen die Leistungen von selbstständigen Künstlern und Publizisten in Anspruch nehmen, müssen an dem gesetzlich geregelten Meldeverfahren teilnehmen.

Mehr Informationen sind unter https://kuenstlersozialkasse.de zu finden.

Die Registrierung beim Steuer-Programm »Elster« und den Krankenkassen ist im Gehaltsprogramm integriert, sodass das Gehaltsprogramm Sie zur Zertifizierung auffordert. Wenn dies nicht vorgesehen ist, registrieren Sie sich für die Steuern bei *www.elster.de*. Für die Krankenkassen nehmen Sie die Webseite *www.itsg.de*. Hier können Sie über das Programm *sv.net/classic* zudem die Abrechnungen für U1 und U2 vornehmen, wenn das Gehaltsprogramm es nicht vorsieht. Das Finanzamt und die Krankenkassen erwarten, dass das Programm die Daten elektronisch monatlich pünktlich überträgt.

Bei einer Ausgliederung der Gehaltsbuchhaltung sollte derjenige, den Sie beauftragt haben, den TVöD beherrschen. Dann brauchen Sie sich nicht mehr fortlaufend darum zu kümmern. Dieser übernimmt ebenso die Registrierung bei Elster und den Krankenkassen.

Als Träger sind Sie verpflichtet, die Lohnabrechnungen, Krankenkassenmeldung und die Finanzamtsmeldungen, die Sie in diesem Zusammenhang erhalten, auf Richtigkeit zu prüfen. Sie tragen dafür Sorge, dass das Geld an das Finanzamt, die Krankenkasse und die Mitarbeiterinnen am Ende des Monats bzw. bis spätestens zum 10. des Folgemonats überwiesen wird. Sie können auch eine Abbuchung beim Finanzamt und bei den Krankenkassen veranlassen. Viele der Kontaktstellen der BAGE e.V. haben sich auf diese Serviceleistungen spezialisiert.

18.7 Betriebsnummer

Sobald Sie Personal beschäftigen und Sozialversicherungsbeiträge abführen, benötigen Sie eine Betriebsnummer, die von der Agentur für Arbeit vergeben wird. Sie melden sich online an unter https://www.arbeitsagentur.de/unternehmen/betriebsnummern-service. Sie geben Ihre Daten ein und erhalten die Betriebsnummer. Diese ist dann für Gehaltsbuchhaltung und für den Kontakt zu den Krankenkassen wie oben beschrieben notwendig.

18.8 Berufsgenossenschaft

Als Arbeitgeber müssen Sie Mitglied einer Berufsgenossenschaft sein. In der Regel ist die Berufsgenossenschaft für Gesundheit und Wohlfahrtspflege zuständig. Im Internet können Sie eine Neuanmeldung auf der Seite *www.bgw-online.de* vornehmen. Die Nummer benötigen Sie für das Gehaltsabrechnungsprogramm und für die Jahresmeldung an die Berufsgenossenschaft. Sie melden auch ehrenamtlich Tätige dort an. Dadurch sind bei einem Wegeunfall oder einer Berufskrankheit Personal und Ehrenamtliche wie zum Beispiel der Vorstand versichert. Bei der Berufsgenossenschaft erhalten Sie Informationen über Arbeitssicherheit und Gesundheitsschutz.

18.9 Bilanzierung und doppelte Buchhaltung

Die Gesellschaftsformen GmbH und Genossenschaft sind zudem bilanzierungspflichtig. Sie stellen nicht nur Ihre Einnahmen und Ausgaben dar, sondern auch Ihre Vermögensverhältnisse. Bei der doppelten Buchhaltung gibt es demnach zwei Bücher: eines für die Vermögensaufstellung (Bilanz) und eines für die Gewinn- und Verlustrechnung (Einnahmen und Ausgaben).

Normalerweise übernimmt die Bilanzierung der Steuerberater, daher geben wir keine weiterführenden Erklärungen. Leider kennt er sich meist nicht mit der Kita-Finanzierung aus, dafür aber in Steuern. Daher ist die oben beschriebene Buchhaltung mit Kostenstellen, Kostenarten und Kostenträgern sinnvoll.

Auch für einen Verein ist es unter folgenden Umständen sinnvoll, diese Vermögensaufstellung zu erstellen: Wenn

- Sie Zuschüsse mit Zweckbindung erhalten haben;
- ein Darlehen für Investitionen aufgenommen wurde;
- Sie Ihre Forderungen und Verbindlichkeiten gegenüber Zuschussgebern, Finanzamt, Krankenkassen, Berufsgenossenschaft und Eltern darstellen wollen und
- wenn Sie Sparbücher und Kautionen (Mietkaution, Kautionen der Eltern) haben.

Da der Verein nicht verpflichtet ist zu bilanzieren, kann die Bilanz nach eigenen Regeln erstellt werden. Zum Beispiel berücksichtigen Sie Ihre Forderungen gegenüber der Kommune und den Elternbeiträgen sowie die Verbindlichkeiten an das Finanzamt und die Sozialversicherungsträger. Im Gegensatz zur »richtigen« Bilanz stellen Sie alles das, was Sie über die Zuschüsse finanziert haben, wie zum Beispiel die Waschmaschine, in der

Bilanz nicht dar. Sie müssen demnach die Werte des Unternehmens nicht vollständig darstellen. Sie machen auch keine Inventur oder prüfen, ob die Waschmaschine noch da ist. Aber Sie sollten schon wissen, wer sie sich ausgeliehen hat! Als bilanzierungspflichtiges Unternehmen ist dies alles vorgeschrieben und muss in der Bilanz erscheinen. Jedes Jahr muss somit geprüft werden, ob alle angeschafften Materialien, Geräte und Möbel tatsächlich noch in der Einrichtung vorrätig sind.

19 Dauerhafte Pflichten als Arbeitgeber

Sie haben jede Menge an Tagesgeschäft vor sich, welches zum Teil auf die Leitungskraft delegiert werden kann. Es gibt immer eine Schnittmenge zwischen Leitung und Träger, die individuell geregelt wird. In einer Elterninitiative kann sich dies je nach Vorstand ändern. Die Leitung übernimmt dort bestimmt mehr Trägeraufgaben als eine Leitung bei einem anderen Träger.

19.1 Ideeller Bereich (Verein etc.)

Der Vorstand sorgt dafür, dass die Mitgliedsbeiträge gezahlt werden bzw. mahnt diese an. Er ist dafür verantwortlich, dass mit den Mitteln sorgfältig, genau und gründlich im Sinne des Vereins umgegangen wird.

Der neu gewählte Vorstand muss möglichst schnell im Vereinsregister eingetragen werden, damit die Gesellschaft handlungsfähig ist und rechtsverbindlich handeln kann. Auch Satzungsänderungen werden über den Notar aktenkundig gemacht. Wenn nur zwei Vorstände von acht unterschriftsberechtigt sind, haben Sie eine bessere Kontrolle über die Handlungen des Vereins. Dann ist das Risiko geringer, dass der Verein nach außen unterschiedlich vertreten wird. Drei Vorstände, die jeweils zu zweit unterschriftsberechtigt sind, sind sinnvoll, dann kann einer z. B. in Urlaub fahren.

Bei Verein, GmbH und Genossenschaft ist einmal im Jahr laut Satzung die Mitgliederversammlung einzuberufen und diese entsprechend durchzuführen. Natürlich beruft der Vorstand die Mitgliederversammlung ein. Dort besteht Auskunftspflicht über den Stand der laufenden Geschäfte. Dies wird im Rechenschaftsbericht dargelegt, Sie sind jedoch nicht verpflichtet, einzelnen Mitgliedern gegenüber Rechenschaft abzulegen. Wenn Sie von der Mitgliederversammlung entlastet werden, werden Sie für das entlastet, was Sie berichtet haben. Deswegen sollten Sie auf jeden Fall über Ihre Fehler berichten. Bei der Entlastung sind Sie nicht mehr gegenüber dem Verein regresspflichtig, dies ist vergleichbar mit der Absolution bei der Beichte. Er haftet in jedem Fall persönlich für die Lohnsteuer und die Sozialversicherungsbeiträge der Beschäftigten. Im Innenverhältnis zwischen Mitgliedern und ehrenamtlichen Vorstand sind die Hürden für Regress höher als bei Beschäftigen, zudem gilt dies nur bei grober Fahrlässigkeit sowie bei Vorsatz.

Bei einer Geschäftsführerin einer GmbH haben die Gesellschafterinnen eher die Möglichkeit, sie in Regress zu nehmen als beim ehrenamtlichen Vorstand.

Bei der Beendigung der ehrenamtlichen Tätigkeit müssen Sie alle Unterlagen, die Ihnen in der Eigenschaft als Vereinsvorstand bzw. Aufsichtsrat vorlagen, herausgeben. Dazu gehört auch das Programm der Buchhaltung, welches Sie zum Beispiel auf Ihrem privaten PC geführt haben. Sinnvoll ist eine geregelte Übergabe der Vorstandschaft mit ein bis zwei Terminen, wo die bisherigen Entscheidungen und Vorgehensweisen nachvollziehbar erklärt werden, sodass Nachfolger im Sinne der juristischen Person handeln können.

19.2 Personal

Neben der laufenden Gehaltsbuchhaltung (siehe Baustein 3, *Was Sie über Buchhaltung wissen sollten*) sorgen Sie als Arbeitgeber für einen Dienstplan, in dem die vorgeschriebenen Pausen, Verfügungszeiten etc. berücksichtigt werden (siehe Baustein 2, *Motiviertes Personal gewinnen*).

Die Fortbildungen, die jeder Mitarbeiterin zustehen, werden gezielt geplant. Dabei geht es neben der konzeptionellen Ausrichtung der Einrichtung auch um die persönlichen Interessen jeder Einzelnen. Sie erstellen einen Vertretungs- sowie einen Urlaubsplan.

Zudem werden Schließungszeiten entsprechend der gesetzlichen Vorgaben und den Trägervorstellungen festgelegt (z. B. zwischen Weihnachten und Neujahr und ggf. in den Sommerferien drei Wochen). Für die Schulferienzeiten können Sie zu Beginn des Kita-Jahres den Bedarf der Eltern abfragen, um den Dienstplan entsprechend einer kleineren Anzahl der Kinder anzupassen.

Eine Einrichtung hat keine Schließzeiten, was bei allen sehr gut ankommt: Die Eltern sind flexibler in ihrer Ferienplanung und die Mitarbeiterinnen auch. Den Kindern, denen es zuhause nicht so gut geht, haben wirklich etwas davon.

Für die Krankheitsvertretung, die über die Betriebskosten oder über die U1-Umlage finanziert wird, sorgt der Träger ebenso.

Wenn eine Mitarbeiterin eine Schwangerschaft meldet, geben Sie dies umgehend an die Bezirksregierung weiter. Daran schließt sich die Feststellung des Impfstatus´ über den Betriebsarzt oder über den Hausarzt der Schwangeren an. Es gilt die Verordnung zum Schutze der Mütter am Arbeitsplatz (MuSchArbV). Wenn bei den Krankheiten Röteln, Masern, Mumps und Windpocken kein Impfschutz besteht, wird der Schwangeren mit sofortiger Wirkung ein Beschäftigungsverbot erteilt, die Kosten werden dann von der Krankenkasse – Umlage U2 – erstattet. Darüber hinaus ist am Arbeitsplatz die vorhandene Gefährdungsbeurteilung zu überarbeiten, die dafür sorgt, dass gefährliche Situationen vermieden werden. Eine Anleitung zur Erstellung der Gefährdungsbeurteilung ist im Internet bei *www.bgw-online.de* vorhanden. Das Beschäftigungsverbot bezieht sich nur auf die Arbeit mit den Kindern, prinzipiell ist eine Tätigkeit in anderen Räumen, zum Beispiel in der Verwaltung, möglich. Dann müssen Sie jedoch für die Finanzierung der zusätzlichen Stelle selbst sorgen.

Durch Mitarbeitergespräche, die einmal im Jahr bzw. einmal alle zwei Jahre stattfinden, drücken Sie gegenseitige Wertschätzung für die geleistete Arbeit aus. Gleichzeitig geht es um eine Einschätzung der Arbeitsleistung und eine Planung, wo es weiter hingehen kann. Es bietet sich an, dass Sie das Gespräch mit der Leitung führen und die Leitung mit den einzelnen Kolleginnen.

Weiterhin ist es Ihre Aufgabe, Arbeitszeugnisse zu formulieren und auszustellen. Jede Mitarbeiterin hat einen Anspruch auf ein wohlwollendes, qualifiziertes Arbeitszeugnis. Wie kann das gelingen?

- Zuerst beschreiben Sie Träger und Einrichtung allgemein (Wie lange besteht der Träger und die Einrichtung? Wie viele Kinder werden betreut? Welches Alleinstellungsmerkmal hat die Einrichtung?)
- Daran anschließend wird die Tätigkeit der Mitarbeiterin in Stichpunkten beschrieben (Stundenumfang, Stellenbezeichnung, Aufgaben).
- Dann folgt eine Bewertung der Arbeitsleistung. Orientieren Sie sich dabei an der Entwicklung der Mitarbeiterin (wie war der Einstieg und welche Aufgaben gelangen besonders gut).
- Es folgen ein Austrittsgrund, ein Dank und gute Wünsche.

Insgesamt hat ein Zeugnis nicht mehr als zwei Seiten. Sie finden im Internet zahlreiche Anwendungen, die Ihnen bei der Zeugniserstellung helfen.

19.3 Finanzen

Die Buchhaltung wird wie oben beschrieben umgesetzt, der Vorstand bzw. die Geschäftsführung prüft die sachliche und die rechnerische Richtigkeit aller Buchungsbelege. Weiterhin besteht eine Buchführungspflicht. Das heißt, alle Einnahmen und Ausgaben müssen vollständig erfasst werden. Darüber hinaus sind Aufbewahrungsfristen von Akten und wichtigem Schriftverkehr einzuhalten. Sie bewahren bitte folgende Dokumente wie im Handelsgesetzbuch (§ 257 HGB) festgelegt, auf:

- sechs Jahre: empfangene Handelsbriefe, Kopien abgesandter Handelsbriefe, Geschäftspapiere und sonstige Unterlagen mit kaufmännischer und steuerlicher Bedeutung sowie
- zehn Jahre: Handelsbücher, Inventare, Eröffnungsbilanzen, Jahresabschlüsse, sowie die zu ihrem Verständnis erforderlichen Arbeitsanweisungen und sonstigen Organisationsunterlagen. Das gilt auch für Buchungsbelege.

Danach können Sie die nicht benötigten Unterlagen vernichten. Die wichtigen Dokumente wie Mietvertrag, Arbeitsverträge, Lohnunterlagen, Betriebserlaubnis und Baugenehmigung heben Sie natürlich weiterhin auf.

Grundsätzlich sind Sie als Träger selbst für den Betrieb verantwortlich. Das bedeutet, Sie müssen dafür sorgen, dass die Zuschüsse entsprechend gezahlt werden und das Geld vorhanden ist, um das Personal zu bezahlen. Sie können zum Beispiel nicht an den Steuerberater delegieren, wie ein neuer Mitarbeiter eingruppiert wird. Sie können es gegebenenfalls mit ihm abstimmen, müssen ihn jedoch kontrollieren und die Inhalte verstehen. Sie müssen zu jedem Zeitpunkt ein Wissen um die Liquidität der Rechtsform haben. Das heißt, bei Überschuldung ist es Ihre Aufgabe, Konkurs anzumelden.

Die Betriebskostenabrechnung ist zum vorgegebenen Termin mit allen entsprechenden Unterlagen abzuliefern. Das kann auch über das Internet möglich sein. Sehr häufig ist es so, dass Sie etwas online ausfüllen und es zudem rechtsverbindlich unterschreiben.

Weiterhin führen Sie regelmäßig das Controlling durch, um zu sehen, ob die Kosten den geplanten Größen entsprechen (siehe Baustein 3, *Was Sie über Buchhaltung wissen sollten*). Wenn dies nicht der Fall ist, steuern Sie nach.

19.4 Datenschutz und Sicherheit

Durch die Datenschutzgrundverordnung, die seit Mai 2018 gilt, hat jede*r Betroffene das Recht an seinen eigenen Daten. Man hat als Betroffene*r (hier die Eltern, Mitarbeiter*innen, Vereinsmitglieder) das Recht zu sagen, dass die Daten nicht verarbeitet werden dürfen, außer es gibt eine gesetzliche Grundlage. Zum Beispiel wenn das Kind in der Kita angemeldet wird, müssen dafür auch Daten erfasst werden.

Wenn es eine gesetzliche Grundlage für die Erfassung gibt, kann man dem nicht wiedersprechen. Aber der Träger muss Auskunft geben, wo die Daten hingehen. Ein Verarbeitungsverzeichnis muss erstellt werden. Wenn man eine*n Mitarbeiter*in hat, muss der Träger wissen, ob die Lohnabrechnung intern oder extern vorgenommen wird und welche Daten weitergeleitet werden (Finanzamt, Bank, Krankenkasse). Die Daten der Eltern werden an das Jugendamt weitergegeben, in manchen Bundesländern auch die Daten der Geschwisterkinder.

Das Verarbeitungsverzeichnis ist eine Tabelle, in der verzeichnet ist, weswegen die Daten erfasst werden, was mit den Daten passiert und wie lange sie aufbewahrt werden.

In dem Zusammenhang gibt es auch freiwillige Daten wie die Telefonnummer der Mitarbeiter*in und die E-Mail-Adresse. Jede*r Mitarbeiter*in könnte sagen, dass diese Daten gelöscht werden müssen. Oder umgekehrt, ein WhatsApp-Verteiler des Teams ist somit nicht verpflichtend, sondern freiwillig.

Vertiefende Informationen und Vorlagen für das Verarbeitungsverzeichnis finden sich in den Literaturempfehlungen unter Datenschutz.

Ein*e Datenschutzbeauftragte*r ist ab 20 Mitarbeiter*innen notwendig, der allerdings auch bei dem zuständigen Dachverband oder der Kontaktstelle angefragt werden kann.

Eine weitere Änderung betrifft das Recht am eigenen Bild. Wenn zum Beispiel Bilder von Kindern auf der Internetseite platziert werden sollen, ist die Einwilligung der Erziehungsberechtigten notwendig. Das heißt, generell benötigen Sie für allgemeine Fotos im laufenden Betrieb eine Fotoerlaubnis, die Sie sich bei der Anmeldung geben lassen. Für besondere Aktionen im Rahmen der Öffentlichkeitsarbeit holen Sie am besten eine anlassbezogene Erlaubnis ein.

Bei einem Sommerfest hingebend ist es ausreichend, wenn am Eingang ein Aushang steht, dass alle, die nicht fotografiert werden wollen, bei der verantwortlichen Person Bescheid sagen. Vorlagen dazu finden Sie ebenfalls in der Broschüre zum Datenschutz.

Auch für die Webseite der Kita oder des Trägers müssen Angaben zum Datenschutz hinterlegt sein. Dafür können Sie die ein Tool nutzen, welches den Text, wie Sie ihn brauchen, automatisch generiert. Dieses ist unter https://e-recht-24.de zu finden. Um zu wissen, was Sie genau ankreuzen müssen, fragen Sie bitte bei Ihrem Homepage-Provider nach.

> Es besteht eine Sorgfaltspflicht, das heißt, dass alle Zuschüsse für den Kita-Betrieb rechtzeitig beantragt werden müssen. Die Schweigepflicht besagt, dass alle personellen Daten gewahrt werden und die Mitarbeiterinnen vertrauliche Daten für sich behalten. Gleichzeitig muss organisatorisch der Datenschutz eingehalten werden. Die Arbeitsverträge sind zum Beispiel nicht für jeden zugänglich.
>
> Wenn einzelne Mitglieder des Vereins keine Beiträge gezahlt haben, können Sie das auf der Mitgliederversammlung ohne Nennung der Namen veröffentlichen.

Als Träger sorgen Sie für die Sicherheit der Mitarbeiterinnen und Kinder. Eine Anleitung zur Erstellung der Gefährdungsbeurteilung ist im Internet bei *www.bgw-online.de* vorhanden. Diesbezüglich sind Sie verpflichtet, mit einer externen Beraterin für Arbeitssicherheit und Arbeitsmedizin einen Vertrag abzuschließen. Ausnahmen gibt es für kleine Einrichtungen.

Im Rahmen des Brandschutzes können Sie mit den Kindern ein Projekt inkl. Brandschutzübung durchführen. Sie benötigen dafür einen Sammelpunkt. Diese Übung sollte alle ein bis zwei Jahre durchgeführt werden. Die Feuerwehr kommt gern und zeigt ihre Geräte.

19.5 Versicherungen

Für den Betrieb einer Kita ist eine Betriebshaftpflichtversicherung unbedingt nötigt, diese schließen Sie selbst ab. Die Kinder sind in der Regel im Rahmen der Betriebserlaubnis durch die Unfallversicherung des Landes versichert. Das Personal ist bei Unfällen im Rahmen des Kindergartenbetriebs und bei Wegeunfällen über die Berufsgenossenschaft abgesichert.

Darüber hinaus wären folgende Versicherungen möglich: Als Arbeitgeber können Sie eine Zusatzversorgung im Rahmen der Altersvorsorge für Ihre Mitarbeiter abschließen, z. B. beim Versorgungsverband bundes- und landesgeförderter Unternehmen e. V. (VBLU). Zur Frage, ob die Einrichtung eine Inventarversicherung inkl. Vandalismus-Schäden benötigt, lassen Sie sich am besten beraten. Auch eine Betriebsunterbrechungsversicherung wäre geeignet für den Fall, dass der Kindergarten abbrennt, Sie keine Zuschüsse mehr erhalten aber das Personal noch drei Monate bezahlen müssen. Genauso kommt eine Vermögensschadenhaftpflichtversicherung für den Vorstand infrage, um nicht fristgerechte oder fehlerhafte Anträge abzusichern. Eine private Schlüsselversicherung können Sie Ihren Mitarbeiterinnen anraten, besonders wenn sich um eine teure Schließanlage handelt. Bei vielen Dienstreisen mit dem privaten PKW, zum Beispiel bei wöchentlichen Einkäufen, lohnt sich gegebenenfalls eine Dienstreise-Kaskoversicherung.

Des Weiteren müssen Sie alle Sonderaktionen zusätzlich versichern: Bei einer Kinderfreizeit benötigen Sie eine Haftpflicht- und Unfallversicherung. Bei einer Baumaßnahme ist, wenn dies nicht in der Betriebshaftpflichtversicherung enthalten ist, eine Bauherrenversicherung nötig.

19.6 Sonstiges

Alle einmaligen Ausgaben wie Renovierungen, Ersatzbedarf – wenn zum Beispiel die Waschmaschine kaputt ist – oder Ergänzungsanschaffungen, wie etwa ein zusätzlicher Kühlschrank, fallen mitunter plötzlich an und sollten genauso zeitnah beschafft werden.

Alle fünf Jahre wird in der Regel die Betriebserlaubnis vor Ort in einer Begehung überprüft (siehe Baustein 2, *Öffentlichkeitsarbeit und Eröffnung*). Dies geschieht auch, wenn Sie eine Änderung der Betriebserlaubnis beantragt haben, zum Beispiel wenn Sie U3-Kinder aufnehmen oder eine zusätzliche Gruppe eröffnen wollen.

Hilfreich und sehr sinnvoll ist es, für alle Ordner, die in der Einrichtung und beim Träger vorrätig sind, einen Ablageplan anzulegen. In ihm sind alle Dokumente nach Themen sortiert aufgeführt. Die Ablage geschieht dann so, wie Sie es dort festgelegt haben:

Betriebskosten	(Anträge, Bescheide, Berechnungsbögen, Rundschreiben)

Versicherungen	(Meldungen, Versicherungspolicen, Rundschreiben, Meldeformulare Unfallversicherung, Unterlagen der Berufsgenossenschaft)

Zudem sind alle Meldungen für Statistiken für Landesjugendamt und Kommune fristgerecht zu erstellen.

20 Qualität halten und verbessern

Zuerst möchten wir beim Thema Qualität erst einmal Folgendes verdeutlichen: Jede Kita hat ihr eigenes Profil, und das ist gut so. Beim Qualitätsmanagement (QM) bleiben die Besonderheiten jeder Einrichtung erhalten. Vielmehr ermöglichen es bestimmte Methoden, die Qualität einer Einrichtung zu erfassen und diese gezielt weiterzuentwickeln. Dazu ist eine Verschriftlichung und Reflexion der Arbeit notwendig. Weil gerade bei der Einführungsphase ein hoher Arbeitsaufwand gegeben ist, ist eine gute Organisation notwendig. Gleichzeitig bietet die neu geschaffene Klarheit ein großes Maß an Sicherheit und ein gutes Gefühl.

In einer Einrichtung fand das tägliche Frühstücksbuffet statt. Eine Erzieherin stand daneben und fragte jedes Kind, was es denn essen wolle. Daraufhin schmierte sie im Stehen für jedes Kind ein Brot. Dies war irritierend, denn es geht bei einem Buffet doch darum, dass sich jeder alles selbst auswählt und zubereitet. Die Leitung erklärte daraufhin, dass diese eine Mitarbeiterin es »eben so macht«. Mit einem QM-System hätte sich das Team geeinigt, wie ein solcher Kernprozess abläuft.

Da es unendlich viele solcher Situationen im Tagesablauf gibt, hilft eine QM-Methode. Dabei schauen Sie sich die Kernprozesse der Arbeit an und definieren gemeinsam, wie etwas gemacht wird.

Darüber hinaus lässt sich feststellen, dass die Qualität der Einrichtung zuerst einmal nichts mit der Qualität des Trägers zu tun hat. Natürlich ist eine hohe Qualität des Trägers allen Einrichtungen förderlich, weil alle pädagogischen Kernprozesse der Kitas schon definiert wurden und damit eine gute Qualität der Einrichtungen ermöglicht wird. Andersherum muss sich eine eher mittelmäßige Qualität des Trägers sich nicht zwangsläufig negativ auf die Kita niederschlagen. Die Kernprozesse sind in der Kita andere als beim Träger und daher unabhängig davon zu sehen.

20.1 Was ist Qualität?

In der Kindertagesbetreuung werden verschiedene Qualitäten unterschieden. In den letzten Jahren haben sich folgende durchgesetzt:

Die **Orientierungsqualität** ist mit dem Leitbild und den Werten einer Kita verbunden. Es geht um die Frage vom Menschenbild der Mitarbeiterinnen.

Die **Strukturqualität** ist sowohl durch die gesetzlichen Rahmenbedingungen als auch durch Trägergegebenheiten gekennzeichnet. Dazu gehören zum Beispiel der Personal-Kind-Schlüssel, Verfügungszeiten, Fortbildungstage und die Freistellung der Leitung.

Eine Studie aus dem Jahr 2013 kam zu dem Ergebnis, dass die Strukturqualität in Kitas deutlich verbesserungsbedürftig ist, vor allem im Zusammenhang mit der Gesundheit und der Motivation der Mitarbeiterinnen.[21]

Die **Prozessqualität** hat die pädagogische Arbeit in der Kita und vor allem deren Ergebnisse im Blick. Es geht um die Frage, ob und inwieweit die Umgebung und Begleitung eine bestmögliche Entwicklung der Kinder ermöglicht. Jeder Kita sollte daran gelegen sein, diese zu verbessern.

Hier werden Kernprozesse im pädagogischen Alltag gemeinsam definiert und etabliert. Dazu gehören zum Beispiel das Bringen und Abholen, das freie Spiel, die pädagogischen Angebote, das Frühstück und das Mittagessen, das Schlafen, der Morgenkreis und Elterngespräche.

Nicht zu vergessen ist die **Management- und Organisationsqualität**, die in jeder Kita und zudem beim Träger eine Rolle spielt. Im Rahmen der **Kontextqualität** werden Unterstützungsstrukturen wie zum Beispiel Fachberatung vom Träger oder von einem Dachverband bereitstellt.

20.2 Gezielte Systeme nutzen

Grundsätzlich sind keine bestimmten QM-Methoden in Kindertageseinrichtungen vorgeschrieben, die Tendenz geht aber auch im Rahmen des § 22a (siehe *Nützliche Hintergrundinformationen*) dahin.

In einigen Bundesländern sind regelmäßige Verfahren vorgesehen, in ihrer Verbindlichkeit stechen dabei Hamburg und Berlin hervor.

---

21. Voss, Anja; Viernickel, Susanne; Mauz, Elvira; Schumann, Maria (2012): »Strukturqualität und Erzieherinnengesundheit in Kindertageseinrichtungen (Stege). Eine qualitative Untersuchung in Nordrhein-Westfalen«. Online verfügbar unter http://www.bildungsserver.de/onlineressource.html?onlineressourcen_id=50502, zuletzt geprüft am 14.11.2017.

Wenn Sie »nur« die Prozessqualität weiterentwickeln wollen, bietet sich zum Beispiel das **Kindergarten Gütesiegel** (darin ist die **Kindergarten-Einschätzskala** enthalten) an, die es mittlerweile auch für Krippe und Hort gibt. Dieses Verfahren kann durch das Team selbstständig durchgeführt werden. Zudem können Sie eine zusätzlich ausgebildete externe Fachkraft hinzuziehen, die Ihnen nach einem Tag eine Einschätzung sowie neue Ideen an die Hand gibt.

Sind Sie eine Elterninitiative, bietet sich das **Gütesiegel des BAGE e.V.** an, welches verschiedene Qualitätsdimensionen berücksichtigt. Dabei geht es vor allem darum, wie die Eltern sich beteiligen und wie eine Zusammenarbeit zwischen Mitarbeitern und Eltern gelingen kann.

Im Rahmen des **Kronenberger Kreises** erarbeiten Sie dialogisch, wie verschiedene Qualitätsdimensionen im Vergleich zu guter Fachpraxis abschneiden und entwickeln Lösungen, wie Sie dahin kommen.

Daneben lassen sich noch weitere neuere Methoden für die Frühpädagogik aufzählen, z. B. Qualitypack, SYLQUE (System zur Leistungs- und Qualitätsbeschreibung, Qualitätsprüfung und Entgeltabrechnung), QUIK (Qualität im Kindergarten) und IQUE (Integrierte Qualitäts- und Personalentwicklung).

20.3 Trägerqualität entwickeln

Als neu gegründeter Träger können Sie unter Umständen leichter für Qualität sorgen, wenn Sie Trägerabläufe und Strukturen geklärt haben: Im Organigramm werden Hierarchie und Aufgaben einer Organisation dargestellt. Dieses Schaubild kann im Kindergarten an einem öffentlichen Ort, zum Beispiel am schwarzen Brett, ausgehängt werden.

Auf der höchsten Ebene steht derjenige, der die Fach- und/oder Dienstaufsicht innehat. Dann können verschiedene Ebenen folgen. Sie sollten zu Beginn festlegen, ob jede Mitarbeiterin darauf erscheinen soll oder nicht. Es hängt auch davon ab, ob Sie einen oder mehrere Kindergärten betreiben und wo das Unternehmen hin will. Hier ein Beispiel, wenn Sie größer denken:

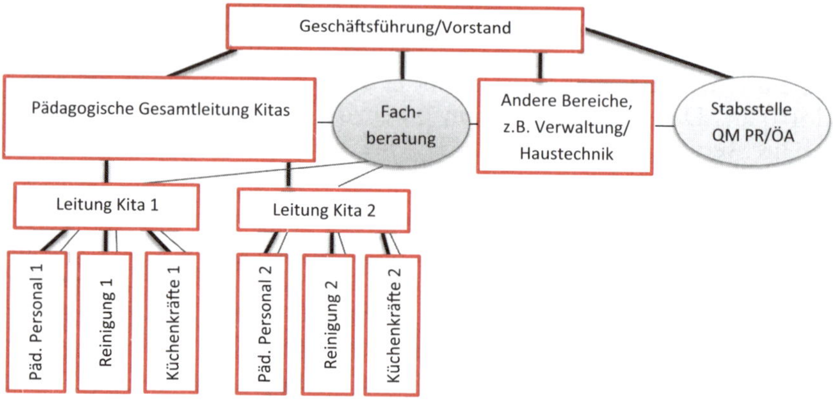

Grafik 1: Organigramm Kita, eigene Darstellung

Hier wird deutlich, dass es neben der Gesamtleitung aller Kitas noch eine Fachberatung gibt, die als Stabsstelle die Fachaufsicht innehat. Weiterhin ist auch eine Ausgliederung der Fachberatung möglich. Die Dienstaufsicht liegt bei der Gesamtleitung. Die Verwaltung ist eine andere Abteilung, und auch die handwerkliche Unterstützung für alle Kita wird aus einer Hand umgesetzt. Die Reinigungs- sowie Küchenkräfte werden von der Einrichtungsleitung jeder Kita geleitet. Die Eltern sind hier nicht eingefügt, könnten allerdings noch in der Funktion des Elternrats, sollte es ihn geben, einbezogen werden. Bei einem Verein wählen die Eltern den Vorstand, daher könnten die Vereinsmitglieder ebenfalls ergänzt werden. Es bietet sich an, diese Fragen im Rahmen der Konzeption darzustellen (siehe Baustein 2, *Alles Wichtige kommt ins Konzept*).

Bei diesen formalen Entscheidungen geht es ebenso um die Definition von Kernprozessen.

> Kernprozesse können sein: Einarbeitung neuer Mitarbeiter*innen, Finanzplanung- und Controlling, Fortbildungswesen, Fachberatung, Konzeptarbeit, Personalgewinnung etc.

Alle großen Trägerverbände schreiben im Kita-Bereich verbindliche Instrumente vor bzw. raten sie an: Das aus der Industrie stammende System **DIN EN ISO 9001:2000** bildet die Grundlage für die QM-Methoden bei der Arbeiterwohlfahrt und beim Deutschen Roten Kreuz. Die evangelischen Träger nutzen das **BETA-Qualitätsmanagementsystem**, die katholischen Träger haben das **KTK-Gütesiegel** entwickelt. Der Paritätische Wohlfahrtsverband hat das **PQ-System** entwickelt. Am besten legen Sie eines dieser Instrumente zugrunde.

20.4 Weitere Möglichkeiten

Wenn Sie als kleiner Träger anfangen und ehrenamtlich arbeiten, erscheint ein QM-System für den Betrieb der Einrichtung möglicherweise erst einmal abschreckend. Daher können Sie mit den klassischen Methoden arbeiten:

Interne oder externe Fachberatung sollte Leitungskräften sowie dem Team zur Verfügung stehen. Für Teammitglieder können zum Beispiel Arbeitskreise zu bestimmten Themen vorgehalten werden. Zudem sollten Sie als Träger eine Fachberatung in Anspruch nehmen. Sie führen ein Unternehmen und haben in jedem Fall Fragen.

Ein weiteres, besonders aussagekräftiges Instrument sind Elternbefragungen zu Angeboten, Öffnungszeiten und Wünschen (siehe Baustein 2, *Alles Wichtige kommt ins Konzept*). Das Gleiche gilt für die Kinder, die zum Beispiel in regelmäßigen Kinderkonferenzen einbezogen werden können.

Auf den jährlichen Konzepttagen arbeitet das Team am Konzept weiter. Sie haben entweder eine konkrete Fragestellung vorgegeben, oder es werden gemeinsam neue Ideen entwickelt und anschließend umgesetzt. Dazu kann sich eine externe Referentin anbieten.

Um etwas über die Raum- und Angebotsnutzung zu erfahren, zählen Sie mit Strichlisten, wie viele Kinder dies über einen Vormittag nutzen. Dadurch wird klar, welche Spielgeräte am meisten genutzt werden und was kaum genutzt wird. Daran anschließend überlegen Sie gemeinsam mit den Kindern, was wie geändert werden könnte.

Generell gilt es, die Vorschläge, Erfahrungen und die Ergebnisse zu dokumentieren und zu reflektieren. Sie haben sich als Träger grundsätzlich zur Weiterentwicklung verpflichtet.

> Sie könnten eine jährliche Präsentation der Ergebnisse als Ausstellung oder Fest gestalten. Ihrer Fantasie sind dabei keine Grenzen gesetzt.

Zusammenfassung

- Sie benötigen eine vollständige Buchhaltung Ihrer finanziellen Aktivitäten. Diese bildet die Grundlage für eine gelungene Steuerung des Unternehmens.
- Mit dem Betriebsbeginn sind Sie verpflichtet, alle Arbeitgeberaufgaben zu erfüllen. Zwar können Sie vieles delegieren, müssen jedoch alles dabei im Blick haben.
- Die Qualitätsentwicklung voranzutreiben ist vielfältig möglich, wobei neben der Prozessqualität der Einrichtung die Trägerqualität nicht zu vernachlässigen ist.

Kita-Gründung in Bayern und deutschlandweit

Wo: Bayern und inzwischen deutschlandweit
Wann: 01.01.1998
Rechtsform: erst e. V., dann gGmbH
Alter der Kinder und Anzahl: von sechs Monaten bis sechs Jahren sowie vereinzelt Hortkinder, derzeit ca. 4.000 Kinder (Tendenz steigend)
Eigene Position: Gründer und Geschäftsführer
Dauer des Gründungsprozesses: fortlaufend, ca. 8 Jahre bis zum Durchbruch

Erzählen Sie mal, wie war das damals mit der Kita-Gründung?

Schon während meines Jura-Studiums habe ich immer wieder im Freundes- und Bekanntenkreis festgestellt, wie schwierig und problematisch die Betreuungssituation für Kinder ist – gerade, wenn man als Eltern berufstätig sein möchte. Deswegen gründete ich 1998 einen gemeinnützigen Verein und eröffnete unsere erste Kindertagesstätte 1999. Dabei wollte ich natürlich bedarfsgerechte Bedingungen für berufstätige Eltern schaffen, damit sie ihr Familien- und Berufsleben optimal miteinander vereinbaren können. Deswegen setzten wir auf täglich lange Öffnungszeiten, eine durchgehende ganzjährige Öffnung ohne Ferienschließzeiten und flexible Buchungsmöglichkeiten. Natürlich wurden auch andere Eltern über die Stadtgrenzen hinaus auf unser Angebot aufmerksam und wollten dieses auch nutzen. Ich stand nun kurz davor zu expandieren und nächste Kinderkrippen bzw. Kitas zu eröffnen.

In einer nahegelegenen Stadt wollte ich unsere erste betriebsnahe Kinderbetreuung im Gewerbepark eröffnen. Die Kinderkrippe Lilliput ist mit einem für damals unglaublich fortschrittlichen, weil elternfreundlichen, Konzept angetreten und ist damit aber nicht gerade offene Türen bei den Behörden eingelaufen. Und während die Familien unser Angebot sehr begrüßten, standen die Behörden dem Projekt etwas skeptisch gegenüber. Aber wir sind hart geblieben! Nach drei Jahren konnte dort im Jahr 2003 unser Standort eröffnen. Zur Eröffnung kam dann auch die damalige Bundesfamilienministerin Renate Schmidt und lobte uns für unser vorbildliches Handeln und vorausschauendes Tun.

Im Jahr 2006 erhielten wir die bundesweite Anerkennung als Träger der freien Jugendhilfe und damit eine große Anerkennung unserer Qualität und unserer Erfolge.

Im gleichen Jahr folgte der nächste große Meilenstein in meiner Erfolgsgeschichte: Die Firma erhielt die Auszeichnung »Social Entrepreneur Germany« von der Schwab Foundation, der Zeitschrift Capital und der Boston Consulting Group. Durch diese große Auszeichnung erhielt ich Pro-Bono-Partnerschaften (kostenfreie Beratungsleistungen), die mich im Aufbau meiner Vision unterstützen. Auch die Aufnahme bei einer weiteren Stiftung und einem Sozialinvestor unterstützen mich beim Wachstum meiner Vision.

Im Rahmen des »Social Entrepreneurs 2006« erhielt ich zudem eine Einladung zum Weltwirtschaftsforum in Davos, auf dem ich in Gesellschaft von weltweit führenden Unternehmern, Politikern und Wissenschaftlern im Januar 2008 den Titel des »Young Global Leaders« erhielt. Eine Auszeichnung für Menschen, die mit außergewöhnlichem Einsatz für eine bessere Zukunft arbeiten.

Nach diesen öffentlichkeitswirksamen und aufmerksamkeitsstarken Auszeichnungen stand bei uns das Telefon nicht mehr still. Viele Firmen und Städte sind auf uns zugekommen, damit wir ihnen beim Ausbau der Kinderbetreuung helfen und ihre Angebote betreiben. Die Firmen interessierten sich ganz besonders für die betriebliche/betriebsnahe Kinderbetreuung.

2011 konnte ich für meine Vision und meine Ideen einen Investor gewinnen, der uns in unserem Wachstum unterstützt und mit dessen Hilfe ich meine Vision noch weiter verbreiten kann. Im gleichen Jahr wurde der Verein in eine gemeinnützige GmbH umfirmiert.

Wo hatten Sie die meisten Schwierigkeiten und den meisten Rückenwind?

Fangen wir mit dem Positiven an: Starken Rückenwind erhielten wir von den Eltern und Familien, unseren (Sozial-) Investoren und Unterstützern sowie natürlich meiner Verwaltung und den dazugehörigen, mehr als engagierten Mitarbeitern. Mit all dieser Hilfe konnte die Organisation wachsen und ihre Ideen in ganz Deutschland verbreiten. Offene und innovative Städte, Gemeinden, Kommunen und Unternehmen trugen dazu bei, dass wir zahlreiche Einrichtungen nach unserem Konzept und unseren Qualitätsstandards eröffnen konnten.

Schwierigkeiten gab es am Anfang durch unser neues Konzept und den neuen Ansatz. Einige Verwaltungen mussten davon erst überzeugt werden. Schwierig waren teilweise die Finanzierungen von Grundstücken und Bauvorhaben. Manchmal gibt es heutzutage auch noch dabei Probleme. Grundsätzlich ist das Finden von geeignetem freien Raum (Immobilien, Grundstücke), vor allem in den Metropolen, schwierig.

Wie viele Leute waren Sie am Anfang?

In der Gründungszeit war ich alleine und erhielt später Unterstützung von drei/vier Weggefährten, die die Basis für unsere heutige Arbeit gelegt haben. Derzeit sind wir in unserer Verwaltung 38 Mitarbeiter*innen. Zählt man alle pädagogischen Fachkräfte unserer Einrichtungen dazu, kommen wir auf über 680 Personen.

Wie haben Sie sich gegenseitig motiviert?

Eine unserer Geheimwaffen ist sicherlich unser Herzblut für die Sache an sich. Tag für Tag sehen wir etwas Gutes entstehen und unsere positive Bewegung wachsen. Unsere Arbeit macht für uns einen Sinn, und wir können damit wirkliche Probleme anpacken und lösen. Dieses gute Gefühl gibt uns Auftrieb und lässt uns gemeinsam auch schwierige Hürden bewältigen, und davon gab es gerade am Anfang mehr als genug.

Wie haben Sie die Finanzierung umgesetzt?

Das Kerngeschäft der gemeinnützigen gGmbH ist der Betrieb von Kinderkrippen und -tagesstätten. Aus der Kinderbetreuung resultierende Überschüsse werden, vor dem Hintergrund der Gemeinnützigkeit, vollumfänglich in das Kerngeschäft, insbesondere in die Errichtung neuer Einrichtungen, investiert. Wir erzielen unsere Erlöse für den laufenden Betrieb aus Elternbeiträgen und staatlich garantierten Betriebskostenzuschüssen. Für Investitionen (z. B. bei Neu-/Umbau) stehen zusätzlich Investitionskostenzuschüsse in erheblichem Maß zur Verfügung. Die Einrichtungsinvestition ist standardisiert für die Gruppen im Kindergarten und in der Kinderkrippe. Die Finanzierung für Anschaffungs- und Herstellungskosten (Grund/Bau) ist meist eine Mischung aus öffentlichen Investitionskostenzuschüssen und langfristiger Fremdfinanzierung. Ergänzt wird dieses durch Wachstumskapital von sozial- und halböffentlichen Investoren zur

Finanzierung der Wachstumskosten und durch Eigenfinanzierung aus dem erwirtschafteten Cashflow der Bestandseinrichtungen. Im besonderen Maß werden Investitionen zum Aufbau der Verwaltungsstruktur von unserem Unternehmen getätigt, um den Wachstumskurs personell stemmen zu können.

Gerade am Anfang war es sehr schwer, den sozialen Gedanken mit dem wirtschaftlichen Handeln in Einklang zu bringen und dieses Modell Gesprächspartnern, Banken, Behörden und anderen Stellen zu vermitteln. Um einen neuen Standort zu eröffnen, musste ich in finanzielle Vorleistung gehen. Aber damals, 1998, war keine Bank bereit, für eine zu dieser Zeit noch recht absurd klingenden Idee Geld zu leihen. Wir standen vor dem klassischen Problem, dass wir eine innovative Idee hatten, aber die Funktionsfähigkeit unseres Modells noch nicht unter Beweis gestellt hatten. Zwischen diesen beiden Punkten lag nun eine große Finanzierungslücke, die bei uns Sozialunternehmern meist den ausschlaggebenden Punkt darstellt. Da die Ideen und Visionen von uns Sozialunternehmern meist innovativ und zukunftsweisend sind, sind sie jedoch auch unerforscht und dadurch höchst riskant für Investoren. Zudem ist die Rendite für die Investoren meist relativ gering.

Am Anfang konnte das Business noch mit eigenem Geld sowie mit Kapital von der Familie und Freunden finanziert werden, aber irgendwann wurde das Ganze dafür zu groß. Zunächst hatten wir Glück und fanden einige Business Angels sowie private Spender, mit deren Hilfe die nächsten Schritte gegangen werden konnten. Aber dauerhaft Spenden einzusammeln, konnte nicht der richtige Weg sein, denn dafür musste zu viel Zeit investiert werden und diese fehlte dann im wichtigen operativen Geschäft. Das Jahr 2006 war ein wichtiger Meilenstein für uns: Wir schrieben schwarze Zahlen, und durch den Aufbau von vier Standorten konnten wir die Funktionsfähigkeit unseres Modells unter Beweis stellen. Die Auszeichnung zum »Social Entrepreur Germany« und das sich damit öffnende Netzwerk haben uns dann den großen Anschub für unseren Ausbau gegeben. Dadurch bekam das Unternehmen größere Bekanntheit und Aufmerksamkeit. Nun kamen neue Kapitalgeber auf uns zu. Die hervorragenden Kontakte und Pro-Bono-Partnerschaften unterstützen uns in unserer strategischen Aufstellung, Ausrichtung und unserem wirtschaftlich nachhaltigen Wachstum. Die Ehrung stellte außerdem den Kontakt zu unseren Sozialinvestoren her, die einen großen Beitrag an unserem Wachstum tragen.

Durch die daraus entstandene breitere Eigenkapitalbasis können wir unsere Entwicklung jetzt nochmals beschleunigen und das Potenzial unseres Sektors ausschöpfen. Dabei hilft natürlich auch, dass sich die Banken aufgrund der nun besseren Eigenkapitalausstattung von uns nicht mehr verschließen. Die Profitabilität meines Geschäftsmodells hat sich inzwischen bis zu den traditionellen Private-Equity-Häusern herumgesprochen.

Was würden Sie anderen Gründungswilligen unbedingt ans Herz legen?

In meinem Geschäftsfeld gehört ganz viel Geduld, Ausdauer und Begeisterungsfähigkeit dazu. Gerade am Anfang war es sehr schwer, den sozialen Gedanken mit dem wirtschaftlichen Handeln in Einklang zu bringen und dieses Modell Gesprächspartnern, Behörden und anderen Stellen zu vermitteln. Social Business war noch sehr neu und ein unbeschriebenes Blatt. Da musste man erst einmal eine Menge Überzeugungsarbeit leisten.

Sich davon nicht entmutigen zu lassen, seine Idee und seine Ziele immer im Auge zu behalten und am Ball zu bleiben – das macht für mich einen wahren Unternehmerhelden aus!

Würden Sie heute noch einmal eine Kita gründen?

In jedem Fall!

Was muss man aus Ihrer Sicht als Gründer einer Kita haben, damit man erfolgreich ist?

Herzblut, eine Vision, Durchhaltewillen, Engagement und Begeisterungsfähigkeit und einen hohen eigenen Anspruch an Qualität, Beständig-, Bedarfsgerechtigkeit und Nachhaltigkeit.

Vielen Dank für das Interview.

Nützliche Hintergrundinformationen

In diesem Teil finden Sie wissenswerte weiterführende Informationen. Im Anhang sind Dachverbände und diverse Übersichten über die landesgesetzlichen Regelungen der Kita-Gesetze zusammengestellt (Kapitel 21). Es folgen empfehlenswerte Webseiten (Kapitel 22) sowie Literaturempfehlungen (Kapitel 23).

21 Anhang

21.1 Bundesarbeitsgemeinschaft Elterninitiativen (BAGE) e.V.

Die BAGE ist die Dachorganisation von 24 Mitgliedsorganisationen, die regionale Fachberatung und vielfältigen Service für Elterninitiativen anbieten.

Bundesarbeitsgemeinschaft Elterninitiativen (BAGE) e.V.
Geschäftsstelle Berlin
Crellestraße 19/20, 10827 Berlin
Telefon: +49 (0)30 70 09 42 56 0
Email: info@bage.de
Internet: *www.bage.de*

21.2 Dachverbände und Trägerorganisationen

Darüber hinaus bestehen weitere Dachverbände. Neben den angegebenen Bundesgeschäftsstellen gibt es vor Ort weitere Verbandsaktivitäten.

Der Paritätische Gesamtverband
Oranienburger Str. 13–14
10178 Berlin
Telefon: +49 (0)30 24 63 60
Email: info@paritaet.org
Internet: *www.paritaet.org* | *www.der-paritaetische.de*

VPK-Bundesverband privater Träger der freien Kinder-, Jugend- und Sozialhilfe e. V.
Albestraße 21
12159 Berlin
Telefon: +49 (0)30 89 62 52 37
Email: info@vpk.de
Internet: *www.vpk.de*

Deutsches Rotes Kreuz-Generalsekretariat
Carstenstr. 58
12205 Berlin
Telefon: +49 (0)30 85 40 40
Email: drk@drk.de
Internet: *www.drk.de*

AWO Arbeiterwohlfahrt Bundesverband e.V.
Heinrich-Albertz-Haus
Blücherstr. 62/63
10961 Berlin
Telefon: +49 (0)30 26 30 90
Email: info@awo.org
Internet: *www.awo.org*

Genossenschaftsverband e.V.
Geschäftsstelle Berlin
Jean-Monnet-Straße 4
10557 Berlin
Telefon: +49 (0)30 26 47 27 02 3
Email: rainer.wunschick@genossenschaftsverband.de
Internet: *www.genossenschaftsverband.de*

Für die verschiedenen pädagogischen Ansätze wie Waldpädagogik, Waldorf, Montessori und Reggio informieren Sie sich bitte im Internet. Es gibt regionale sowie bundesweit tätige Organisationen, die Ihnen weitere Informationen geben können.

21.3 Landesgesetze zur Kindertagesbetreuung:[22]

Sie finden hier alle 16 Kita-Landesgesetze mit den wichtigsten Eigenschaften pro Bundesland. Es ist möglich, dass sich bestimmte Regelungen ändern, daher haben wir die Quellen angegeben. Das erleichtert auch das Wiederfinden im Gesetzestext.

22. Auf der Webseite der Bage sind die Links zu den einzelnen Kita-Gesetzen der Bundesländer zu finden: http://www.bage.de/menue/links/links-zu-den-kita-gesetzen-der-einzelnen-bundeslaender/.

Bundesland	Landesgesetz und Jahr
Baden-Württemberg	Gesetz über die Betreuung und Förderung von Kindern in Kindergärten, anderen Tageseinrichtungen und Tagespflege (Kindertagesbetreuungsgesetz – KiTaG), vom 19.03.2009 in der Fassung vom 11.02.2020. Zudem liegt eine Rahmenvereinbarung zur Umsetzung des § 8a KiTaG vor. Darüber hinaus sind die Personalregelungen in der Verordnung des Kultusministeriums über den Mindestpersonalschlüssel und die Personalfortbildung in Kindergärten und Tageseinrichtungen mit altersgemischten Gruppen (Kindertagesstättenverordnung – KiTaVO) vom 19.11.2019 geregelt. www.kvjs.de
Bayern	Bayrisches Gesetz zur Bildung, Erziehung und Betreuung von Kindern in Kindergärten, anderen Kindertageseinrichtungen und in Tagespflege (Bayerisches Kinderbildungs- und Betreuungsgesetz – BayKiBiG) vom 08.07.2005, zuletzt geändert am 23.12.2019. Zudem die Verordnung zur Ausführung des Bayerischen Kinderbildungs- und -betreuungsgesetzes (AVBayKiBiG) vom 5. Dezember 2005, zuletzt geändert am 24.05.2019.
Berlin	Gesetz zur Förderung von Kindern in Tageseinrichtungen und Kindertagespflege (Kindertagesförderungsgesetz – KitaFöG) vom 23.06.2005, zuletzt geändert am 11.06.2020. Zudem die Verordnung über das Verfahren zur Gewährleistung eines bedarfsgerechten Angebotes von Plätzen in Tageseinrichtungen und Kindertagespflege und zur Personalausstattung in Tageseinrichtungen (Kindertagesförderungsverordnung – VOKitaFöG) vom 04.11.2005, zuletzt geändert am 21.06.2020.
Brandenburg	Zweites Gesetz zur Ausführung des Achten Buches des Sozialhilfegesetzbuches – Kinder und Jugendhilfe (Kindertagesstättengesetz – KitaG) vom 27.06.2004 in der Fassung vom 25.06.2020. Zudem gilt die Kita-Personalverordnung (KitaPersV) vom 27. April 1993, zuletzt geändert am 08.06.2020.
Bremen	Bremisches Gesetz zur Förderung von Kindern in Tageseinrichtungen und in Tagespflege (Bremisches Tageseinrichtungs- und Kindertagespflegegesetz – BremKTG), vom 19.12.2000, zuletzt geändert am 05.03.2019. Darüber hinaus bestehen zahlreiche Verordnungen, die auf der Webseite der Bremer *Senatorin für Kinder und Bildung* dargestellt sind.

Bundesland	Landesgesetz und Jahr
Hamburg	Hamburger Kinderbetreuungsgesetz (KibeG) vom 27.04.2004, zuletzt geändert am 27.11.2019. Weiterhin diverse Verordnungen, unter anderem der Landesrahmenvertrag Kindertagesbetreuung in Tageseinrichtungen, vom September 2009 und die Richtlinien für den Betrieb von Kindertageseinrichtungen, vom 01. August 2012. Es gibt zudem einen Rahmenhygieneplan sowie die Verordnung über die Eignung von Tagespflegepersonen und Tagespflegegeld (Kindertagespflegeverordnung – KTagPflVO) vom 18. März 2014.
Hessen	Hessisches Kinder- und Jugendgesetzbuch (HKJHG) vom 18.12.2006, zuletzt geändert am 25.06.2020.
Mecklenburg-Vorpommern	Gesetz zur Förderung von Kindern in Kindertageseinrichtungen und in Kindertagespflege (Kindertagesförderungsgesetz – KiföG M-V), vom 01.04.2004, zuletzt novelliert am 04.09.2020. Zudem diverse Verordnungen auf dem Portal www.regierung-mv.de/Landesregierung/sm/Familie/Kindertagesförderung/ in einer Broschüre zum Downloaden zusammengestellt.
Niedersachsen	Gesetz über Tageseinrichtungen für Kinder (KiTaG) vom 07.02.2002, zuletzt geändert am 24.10.2019. Weiterhin die Verordnung über Mindestanforderungen an Kindertagesstätten (1. DVO – KiTaG) vom 28.06.2002, zuletzt geändert am 15.11.2004 und (2. DVO-KiTaG) vom 16.07.2002, zuletzt geändert am 19.07.2019.
Nordrhein-Westfalen	Gesetz zur frühen Bildung und Förderung von Kindern (KiBiZ), vom 03.12.2019 sowie eine Anlage zu § 33 (Stand: 06.01.2020), eine Durchführungsverordnung (DVO KiBiz) vom 05.03.2020 und eine Personalverordnung vom 04.08.2020.
Rheinland-Pfalz	Kindertagesstättengesetz (KTagStG) vom 15.03.1991, zuletzt geändert am 03.09.2019. Neuausrichtung des Gesetzes ab 01.07.2021 (www.kita.rlp.de). Darüber hinaus die Landesverordnung zur Ausführung des KTagStG vom 31. März 1998 (GVBl. S. 124), zuletzt geändert am 27.12.2005.
Saarland	Saarländisches Kinderbetreuungs- und -bildungsgesetz (SKBBG) vom 18.06.2008, zuletzt geändert am 19.06.2019. Zudem die Verordnung zur Ausführung des Saarländischen Kinderbetreuungs- und -bildungsgesetzes (Ausführung-VO SKBBG) vom 02. 09.2008, zuletzt geändert am 19.06.2019.

Bundesland	Landesgesetz und Jahr
Sachsen	Sächsisches Gesetz zur Förderung von Kindern in Tageseinrichtungen (Gesetz über Kindertageseinrichtungen – SächsKitaG) vom 15.05.2009, zuletzt geändert am 14.12.2018. Weiterhin gibt es diverse Rechtsvorschriften, die auf der Webseite des *Staatsministeriums Kultus* zusammengestellt ist.
Sachsen-Anhalt	Gesetz zur Förderung und Betreuung von Kindern in Tageseinrichtungen und in Tagespflege des Landes Sachsen-Anhalt (Kinderförderungsgesetz – KiFöG) vom 05.03.2003, zuletzt geändert am 16.01.2020. Mehr Informationen unter Kinderbetreuung in Sachsen-Anhalt auf der Webseite: ms.sachsen-anhalt.de/themen/familie/dialog-kita/kinderbetreuung/
Schleswig-Holstein	Gesetz zur Förderung von Kindern in Tageseinrichtungen und Tagespflegestellen (Kindertagesstättengesetz – KiTaG), vom 12.12.1991, zuletzt novelliert am 12.12.2019 (Kita-Reform-Gesetz). Zudem besteht eine Kindertagesstätten- und tagespflegeverordnung (KiTaVO).
Thüringen	Thüringer Gesetz über die Bildung, Erziehung und Betreuung von Kindern in Kindergärten, anderen Kindertageseinrichtungen und in Kindertagespflege als Ausführungsgesetz zum Achten Buch Sozialgesetzbuch (Thüringer Kindergartengesetz – ThürKigaG –) vom 18. Dezember 2017, zuletzt geändert am 11.06.2020. Weiterhin ist die Thüringer Kindertageseinrichtungsverordnung (ThürKitaVO) gültig. Weitere Verordnungen unter www.bildung.thueringen.de/bildung/kindergarten/recht/.

Tabelle 26: Landesgesetze zur Kindertagesbetreuung

21.4 Bau- und Raumvorgaben

Bundesland	Gibt es bauliche Vorgaben?
Baden-Württemberg	Das Gesetz macht dazu keine Angaben. Es gibt ein nützliches PDF- Dokument mit Details: Kommunalverband für Jugend und Soziales Baden-Württemberg (2020): Der Bau von Tageseinrichtungen für Kinder. 3. Aufl., Stuttgart, Eigenverlag. Online verfügbar auf der Webseite des *Kommunalverbandes Jugend und Soziales Baden-Württemberg* www.kvjs.de.
Bayern	Das Gesetz macht dazu keine Angaben.

Bundesland	Gibt es bauliche Vorgaben?
Berlin	Pro Kind steht eine pädagogische Nutzfläche von 3 Quadratmetern bereit, bei Neubau sogar 4,5 Quadratmeter sowie angemessener Freiflächenanteil pro Kind (§ 12 KitaFöG). Die Träger sollen sich schon im Planungsverfahren beraten lassen (ebd.).
Brandenburg	Das Gesetz macht dazu keine Angaben.
Bremen	Die Baugenehmigung, die Bauabnahme und die Umsetzung der Auflagen muss vorgelegt werden (7.1 Richtlinien für den Betrieb von Tageseinrichtungen für Kinder im Land Bremen – RiBTK). Für U3-Kinder stehen pro Kind 5 Quadratmeter und für Ü3-Kinder 3 Quadratmeter zur Verfügung, Flur- und Sanitärräume ausgeschlossen. (7.4. ebd.). Pro zehn Kinder ist ein Kinder-WC nötig, für Kleinkinder einen Wickelbereich sowie Duschmöglichkeit (ebd.). Diverse weitere Vorschriften werden dargestellt (7.4 bis 7.7 ebd.). (Dies ist die letzte uns bekannte Version der RiBTK, welche in 2017 abgelaufen sind. Neue Vorgaben bestehen bisher nicht.)
Hamburg	Es sind 3,3 Quadratmeter für U3-Kinder und 3 Quadratmeter für Ü3-Kinder, die ganztags kommen, vorgesehen (Richtlinien für den Betrieb von Kindertageseinrichtungen, S. 4–8).
Hessen	Das Gesetz macht dazu keine Angaben.
Mecklenburg-Vorpommern	Das Gesetz macht dazu keine Angaben.
Niedersachsen	Pro Kind stehen 3 Quadratmeter für U3-Kinder und 2 Quadratmeter für Ü3-Kinder zur Verfügung sowie ein Ruheraum für Kinder, die mehr als sechs Stunden betreut werden (§ 1 1. DVO-KiTaG).
Nordrhein-Westfalen	Das Gesetz macht dazu keine Aussagen. Beide Landesjugendämter haben Empfehlungen zum Raumprogramm herausgegeben, siehe zum Beispiel auf der Webseite des *Landschaftsverbandes Rheinland*. Zudem gibt es ein weiteres Dokument: Unfallkasse NRW (2017): Die sichere Kindertageseinrichtung. Eine Arbeitshilfe zur Planung und Gestaltung. (Prävention in NRW, 51). Düsseldorf, Eigenverlag. Online verfügbar auf deren Webseite.
Rheinland-Pfalz	Das Gesetz macht dazu keine Angaben. Unter www.kita.rlp.de gibt es eine Orientierungshilfe.
Saarland	Eine angemessene Förderung muss möglich sein, Näheres ist in Verwaltungsvorschriften geregelt (§ 9 VO-SKBBV).

Bundesland	Gibt es bauliche Vorgaben?
Sachsen	Die Räume müssen den Aufgaben gemäß § 2 entsprechen, sie müssen ausreichend und kindgemäß bemessen sein (§ 11 SächsKitaG). Details stehen in der »Empfehlung des Sächsischen Staatsministeriums für Soziales zu den räumlichen Anforderungen an Kindertageseinrichtungen« vom 02.06.2005.
Sachsen-Anhalt	Die Lage, das Gebäude, die Räumlichkeiten, die Außenanlagen und die Ausstattung müssen den Aufgaben entsprechen. Sie müssen ausreichend und kindgerecht bemessen sein. (§ 14 KiFöG)
Schleswig-Holstein	Die pädagogisch nutzbare Fläche pro Kind muss mindestens 3,5 m^2 in Krippengruppen, altersgemischten Gruppen und integrativen Kindergartengruppen, 3,0 m^2 in Hortgruppen und 2,5 m^2 in Kindergartengruppen betragen (§ 23 (1) KiTaG). Weitere Anforderungen in § 23 (2) – (5).
Thüringen	Für Kinder unter drei Jahren müssen 5 Quadratmeter, für ältere Kinder 2,5 Quadratmeter zur Verfügung stehen. Pro Platz sind außerdem 10 Quadratmeter Außengelände erforderlich (§ 15 ThürKigaG). Näheres ist in § 1 ThürKitaVO geregelt.

Tabelle 27: Bau- und Raumvorgaben in den Bundesländern

21.5 Bedarf und Bedarfsfeststellung

Bundesland	Wann steht ein Platz zur Verfügung?
Baden-Württemberg	Die Eltern müssen ihren Bedarf sechs Monate vor Inanspruchnahme gegenüber der Gemeinde anmelden (§ 3 (2a) KiTaG).
Bayern	Das Gesetz macht dazu keine Angaben.
Berlin	Für Kinder ab dem ersten Lebensjahr wird ein Teilzeitplatz ohne weitere Bedarfsprüfung gewährt (§ 4 KitaFöG). Der Anspruch ist frühestens neun Monate und spätestens zwei Monate vor Geltendmachung anzumelden (§ 3 VOKitaFöG).
Brandenburg	Ab dem vollendeten ersten Lebensjahr besteht ein Mindestbetreuungsanspruch von täglich 6 Stunden. Bei jüngeren Kindern muss der Bedarf durch die Abwesenheit der Eltern gegeben sein. (§ 1 (2) KitaG).

Bundesland	Wann steht ein Platz zur Verfügung?
Bremen	Die Kinder sollen spätestens drei Monate vor Geltendmachung des Rechtsanspruches in der Einrichtung angemeldet werden (§ 11 (1) BremKTG). Die Anmeldung soll zum Beginn des Kindergartenjahr für das nächste Kita-Jahr erfolgen (§ 3 (2) Aufnahmeortsgesetz – BremAOG). Ab dem vollendeten 1. Lebensjahr besteht ein Rechtsanspruch von 20 Wochenstunden, ab dem 3. Lebensjahr sind 30 Stunden vorgesehen (§ 5 (2) und (3) Aufnahmeortsgesetz – BremAOG). Ein höherer Bedarf muss jährlich beantragt werden und wird individuell geprüft.
Hamburg	Ab dem vollendeten ersten Lebensjahr besteht ein Anspruch auf fünfstündige Betreuung in Wohnortnähe (§ 6 (1) KibeG). Zudem besteht ein Anspruch entsprechend dem Betreuungsbedarf, worunter Berufstätigkeit, Ausbildung, Maßnahmen der beruflichen Weiterbildung und Deutschkurse plus Wegezeiten gelten (§ 6 (2) KibeG). Drei Monate nach Geltendmachung des Anspruches muss ein Betreuungsplatz zugewiesen werden (§ 11 (4) KibeG).
Hessen	Das Gesetz macht dazu keine Angaben.
Mecklenburg-Vorpommern	Ein Kind im ersten Lebensjahr hat Anspruch auf Betreuung, wenn dies für eine gelingende Entwicklung nötig ist sowie wenn aus Gründen der Berufstätigkeit ein Bedarf gegeben ist. Ab dem ersten Lebensjahr besteht ein Anspruch auf Betreuung. Drei Monate vor Inanspruchnahme müssen die Eltern ihren Bedarf und ihre Wahl (Kita oder Kindertagespflege) an die Kommune/Stadt mitteilen. (§ 6 und § 7 KitaföG M-V)
Niedersachsen	Jedes Kind hat einen Anspruch auf einen Vormittagsplatz, welches die Kriterien nach § 24 SGB VIII erfüllt. Dieser ist gegenüber des örtlichen Trägers geltend zu machen, wobei er möglichst ortsnah zu erfüllen ist. (§ 12 (1) KiTaG) Die Kommune kann festlegen, dass ein Platz spätestens drei Monate vor Anmeldung geltend zu machen ist (§ 12 (5) KiTaG). Der Anspruch kann auch durch einen gleichwertigen Nachmittagsplatz oder einen Platz in einem Kinderspielkreis (15 Stunden) erfüllt werden. Dies entscheidet der Träger, wobei nach der sozialen Situation der Familie entschieden werden sollte. (§ 12 (3) KiTaG) Der Bedarf kann auch durch eine Tagespflegestelle gedeckt werden, wenn er unvorhergesehen eintritt als auch, wenn es keine dieser zuerst genannten Plätze gibt (§ 12 (4) KiTaG).

Bundesland	Wann steht ein Platz zur Verfügung?
Nordrhein-Westfalen	Die Eltern haben das Recht, aus den bestehenden Angeboten auszuwählen. Gegenüber dem Jugendamt müssen sie sechs Monate vor Inanspruchnahme ihren gewünschten Betreuungsumfang und die Betreuungsart anzeigen. Über die Zuweisung werden die Eltern spätestens sechs Wochen vor diesem Zeitpunkt benachrichtigt. (§ 5 KiBiz)
Rheinland-Pfalz	Das Gesetz macht dazu keine Angaben.
Saarland	Kitas sollen entsprechend den Bedürfnissen der Kinder und Erziehungsberechtigten geöffnet sein. Ein Regelplatz umfasst sechs Stunden pro Tag bei flexiblen Öffnungszeiten, Krippen haben ganztags geöffnet. (§ 2 (5) SKBBV)
Sachsen	Ab dem vollendeten dritten Lebensjahr besteht ein Anspruch auf den Besuch eines Kindergartens, für jüngere Kinder sowie für Schulkinder bis zur vierten Klasse ist ein bedarfsgerechtes Angebot vom örtlichen Jugendhilfeträger vorzuhalten. Dies schließt auch die Kindertagespflege mit ein. (§ 3 SächsKitaG) Eltern müssen ihre Wahl des Kindergartens sechs Monate vor Inanspruchnahme bei der Wohnortgemeinde anmelden (§ 4 SächsKitaG).
Sachsen-Anhalt	Jedes Kind hat bis zur Versetzung in den 7. Schuljahrgang Anspruch auf einen Ganztagsplatz, der bis zu 10 Stunden bzw. 50 Wochenstunden umfasst. Eltern wählen eine Einrichtung aus und melden das Kind dort sechs Monate vor Aufnahme an. Wenn eine Tageseinrichtung/Tagespflege in zumutbarer Entfernung angeboten wird, gilt der Anspruch als erfüllt. (§ 3 und § 3b KiFöG)
Schleswig-Holstein	Der örtliche Träger erfüllt den Bedarf nachdem dieser spätestens drei Monate vorher in Kenntnisse gesetzt worden ist (§ 5 (5) KiTaG). Die Eltern haben für Kinder unter drei Jahren Anspruch auf einen Umfang der täglichen Förderung, der sich nach dem individuellen Bedarf.richtet. Kinder ab drei Jahren haben auf täglich fünf Stunden Anspruch. (§ 5 (1) und (2) KiTaG).
Thüringen	Es besteht ein Wahlrecht für die Eltern, welches auch außerhalb ihres Wohnortes gilt. Sechs Monate im Voraus sind der gewünschte Träger sowie die Wohnsitzgemeinde über die Wahl der Eltern zu informieren (§ 5 ThürKigaG).

Tabelle 28: Bedarf und Bedarfsfeststellung in den Bundesländern

21.6 Betreuungsdauer

Bundesland	Wie lange werden die Kinder täglich betreut?
Baden-Württemberg	Es gibt folgende Gruppen: • Regelgruppe vor- und nachmittags mit Unterbrechung, • Halbtagsgruppe unter fünf Stunden, • verlängerte Öffnungszeit fünf bis sieben Stunden, • ganztägige Betreuung über sieben Stunden. – zeitgemischte Gruppen (flexibel) Im Jahr 2015 werden die Ganztagsplätze auf neun Stunden pro Tag ausgedehnt. (§§ 29b–c FAG)
Bayern	Es werden Zeiträume gebucht, keine festen Tageszeiten. Bei unregelmäßiger Nutzung sollen Durchschnittswerte pro Woche gebildet werden. Folgende Buchungszeiten pro Kind sind im Wochendurchschnitt möglich: Mindestens: U3-Kinder eine Stunde am Tag, Ü3-Kinder vier Stunden am Tag, danach ist eine Staffelung von jeweils einer Stunde mehr vorgesehen, höchstens zehn Stunden pro Tag. (Art. 21 BayKiBiG)
Berlin	Buchungszeiten pro Kind täglich: • halbtags vier bis fünf Stunden, • Teilzeit fünf bis sieben Stunden, • ganztags sieben bis neun Stunden, • erweiterte Ganztagsförderung neun bis elf Stunden. (§ 5 KitaFöG) Die Öffnungszeit einer Einrichtung soll zwölf Stunden nicht überschreiten. (§ 8 KitaFöG)
Brandenburg	Es besteht eine Mindestbetreuungszeit von sechs Stunden, bei Schulkindern liegt sie bei vier Stunden. Die Öffnungszeiten sollen am Kindeswohl orientiert sein und in der Regel nicht länger als zehn Stunden dauern. (§ 1 (3) in Verbindung mit § 9 KitaG)
Bremen	Für U3-Kinder und Ü3-Kinder ist eine Mindest-Betreuungszeit von 20 Wochenstunden und für Schulkinder 15 Wochenstunden vorgesehen, höchstens jedoch zehn Stunden (§ 7 BremKTG).

Bundesland	Wie lange werden die Kinder täglich betreut?
Hamburg	Pro Kind kann die Betreuungsdauer variieren. Es sind mindestens fünf Stunden vorgesehen. Bei U3-Kindern ist die wöchentliche Betreuungszeit zwischen 20 und 30 Stunden an verschiedenen Tagen möglich. Mindestens fünf Stunden sind für Kinder ab zwei Jahren vorgesehen. Eine höhere Betreuungszeit ist an Berufstätigkeit o.ä. gebunden, dafür sind Betreuungszeiten von sechs, acht, zehn und zwölf Stunden möglich. (§ 2 Landesrahmenvertrag)
Hessen	Es werden folgende Betreuungszeiten angeboten: • bis fünf Stunden, wobei ein Platz-Sharing möglich ist, • bis neun Stunden und • mehr als neun Stunden (§ 32 HKJHG).
Mecklenburg-Vorpommern	Grundsätzlich hat jedes Kind einen Anspruch auf sechs Stunden, die auf Wunsch auf vier Stunden abgesenkt werden können. Mit einem Nachweis ist eine Betreuungszeit von zehn Stunden möglich. Die Betreuung erfolgt in der Regel von Montag bis Freitag und täglich nicht länger als zehn Stunden. (§ 7 KitaföG M-V)
Niedersachsen	Kitas müssen mindestens vier Stunden täglich von Montag bis Freitag geöffnet haben. Ganztagsplätze sollen mit mindestens sechs Stunden zur Verfügung stehen. Früh- und Spätdienste sollen nach Bedarf eingerichtet werden. (§ 8 KiTaG)
Nordrhein-Westfalen	Es gibt Plätze mit fünf, sieben und neun Stunden Betreuungszeit. Die Doppelbelegung eines Platzes ist ausgeschlossen. (Anlage zu § 33 KiBiz) Die Öffnungszeiten sollen sich am Kindeswohl und an den Elternwünschen orientieren (§ 27 KiBiz).
Rheinland-Pfalz	Es gibt Vor- und Nachmittagsplätze, verlängerte Vormittagsplätze, Plätze über Mittag sowie Ganztagsplätze, höchstens jedoch zehn Stunden (§ 2 (1) Landesverordnung zur Ausführung des KTagStG).
Saarland	Der Kindergarten umfasst sechs Stunden Betreuungszeit und die Krippe stellt ein ganztägiges Angebot bereit (§ 2 (5) SKBBG).
Sachsen	Die Zeiten müssen dem Bedarf entsprechen (§ 5 SächsKitaG). Das Gesetz legt als Grundlage der Finanzierung neun Stunden fest (§ 18 (1) SächsKitaG).
Sachsen-Anhalt	Jedes Kind bis zum Beginn der Schulpflicht hat einen bis zu zehnstündigen Anspruch (§ 3 KiFöG).

Bundesland	Wie lange werden die Kinder täglich betreut?
Schleswig-Holstein	Es sind fünf Stunden vorgesehen. Ein Ganztagsplatz umfasst mindestens sechs Stunden mit Mittagsbetreuung. (§ 5 und § 30 (2) KiTaG).
Thüringen	Ab dem 1.Lebensjahr besteht ein Anspruch auf zehn Stunden, zwölf Stunden sind im Einzelfall möglich (§ 2 (1) ThürKigaG). Bei den Öffnungszeiten sind der Lebensrhythmus der Kinder sowie die Arbeitszeiten der Eltern zu berücksichtigen. Unabhängig von der Öffnungszeit soll die Betreuungszeit für jedes Kind in der Regel nicht länger als zehn Stunden sein. (§ 14 ThürKigaG).

Tabelle 29: Betreuungsdauer in den Bundesländern

21.7 Elternbeiträge

Bundesland	Was zahlen die Eltern für einen Kita-Platz?
Baden-Württemberg	Der Träger bestimmt die Höhe entsprechend der Anzahl der in der Familie lebenden Kinder. Es gelten Landesrichtsätze, wobei die Eltern ca. 20 % der Betriebsausgaben zahlen. (§ 6 KiTaG)
Bayern	Der Träger entscheidet über die Höhe. Der Betrag ist anhand der Buchungszeiten und dem Alter der Kinder gestaffelt. Das Land übernimmt einen Zuschuss in Höhe von 100 € im letzten Jahr vor der Einschulung. (§ 19, 23 und 23a BayKiBiG sowie § 21 (1) AVBayKiBiG)
Berlin	Das Tagesbetreuungskostenbeteiligungsgesetz (TKBG) regelt, dass pro Kind, monatlichem Verdienst und der entsprechenden Betreuungsdauer ein Beitrag für Schulkinder zu zahlen ist. Für Kinder in Kita`s und der Tagespflege ist für alle kostenfrei. Der pauschale Verpflegungsanteil pro Monat kostet in jeder Kita zusätzlich 23 €. Verpflegungsanteil der Schulkinder ist monatlich 37 €. (§ 3 (5) TKBG)
Brandenburg	Im Elternbeitrag sind Beiträge für den Besuch der Kita als auch für das Essensgeld enthalten. Eine sozialverträgliche Staffelung muss gegeben sein sowie eine Unterscheidung nach Dauer des Besuches sowie nach Krippe, Kita oder Hort. Es wird kein Beitrag für den Besuch der Kita im letzten Kitajahr erhoben. Der Elternbeitrag wird vom Träger der Einrichtung im Einvernehmen mit der Kommune erhoben. Dies kann bei Gemeinden oder Gemeindeverbände als Träger der Einrichtungen in einer kommunalen Satzung festgehalten und als Gebühr erhoben werden. (§ 17 und § 17a KitaG)

Bundesland	Was zahlen die Eltern für einen Kita-Platz?
Bremen	Die Kosten für die Betreuung und Förderung entfällt ab dem 3 Lebensjahr bis zur Einschulung. Für die anderen Kinder sind in der Beitragsordnung die Elternbeiträge gestaffelt nach Betreuungszeit, Einkommen und Anzahl der Familienmitglieder aufgeführt. Das Mittagessen ist mit 35 € darin enthalten (Anlage 1 zu § 1 Abs. 3 Beitragsordnung (Stadtgemeinde Bremen)). In der KiTa-Beitragsordnung Bremerhaven sind Festbeträge je nach Alter und Betreuungsdauer vorgesehen, das Mittagessen kostet mindestens 20 €.
Hamburg	Der Familieneigenanteil ist nach Betreuungsart, Dauer und Familieneinkommen gestaffelt. Bis zur Schule ist für eine fünfstündige Betreuung beitragsfrei, darüber hinaus ist ein Beitrag fällig. (§ 9 KibeG). Näheres regelt die Familieneigenanteilsverordnung.
Hessen	Die Teilnahme- und Kostenbeiträge für die Kita können nach Einkommen, Anzahl der Kinder und Familienangehörigen gestaffelt werden. Dies obliegt den Kommunen. (§ 31 HKJHG) Ab dem dritten Lebensjahr bis zu der Schule ist bei einer sechsstündigen Betreuungszeit die Kita beitragsfrei (§ 32c HKJHG).
Mecklenburg-Vorpommern	Beitragsfreiheit in allen Förderarten – in Krippe, Kindergarten, Hort und Kindertagespflege – und im vollen Förderumfang, d.h. bis zu zehn Stunden täglich. Es wird ein Beitrag für Essen und Mehrbedarf (Schulferienbetreuung von Hort-Kindern) erhoben. (§ 29 KitaföG M-V)
Niedersachsen	Die Elternbeiträge sind so zu bemessen, dass die wirtschaftliche Belastung zumutbar ist, sie sollen gestaffelt nach Einkommen und Kinderanzahl sein. (§ 20 KiTaG). Ab dem dritten Lebensjahr bis zur Einschulung ist ein täglicher Besuch bis 8 Stunden beitragsfrei (§ 21 KiTaG).
Nordrhein-Westfalen	Das Jugendamt kann Elternbeiträge festlegen, welche nach Dauer, Alter und Höhe des Einkommens gestaffelt sein müssen sowie Ermäßigung bzw. Beitragsfreiheit für Geschwisterkinder vorsehen. Essensgeld kann vom Träger erhoben werden (§ 51 KiBiz). Die Kinder, die bis zum September 4 Jahre alt sind, sind bis zu Beginn der Schulpflicht beitragsfrei (§ 50 KiBiz).
Rheinland-Pfalz	Das Jugendamt legt nach Anhörung der Trägerverbände den Elternbeitrag für seinen Bezirk fest, der nach Kinderanzahl und evtl. nach Einkommen gestaffelt ist. Für alle Kinder ab dem vollendeten zweiten Lebensjahr ist der Besuch des Kindergartens kostenlos. (§ 13 KTagStG)

Bundesland	Was zahlen die Eltern für einen Kita-Platz?
Saarland	Der Elternbeitrag soll nicht mehr als 17 % (ab 08.2021: 13 %, ab 08.2022: 12,5 %) der monatlichen Personalkosten ausmachen. Er muss nach Anzahl der Kinder und nach Familieneinkommen gestaffelt sein. Das letzte Kita-Jahr kann beitragsfrei sein. (§ 7 SKBBV)
Sachsen	Die Elternbeiträge setzt die Gemeinde mit dem Träger und dem Jugendamt fest. Anteilig sollen sie zwischen 15 und 30 % der Betriebskosten betragen. Absenkungen sind für Alleinerziehende und Familien mit mehreren Kindern vorgesehen. Diese Kosten zahlt der örtliche Träger an den Träger der Einrichtung. (§ 15 SächsKitaG)
Sachsen-Anhalt	Es fallen Kostenbeiträge an, die von den Gemeinden nach Anhörung der Träger festgelegt und eingezogen werden, wobei die Erhebung auch auf die Träger delegiert werden kann. Familien mit zwei und mehr Kindern, die in einer Kita betreut werden, erhalten eine Ermäßigung, deren Differenz zum ursprünglichen Beitrag vom Land gegenfinanziert wird. (§ 13 KiFöG)
Schleswig-Holstein	Elternbeiträge werden vom Träger in Form von Entgelt für wöchentliche Betreuungsstunden erhoben. Höchstbeiträge sind in § 31 (1) KiTaG und Ermäßigungen in § 7 KiTaG festgelegt. Der Träger kann angemessene Verpflegungskostenbeiträge und Auslagen für Ausflüge verlangen (§ 31 (2) KiTaG).
Thüringen	Die Elternbeiträge sind nach dem Einkommen der Eltern, der Anzahl der Kinder und dem Betreuungsumfang zu staffeln (§ 29 ThürKigaG). Die letzten zwei Jahre vor Schuleintritt sind beitragsfrei (§ 30 ThürKigaG).

Tabelle 30: Elternbeiträge in den Bundesländern

21.8 Finanzierung

Bundesland	Wie ist die Finanzierung geregelt?
Baden-Württemberg	Die Betriebskosten setzen sich zusammen aus Personal-, Sach- und Verwaltungskosten. Der Mindestzuschuss besagt, dass die Standortgemeinde zwischen 63 bzw. 68 % der Betriebskosten übernimmt. Ein zusätzlicher Vertrag, der die darüber hinausgehende Finanzierung regelt, ist zwischen Gemeinde und Trägern möglich. (§ 8 KiTaG) Das Land zahlt entsprechend dem Finanzierungsausgleichsgesetzes (FAG) an die Kommunen (§ 8c KiTaG).
Bayern	Es wird eine kindbezogene Förderung gewährt. Das Land übernimmt den hälftigen Betrag, wenn die Gemeinde den gleichen Betrag übernimmt. Es wird jährlich ein *Basiswert* festgelegt, der für die Betreuung von täglich über drei bis vier Stunden eines Ü3-Kindes gilt. Dieser ist anhand der Buchungszeiten pro Tag nach folgenden Kategorien gestaffelt: U3-Kind, Regelkind, Schüler, Migrationshintergrund, Kinder mit Behinderung. Der Wert erhöht sich anhand der Buchungszeit (Zeitfaktor) und anhand der oben genannten Kategorien (Gewichtungsfaktor). (Art. 21 BayKiBiG) Der Basiswert wird jedes Jahr erhöht, er berücksichtigt die Tarifsteigerungen den TvÖD und Steigerungen bei den Entgeltnebenkosten (§ 20 (1) AVBayKiBiG).
Berlin	Die kindbezogene Finanzierung ist in der Rahmenvereinbarung über die Finanzierung und Leistungssicherstellung der Tageseinrichtungen festgelegt (RV TAG). Pro Kind wird eine Pauschale entsprechend des Alters und der Betreuungszeit bezuschusst, diese entspricht 95 % (2021) inclusive Elternbeiträge. Die restlichen fünf Prozent zahlt der Träger. Als Eigenleistung des Trägers werden Elternmitarbeit, ehrenamtliche Tätigkeit und Bereitstellung von Räumen anerkannt (§ 23 KitaFöG). Zudem werden kindbezogene Zuschläge (Integration, Quartiersmanagement und Migration) gezahlt. Jeder Träger muss sich zur Qualitätsentwicklung gemäß QVTAG verpflichten.

Bundesland	Wie ist die Finanzierung geregelt?
Brandenburg	Von den Personalkosten erhält der Träger folgende Zuschüsse: Für U3-Plätze 88,6 %, für Ü3-Plätze 86,4 % und für die Schulkinderbetreuung 84 %. Den Rest bringt der Träger durch Eigenleistungen sowie durch Elternbeiträge auf. Einrichtungen, die im Bedarfsplan enthalten sind, erhalten kostenneutrale Räumlichkeiten von der Kommune. Das Land übernimmt anteilige Kosten gegenüber der Kommune. (§ 16 KitaG). Zusätzliche Förderung ist bedingt möglich (§ 16(3) Satz 2 und § 17b KitaG).
Bremen	Pro Gruppe wird eine Festbetragsfinanzierung gewährt, darin sind Personal- und Sachkosten enthalten. Es müssen mindestens 80 % der vorgeschriebenen Plätze belegt sein. Es kann zudem ein pauschaler gruppenbezogener Zuschuss gewährt werden. Die Miete kann zu 80 %, höchstens jedoch mit 639 € pro Monat und Gruppe übernommen werden. Die Eigenbeteiligung des Trägers ist durch den Eigenanteil, die Elternbeiträge und die Elternmitarbeit sowie sonstiges zu erwirtschaften. (3. bis 7. der Richtlinien zur Förderung von Tageseinrichtungen ... in der Stadtgemeinde Bremen).
Hamburg	Pro Kind wird ein Leistungsentgelt erstattet, welches sich aus dem Teilentgelt Betreuung und Leitung, dem Teilentgelt Sachkosten und dem Teilentgelt Gebäudekosten sowie Eingliederungshilfe für behinderte Kinder zusammensetzt. (§ 17 Landesrahmenvertrag). Um eine Finanzierung zu erhalten, müssen diverse Vereinbarungen mit der Stadt Hamburg abgeschlossen werden (§ 7 (1) KibeG).
Hessen	Es wird eine kindbezogene Förderung angewendet, die anhand des Alters und der Betreuungszeit gestaffelt ist. Zudem gibt es für die Teilnahme am Bildungs- und Erziehungsplan 300 € pro Kind. Für Kinder, die Sozialleistungen beziehen, werden zusätzlich 500 € bezahlt. Für eingruppige Einrichtungen ist ein zusätzlicher Betrag von 5.500 € vorgesehen. (§ 32 HKJHG)
Mecklenburg-Vorpommern	Jeder Träger der öffentlichen Jugendhilfe soll Leistungsverträge mit den Einrichtungen abschließen, welche der Zustimmung der Kommune bedürfen. Im Vertrag werden Inhalt, Umfang und Qualität der Leistungsangebote sowie differenzierte Entgelte für die Leistungsangebote und die betriebsnotwendigen Investitionen der jeweiligen Kindertageseinrichtung festgelegt. (§ 24 KitaföG M-V)

Bundesland	Wie ist die Finanzierung geregelt?
	Das Land, die Gemeinde und der örtliche Träger der öffentlichen Jugendhilfe beteiligen sich an der Gesamtfinanzierung. Der Träger kann sich daran beteiligen. (§ 28 KitaföG).
Niedersachsen	Das Gesetz enthält eine Beschreibung der Landesförderung, darüber hinaus macht es keine Angaben: Für Kindergärten und Horte wird eine 20-prozentige Personalkostenförderung gewährt, für Krippen und kleine Kitas, die nur U3-Kinder betreuen, ist eine Förderung in Höhe von aktuell 52 %. (§ 16 und § 16a KiTaG) Die Finanzierung des Ausfall von Elternbeiträgen ist in § 16b KiTaG geregelt. Darüber hinaus kann das Land Mittel für zusätzliche Kräfte bereitstellen (hoher Migrationsanteil, benachteiligte Bevölkerungsgruppen) (§ 18 und § 18a KiTaG).
Nordrhein-Westfalen	Die kindbezogene Gruppenförderung unterscheidet nach Trägertypen, Gruppenformen und Betreuungsdauer. Darin enthalten sind Personalkosten, die Kaltmiete und Sachkosten. Von dieser *»Kindpauschale«* übernimmt das örtliche Jugendamt folgende Anteile: 89,7 % für kirchliche Einrichtungen, 92,2 % für andere Träger, 96,6 % für Elterninitiativen, 87,5 % für kommunale Einrichtungen. Das Land finanziert davon zwischen 40,0 und 42,3 % (Kapitel 2 KiBiz). Zudem gibt es Pauschalen für Sprachförderung, Familienzentren, plusKITAs (§ 43 und § 45 KiBiz), kleine Einrichtungen und Waldkindergärten (§ 35 KiBiz).
Rheinland-Pfalz	Die Personalkosten werden anteilig je nach Einrichtungsform und Träger wie folgt übernommen: Das Land zahlt 27,5 bis 45 %, der Träger übernimmt 5 bis 15 %, die Eltern maximal 17,5 % und den Rest übernimmt das örtliche Jugendamt. (§ 12 f. KTagStG). Die Sachkosten sind vom Träger aufzubringen (§ 14 KTagStG).
Saarland	Die Personalkosten werden vom Land zu 29 %, vom Landkreis zu 36 %, vom Träger zu zehn Prozent und von den Eltern zu 25 % übernommen. Küchenkräfte sind anteilig pro Ganztagsplatz enthalten. Sachkosten in Höhe von 15 % der Personalkosten werden zu 40 % vom Träger und zu 60 % von der Gemeinde übernommen. (§ 14 VO-SKBBV)

Bundesland	Wie ist die Finanzierung geregelt?
Sachsen	Die Betriebskosten (Personal- und Sachkosten) von Einrichtungen freier Träger werden durch die Gemeinde, einschließlich des Landeszuschusses, durch Elternbeiträge und den Eigenanteil des Trägers aufgebracht (§ 14 SächsKitaG). Die Gemeinde übernimmt die Kosten, die nicht durch Elternbeitrag und Trägeranteil abgedeckt sind. Vom Land wird zudem ein Festbetrag pro Kind bezahlt im Rahmen einer neunstündigen Betreuungszeit (längere Betreuungszeiten bleiben unberücksichtigt). Für Kitas, die nicht im Bedarfsplan stehen, wird nur der Landeszuschuss gewährt. (§ 18 SächsKitaG) Der freie Träger soll einen Trägeranteil im Rahmen seiner Leistungsfähigkeit übernehmen (§ 16 SächsKitaG).
Sachsen-Anhalt	An der Finanzierung ist das Land, die örtlichen Träger der öffentlichen Jugendhilfe, die Gemeinden und die Eltern beteiligt (§ 11 KiFöG). Das Land zahlt einen Festbetrag für Kinder unter drei Jahren (U3), Kinder über drei Jahren (Ü3) und Schulkinder im Jahr 2019 von 467,58 €/212,48 €/76,43 € jeweils pro Monat und Kind, welcher jährlich ansteigt (§ 12 KiFöG). Die örtlichen Träger leiten die Landesmittel an den Träger weiter und zahlen ihrerseits noch 129,13 €/76,37 €/35,09 € dieser Summe hinzu (§ 12 a KiFöG). Wenn diese beiden Zuschussgeber den Finanzierungsbedarf noch nicht gedeckt haben, zahlt die Gemeinde unter Berücksichtigung der Kostenbeiträge der Eltern die offenen Kosten (§ 12b KiFöG).
Schleswig-Holstein	Die Betriebskosten sind angemessene Personal- und Sachkosten. Sie werden durch das Land, den örtlichen Träger und Elternbeiträgen finanziert Der Einrichtungsträger hat einen Anspruch auf Förderung der Standardqualität gegen den örtlichen Träger (§ 15 KiTaG). Gruppenfördersatz und Fördersatz pro Kind sind in § 36 ff. KiTaG geregelt.
Thüringen	Die Betriebskosten sind angemessene Personal- und Sachkosten, diese werden anteilig durch das Land, welches Pauschalen pro Kind zahlt (§ 24 ff ThürKigaG) finanziert. Weiterhin hat die Gemeinde den Anteil zu zahlen, der neben Elternbeiträgen und Trägeranteil noch offen ist. Dabei soll er nicht höher sein, als bei den eigenen kommunalen Kitas. Dazu ist eine vertragliche Regelung mit dem Träger über Höhe und Abwicklung zu vereinbaren. (§ 21 ThürKigaG).

Tabelle 31: Finanzierung in den Bundesländern

21.9 Gemeindefremde Kinder

Bundesland	Wie ist die Finanzierung von gemeindefremden Kindern geregelt?
Baden-Württemberg	Die Standortgemeinde regelt dies mit der Wohnortgemeinde, daher entfällt das Risiko für den Träger (§ 8a KiTaG BW).
Bayern	Die Träger haben Anspruch auf Förderung gegenüber der Aufenthaltsgemeinde, also dort, wo das einzelne Kind gemeldet ist bzw. gegenüber dem örtlich zuständigen Träger der öffentlichen Jugendhilfe. (Art. 18 (1) BayKiBiG). Dies muss spätestens drei Monate nach Aufnahme schriftlich angezeigt werden (Art. 19 (7) BayKiBiG).
Berlin	Es gilt ein Staatsvertrag (2001) zwischen Berlin und Brandenburg, darin ist Folgendes geregelt: Brandenburger Kinder müssen vom Jugendamt der Wohnortgemeinde einen Bescheid über den Bedarf ausgestellt bekommen, zudem muss eine Kostenübernahmeerklärung vorliegen. Die Eltern melden den Betreuungswunsch in der ausgesuchten Kita beim Jugendamt an. Dann erhalten sie einen Kitagutschein für diese spezielle Kita. Elternbeiträge müssen in Brandenburg gezahlt werden.
Brandenburg	Die Wohnortgemeinde muss auf Antrag der das Kind aufnehmenden Gemeinde einen angemessenen Kostenausgleich gewähren. (§ 16 (5) KitaG)
Bremen	Es besteht eine Empfehlung der Arbeitsgemeinschaft von Trägern und Jugendämtern in Niedersachsen und Bremen, dass die Kommunen einen bestimmten festgelegten Betrag (Kostenausgleichszahlung) monatlich an die aufnehmende Gemeinde zahlen sollten. Dieser Betrag ist entsprechend dem Alter und der Betreuungsdauer der Kinder gewichtet.
Hamburg	Das Gesetz macht dazu keine Angaben.
Hessen	Nachdem die Standortgemeinde die Wohnortgemeinde über den Besuch eines Kindes unterrichtet hat, zahlt diese einen angemessenen Kostenausgleich, der im Gesetz ausführlich dargestellt ist (§ 28 HKJHG).
Mecklenburg-Vorpommern	Wenn Eltern ihr Kind in einer anderen Kommune betreuen lassen, zahlt die Kommune den entsprechenden Entgeltanteil in der Höhe, in der im Zuständigkeitsbereich der besuchten Einrichtung gewährt wird (§ 30 KitaföG M-V).

Bundesland	Wie ist die Finanzierung von gemeindefremden Kindern geregelt?
Niedersachsen	Es besteht eine Empfehlung der Arbeitsgemeinschaft von Trägern und Jugendämtern in Niedersachsen und Bremen, dass die Kommunen einen bestimmten festgelegten Betrag (Kostenausgleichszahlung) monatlich an die aufnehmende Gemeinde zahlen sollten. Dieser Betrag ist entsprechend dem Alter und der Betreuungsdauer der Kinder gewichtet.
Nordrhein-Westfalen	Das Gesetz (KiBiz § 49) gibt einen Hinweis, wie zwischen den Gemeinden abgerechnet werden kann und bei wem die Eltern die Beiträge zahlen.
Rheinland-Pfalz	Das Gesetz macht dazu keine Angaben.
Saarland	Die Wohnortgemeinde zahlt der Standortgemeinde die entstehenden Kosten, es sei denn, es wird eine abweichende Vereinbarung getroffen (§ 7 (4) SKBBV).
Sachsen	Die Wohnortgemeinde zahlt der Standortgemeinde die entsprechenden Kosten (§ 17 (3) SächsKitaG).
Sachsen-Anhalt	Die sogenannte *Kostentragung* regeln die aufnehmende und der abgebende örtliche Träger der öffentlichen Jugendhilfe in einer Vereinbarung (§ 12c KiFöG).
Schleswig-Holstein	Ein Kostenausgleich muss die Wohnortgemeinde gegenüber der Standortgemeinde vornehmen (§ 51 KiTaG).
Thüringen	Die Wohnsitzgemeinde zahlt an die aufnehmende Gemeinde eine Pauschale von 80 % der landesdurchschnittlichen Betriebskosten (§ 21 (5) ThürKigaG).

Tabelle 32: Gemeindefremde Kinder in den Bundesländern

21.10 Gruppen- und Einrichtungsformen

Bundesland	Welche Gruppen- und Einrichtungsformen sind möglich?
Baden-Württemberg	Diese Gruppenformen sind vorgesehen: • vor- oder nachmittags geöffnete Gruppen (Halbtagsgruppen), • vor- und nachmittags jeweils mehrere Stunden geöffnete Gruppen (Regelgruppen), • Gruppen mit verlängerten Öffnungszeiten und • Gruppen mit durchgehend ganztägiger Betreuung. (§ 1 Abs. 5, KiTaG)

Bundesland	Welche Gruppen- und Einrichtungsformen sind möglich?
Bayern	Das Gesetz schreibt keine Gruppenform vor, sondern ermöglicht pro Kind eine individuelle Verweildauer. Eine Einrichtung muss wöchentlich mindestens 20 Stunden geöffnet sein. Eine Kernzeitregelung kann besagen, in welchen Zeiten alle Kinder anwesend sein sollten, damit eine gezielte pädagogische Arbeit möglich ist. Träger entscheiden selbst, ob sie offen, teiloffen oder in Gruppen arbeiten (Art. 21 BayKiBiG). Es bestehen verschiedene Einrichtungsformen: Krippe (U3), Kindergarten (3–6 Jahre), Horte (Schulkinder) und Häuser für Kinder (Kinder verschiedener Altersgruppen) (Art. 2 (1) BayKiBiG).
Berlin	Das Gesetz macht dazu keine Angaben. Die Träger können daher entsprechend der konzeptionellen Schwerpunkte und dem Raumkonzept entscheiden (§ 3 KitaFöG).
Brandenburg	Das Gesetz gibt keine Regelung vor, es sind altershomogene und altersgemischte Gruppen möglich (§ 8 KitaG).
Bremen	Es gibt diverse Gruppen: Für U3-Kinder sind Krippen, alterserweiterte Kiga-Gruppen sowie Kleinkindergruppen (ab 1. Lebensjahr bis zur Kita) vorgesehen. Kindergärten bestehen für Ü3-Kinder. Horte nehmen Schulkinder auf. (§ 4 f. BremKTG)
Hamburg	Es gibt die Betreuungsformen Krippe, Elementar inkl. Vorschule, Hort und die Betreuung an Schulen sowie Tagespflege (§ 1 (1 und 2) KibeG).
Hessen	Es existieren diese verschiedenen Einrichtungsformen: Kinderkrippen, Kindergärten, Horte sowie altersübergreifende Tageseinrichtungen (§ 25 HKJHG).
Mecklenburg-Vorpommern	Diese Einrichtungsformen gibt es: Krippen, Kindergärten und Horte. In Kindertagesstätten werden zwei Formen vereint. (§ 2 (1) bis (2) KitaföG M-V)
Niedersachsen	Der Begriff Kindertagesstätten wird verwendet für Krippen, Kindergärten und Horte. Die Gruppenbildung kann gemischt sein. Darüber hinaus gibt es kleine Kindertagesstätten mit einer Kleingruppe, die von gemeinnützigen Vereinen getragen werden. Unter sonstige Tageseinrichtungen werden Kinderspielkreise genannt, die eine halbtägige Betreuung ermöglichen. (§ 1 KiTaG)

Bundesland	Welche Gruppen- und Einrichtungsformen sind möglich?
Nordrhein-Westfalen	Es bestehen drei Gruppenformen: Die Gruppenform I für Kinder von zwei bis zur Einschulung (20 Kinder), Gruppenform II für Kinder unter drei Jahren (10 Kinder) und III für Kinder von drei Jahren bis zur Einschulung (25 Kinder). (Anlage zu § 33 KiBiz) jeweils nach wöchentliche Betreuungszeit gestaffelt. Angebote für Schulkinder können auch durch Angebote in Schulen (Offener Ganztag) vorgehalten werden (§ 4 (5) KiBiz).
Rheinland-Pfalz	Es gibt Kindergärten, die auch altersgemischte Gruppen führen können, zudem Krippen und Horte (§ 1 KTagStG).
Saarland	Diese Einrichtungen gibt es: Krippen, Kindergärten, Horte und altersgemischte sowie integrative Kindertageseinrichtungen (§ 2 (2) SKBBG).
Sachsen	Neben Krippen, Kindergärten und Horten nehmen Kindertagesstätten die verschiedenen Altersstufen auf und können altersgemischte Gruppen führen (§ 1 SächsKitaG).
Sachsen-Anhalt	Es gibt Tageseinrichtungen und Tagespflege (§ 4 KiFöG).
Schleswig-Holstein	Unter Kindertagesstätten werden Krippen (regel, natur, klein), Kindergartengruppen (regel, natur, mittel, klein) und Horte (regel, natur, mittel, klein) geführt. Altergemischte Gruppen sind auch möglich.(§ 25 KiTaG)
Thüringen	Es gibt Krippen, Kindergärten, Horte und gemeinschaftlich geführte Einrichtungen von Kindern verschiedener Altersgruppen. (§ 1 (1) ThürKigaG).

Tabelle 33: Gruppen- und Einrichtungsformen in den Bundesländern

21.11 Inklusion

Bundesland	Wie werden behinderte und von Behinderung bedrohte Kinder betreut, gebildet und erzogen?
Baden-Württemberg	In jeder Gruppenform ist eine integrative Gruppe möglich, wenn mindestens ein Kind mit Behinderung aufgenommen wird (§ 1 (4) KiTaG). Dann muss die Betriebserlaubnis entsprechend geändert werden. Eine zusätzliche Förderung muss gewährleistet entsprechend Einzelförderung nach SGB XII und VIII, das Kitagesetz ermöglicht keinen zusätzlichen Betreuungsbedarf.

Bundesland	Wie werden behinderte und von Behinderung bedrohte Kinder betreut, gebildet und erzogen?
Bayern	Integrative Kitas haben mindestens drei behinderte oder von Behinderung bedrohte Kinder, in Summe höchstens ein Drittel aller Kinder (Art. 2 (3) BayKiBiG). Daneben gibt es die Möglichkeit der Einzelintegration von bis zu zwei Kindern in jeder Einrichtung. Es soll noch mehr wohnortnahe integrative Einrichtungen und Plätze geben. Behinderte und von Behinderung bedrohte Kinder erhalten eine 4,5-mal höhere Förderung.
Berlin	Integrative Gruppen müssen in jedem Kindergarten möglich sein (§ 6 KitaFöG). Eine Fachkraft muss eine entsprechende Zusatzqualifikation aufweisen (§ 10 (3) KitaFöG). Pro Kind stehen 0,25 bis 0,5 Stellen zur Verfügung (§ 16 VO KitaFöG).
Brandenburg	Kinder mit einem besonderen Förderbedarf sind in Kindertagesstätten aufzunehmen, wenn eine diesem Bedarf entsprechende Förderung und Betreuung gewährleistet werden kann. (§ 12 (2) KitaG). Übernahme der Mehrkosten ist geregelt in § 16 (1) Satz 3 und für Hort in § 17 (5) KitaG.
Bremen	Eine integrative Förderung ist in jedem Kindergarten vorgesehen (§ 3 (4) BremKTG).
Hamburg	Die Frühförderung von behinderten und von Behinderung bedrohten Kindern findet ab dem 3. Lebensjahr in Kindertageseinrichtungen statt (§ 26 KibeG). Pro Kind wird ein Förderplan erstellt, der die therapeutischen Maßnahmen in der Kita darstellt und bei dem die Eltern zu beteiligen sind (§ 7 Landesrahmenvertrag). Die Finanzierung ist detailliert beschrieben (Anlage 2 Landesrahmenvertrag).
Hessen	Es gibt eine sogenannte »*Rahmenvereinbarung Integrationsplatz*«, die zwischen den kommunalen Spitzenverbänden sowie den Trägerverbänden neu verhandelt wird. Diese enthält Vorgaben für eine inklusive Betreuung in der Kita. Für ein behindertes Kind erhält die Kita eine zusätzliche Pauschale in Höhe von 3.000 €, die in Abhängigkeit der Betreuungszeit erhöht wird (§ 32 HLKJH).
Mecklenburg-Vorpommern	Die Förderung soll vorrangig in Kitas erfolgen, wobei es integrative Einrichtungen gibt sowie eine Einzelintegration möglich ist (§ 9 KitaföG M-V).

Bundesland	Wie werden behinderte und von Behinderung bedrohte Kinder betreut, gebildet und erzogen?
Niedersachsen	Die gemeinsame Förderung soll in dafür genehmigten Kita-Gruppen stattfinden, in denen zusätzliches Personal eingesetzt werden kann (§ 3 (7) KiTaG). Wenn der zusätzliche Betreuungsaufwand nicht aus Mitteln des SGB XII gedeckt ist, übernimmt das Land die Finanzierung (§ 18 (1) KiTaG und § 1 bis § 3 2. DVO-KiTaG).
Nordrhein-Westfalen	Kinder mit Behinderungen sollen gemeinsam mit Kindern ohne Behinderung gefördert werden (§ 8 KiBiz). Kinder können im Rahmen der Einzelförderung in jeder Kita aufgenommen werden. Die Träger müssen sich dazu bei den Krankenkassen anerkennen lassen. Die Leistungen der Frühförderung sowie der Komplexleistungen können auch in den Räumen der Kita stattfinden (§ 14 KiBiz).
Rheinland-Pfalz	Eine gemeinsame Bildung, Betreuung und Erziehung ist vorgesehen (§ 2 (3) KTagStG). Die Kinderanzahl wird in diesen Gruppen auf 15 Kinder abgesenkt (§ 2 (2). Landesverordnung zur Ausführung des KTagStG).
Saarland	Es gibt integrative Kitas. Der Personalbedarf für die behinderten Kinder wird im Rahmen des SGB XII festgelegt. Bis zu 12 Kinder werden darüber hinaus von einer Fachkraft betreut. (§ 2 (2) in Verbindung mit § 3 (5) SKBBV). Es sollen 10 Kinder und 5 behinderte Kinder pro Gruppe betreut werden (§ 10 (6) VO-SKBBV).
Sachsen	Kinder mit Behinderungen sind aufzunehmen, wenn ihre Förderung gewährleistet ist und sie keiner heilpädagogischen Einrichtung bedürfen. Darüber entscheidet der Träger. Der Personalschlüssel und die bauliche Ausstattung muss entsprechend angepasst werden. (§ 19 SächsKitaG) Der Landeszuschuss pro Kind verdoppelt sich bei Kindern mit Eingliederungszuschuss (§ 18 (2) SächsKitaG).
Sachsen-Anhalt	Alle Kinder sollen in Kitas und Kindertagespflege gefördert und betreut werden (§ 8 KiFöG). Die Finanzierung ist in § 11 (2) KiFögG geregelt.

Bundesland	Wie werden behinderte und von Behinderung bedrohte Kinder betreut, gebildet und erzogen?
Schleswig-Holstein	Eine gemeinsame Erziehung aller Kinder findet statt (§ 17 (1) 3. KiTaG). Die wohnortnahe Aufnahme eines behinderten Kindes wird geprüft und darf nicht aus Gründen der Behinderung verweigert werden (§ 18 (3) KiTaG). In einer integrativen Gruppe werden vier behinderte Kindern sowie elf Kinder ohne Behinderung von zwei Fachkräften betreut, eine davon mit sonderpädagogischer Zusatzausbildung. Bei weniger behinderten Kindern muss die zusätzliche Förderung gewährleistet sein (§ 8 (2) KiTaVO).
Thüringen	Alle Kinder haben das Recht auf eine gemeinsame Förderung in allen Kindertageseinrichtungen, wenn eine entsprechende Förderung geleistet werden kann (§ 8 ThürKigaG).

Tabelle 34: Inklusion in den einzelnen Bundesländern

21.12 Investitionskosten

Bundesland	Welche Investitionskosten sind vorgesehen?
Baden-Württemberg	Kommune und Träger regeln dies in einem Vertrag. (Rahmenvereinbarung zum § 8 (9) des KiTaG)
Bayern	Wenn ein Investitionskostenzuschuss durch die Kommune erfolgt, kann das Land Investitionsmaßnahmen für Um-, Erweiterungs- und Neubauten fördern. (Art. 28 BayKiBiG) Es können drei Monate Personalkosten im Vorfeld finanziert werden (§ 26 (4) AVBayKiBiG)
Berlin	Das Land gewährt den Trägern in Abhängigkeit zur Haushaltslage Zuwendungen für Neu-, Um-, Erweiterungs- und Ausbau sowie für die Erstausstattung (§ 21 KitaFöG).
Brandenburg	Es werden durch die Gemeinde das Grundstück einschließlich des Gebäude zur Verfügung gestellt (§ 16 (3) KitaG). Das Gesetz macht keine weiteren Angaben.
Bremen	Pro Errichtung einer neuen Gruppe kann ein Zuschuss von 5.113 € für die »Herrichtung und Ausstattung« gewährt werden (3.4 Richtlinien zur Förderung von Tageseinrichtungen ... in der Stadtgemeinde Bremen).

Bundesland	Welche Investitionskosten sind vorgesehen?
Hamburg	Auf der Webseite der Stadt Hamburg sind die Förderrichtlinie und alle Anträge enthalten. Es stehen alle Beträge für Um-, Neu- und Erweiterungsbau usw. fest. Auch die Erstausstattung für Kindertagespflege kann beantragt werden.
Hessen	Es werden für Investitionen im Rahmen einer Festbetragsfinanzierung Kosten in Höhe von 10.000 bis 50.000 € übernommen. Die Förderung entspricht maximal 50 % der zuwendungsfähigen Ausgaben (§ 32d HKJHG).
Mecklenburg-Vorpommern	Das Gesetz macht dazu keine Angaben.
Niedersachsen	Das Land gewährt Zuwendungen nach Maßgabe seines Haushaltes (§ 17 KiTaG).
Nordrhein-Westfalen	Das Land gewährt Zuwendungen nach Maßgabe seines Haushaltes (§ 52 KiBiz).
Rheinland-Pfalz	Das Jugendamt berät den Träger bei der Bau- und Finanzierungsplanung. Das Jugendamt hat sich an den notwendigen Kosten zu beteiligen, außerdem die Gemeinden bei Kitas freier Träger, in deren Einzugsgebiet sich die Kita befindet. (§ 15 KTagStG)
Saarland	Der Träger stellt einen Finanzierungsplan auf und muss 30 %, die Gemeinde 20 %, der Landkreis 20 % und das Land 30 % übernehmen. Es werden pauschalierte Höchstbeträge angegeben. Die Kita muss 20 Jahre Bestand haben. Das Land entscheidet, welche Aufwendungen angemessen sind. (§ 16 VO-SKBBV)
Sachsen	Die Kosten tragen die Träger. Das Jugendamt hat angemessene Zuschüsse zu zahlen sowie die Gemeinde, wenn der freie Träger Eigenleistungen nicht erbringen kann. (§ 13 SächsKitaG)
Sachsen-Anhalt	Das Gesetz macht dazu keine Angaben.
Schleswig-Holstein	Die Finanzierung von Baukosten wird durch Eigenleistungen des Trägers, Zuschüsse der Gemeinden und des Kreises sowie durch das Land aufgebracht. Im Gesetz nicht mehr geregelt.
Thüringen	Pro neu geborenem Kind wird eine Infrastrukturpauschale von 1.000 € an die Gemeinden gewährt, die in Investitionen in Kitas sowie für die Errichtung neuer Spielplätze genutzt wird (§ 31 ThürKigaG).

Tabelle 35: Investitionskosten in den Bundesländern

21.13 Leitungsfreistellung

Bundesland	Wann ist die Leitung freigestellt?
Baden-Württemberg	Das Gesetz macht dazu keine Angaben. Die Aufgaben der Leitung und die Qualifizierung werden benannt (§ 7 (6 f.) KiTaG.
Bayern	Das Gesetz macht dazu keine Angaben.
Berlin	Pro Kind ist eine Freistellung von 0,0118 Stellen gegeben (§ 19 VO KitaFöG), dies ist bei 85 Kindern der Fall.
Brandenburg	Die Freistellung ist nach der Mitarbeiterzahl gestaffelt. Ab 15 Mitarbeitern ist die höchste Freistellunganteil mit einem Stundanteil von 0,5625 Stelle erreicht. (§ 5 KitaPersV).
Bremen	Ab 42 Plätze wird ein Gesamtleitungszuschuss in Höhe von 571 € pro Monat gewährt. Der Zuschuss steigt entsprechend der Kinderzahl an. Eine volle Stelle ist nicht vorgesehen (3.5 Richtlinien zur Förderung von Tageseinrichtungen ... in der Stadtgemeinde Bremen).
Hamburg	Eine Leitung ist freigestellt bei etwa 52 Krippenkindern bzw. 78 Kindergartenkindern. (Anlage 1 Landesrahmenvertrag)
Hessen	Das Gesetz macht dazu keine Angaben.
Mecklenburg-Vorpommern	Eine Leitungskraft ist angemessen von ihren unmittelbaren pädagogischen Aufgaben freizustellen (§ 15 KitaföG M-V).
Niedersachsen	Pro Gruppe ist die Leitung fünf Stunden freigestellt. Wenn es vier Gruppen sind und davon eine Gruppe Ganztagsplätze anbietet, werden zudem zehn Stunden Freistellung gewährt. (§ 5 (1) KiTaG)
Nordrhein-Westfalen	Der Einrichtungsleitung stehen je Gruppe mindestens fünf Stunden Leitungszeit wöchentlich zur Verfügung. Bei einer regelmäßigen Betreuungszeit von 35 Stunden erhöht sich die Leitungszeit auf mindestens sieben Stunden und bei einer regelmäßigen Betreuungszeit von 45 Stunden auf mindestens neun Stunden je Gruppe (§ 29 KiBiz).
Rheinland-Pfalz	Es sind sechs Stunden pro Gruppe Leitungsfreistellung vorgesehen, pro weitere Gruppe jeweils drei Stunden (Controlling-Papier 2000).
Saarland	Pro Gruppe ist die Leitung mit mindestens sechs Stunden pro Woche freigestellt. Für Einrichtungen mit einer Gruppe gilt dies nicht. Ab vier Gruppen kann eine Leitung freigestellt sein. (§ 12 VO-SKBBV)

Bundesland	Wann ist die Leitung freigestellt?
Sachsen	Ab 10 Vollzeitmitarbeitern ist eine pädagogische Fachkraft (vollzeit) freigestellt.(§ 12 (2) 4. SächsKitaG).
Sachsen-Anhalt	Die Leitung ist durch den Träger in angemessenem Umfang von der Betreuung freizustellen (§ 22 KiFöG).
Schleswig-Holstein	Für die Leitung einer Einrichtung wird pro Gruppe in der Regel mit einem fünftel einer Vollzeitstelle freigestellt (§ 29 (2) KiTaG).
Thüringen	Pro Kind sind 0,01 Vollzeitstellen vorgesehen, mindestens 0,2 Vollzeitstellen und maximal 1,5 Vollzeitstelle. Ab 100 Kindern ist die Leitung demnach freigestellt (§ 17 (3) ThürKigaG).

Tabelle 36: Leitungsfreistellung in den Bundesländern

21.14 Personalvorgaben

Bundesland	Was sagt das Gesetz über Fachkräfte und Betreuungsschlüssel aus?
Baden-Württemberg	Es sind Fachkräfte und Zusatzkräfte möglich. Zu Fachkräften gehören neben Erzieher*innen und Sozialpädagog*innen, Kindheitspädagog*innen ebenfalls Kinderpfleger*innen, Personen mit Lehramtsbefähigung, sowie therapeutische bzw. helfende Berufe, die eine 25-tägige Qualifizierungsmaßnahme in Pädagogik der Kindheit und Entwicklungspsychologie besuchen (§ 7 (2) KiTaG). Der Personalschlüssel ist abhängig von der Betreuungsdauer und dem Alter: Eine Regelgruppe mit sechs Stunden wird von 1,8 Fachkräften betreut (§ 1 KiTaVO).
Bayern	Es werden pädagogische Fach- und Ergänzungskräfte unterschieden. Fachkräfte sind Erzieher*innen und Sozialpädagog*innen, Hilfskräfte sind Kinderpfleger*innen sowie Berufspraktikant*innen mit einer zweijährigen vorwiegend pädagogischen Ausbildung (§ 16 AVBayKiBiG). Der *Anstellungsschlüssel* sagt aus, wie viele Betreuungsstunden der Kinder auf eine Stunde pro Mitarbeiterin fallen. Mindestens muss 1:11 gegeben sein, empfohlen wird 1:10. Wenn 20 Kinder jeweils 8 Stunden die Einrichtung besuchen und das Personal ebenfalls 8 Stunden anwesend ist, besteht ein *Anstellungsschlüssel* von 1:10. Alle mittelbaren Tätigkeiten sind darin ebenfalls enthalten (§ 17 (1) AVBayKiBiG).

Bundesland	Was sagt das Gesetz über Fachkräfte und Betreuungsschlüssel aus?
Berlin	Es werden Fachkräfte und geeignete Kräfte unterschieden (§ 10 (1) KitaFöG). Fachkräfte sind Erzieher*innen, Sozialarbeiter*innen, Sozialpädagog*innen, Diplom-Pädagog*innen und alle entsprechenden Bachelor- und Masterabsolvent*innen. Geeignete Kräfte kommen nur infrage bei bilingualer Ausrichtung, erfülltem Fachkräfteschlüssel, berufsbegleitender Ausbildung und ausreichenden beruflichen Erfahrungen. (§ 11 VO KitaFöG) Die Personalbemessung ist vom Alter der Kinder und der Verweildauer abhängig (§ 11 (2) KitaFöG). Ein Beispiel: Eine volle Stelle (38,5 Stunden) ist gegeben bei Kindern unter 2 Jahren für: • jeweils 3,75 Kinder bei Ganztagsförderung, • jeweils 5 Kinder bei Teilzeitförderung und • jeweils 7 Kinder bei Halbtagsförderung. Bei einer erweiterten Ganztagsbelegung werden Personalzuschläge gewährt.
Brandenburg	Die folgende Personalausstattung muss mit Fachkräften gegeben sein: Bei der Mindestbetreuungszeit (verlängerte Öffnungszeit) sind auf 5 U3-Kinder und 11 Ü3-Kinder 0,8 Stellen (1 Stelle) sowie auf 15 Schulkinder 0,6 Stellen (0,8 Stellen) vorgesehen. Zudem können ehren- und nebenamtliche Kräfte beschäftigt werden. (§ 10 KitaG)
Bremen	Fachkräfte sind Erzieher*innen und Sozialpädagog*innen (§ 10 (1) BremKTG). In Kindergärten und Horten ist eine Fachkraft für nicht mehr als 20 Kinder zuständig. In Krippen und ähnlichen Formen betreuen zwei Fachkräfte für nicht mehr als 8 Kinder. (§10 (3) BremKTG) Bei alterserweiterten Kindergartengruppen ab 18 Monaten betreuen zwei Fachkräfte 15 Kinder (12.1 Richtlinien für den Betrieb von Tageseinrichtungen für Kinder im Land Bremen – RiBTK).
Hamburg	Es sollen grundsätzlich Fachkräfte tätig sein. Im Einzelfall sind andere Professionen möglich, die zugelassen werden müssen. Es wird zwischen Erst- und Zweitkräften unterschieden. Erstkräfte sind Erzieher*innen und Sozialpädagog*innen, Zweitkräfte sind Kinderpfleger*innen und sozialpädagogische Assistent*innen. (§ 3 Landesrahmenvertrag)

Bundesland	Was sagt das Gesetz über Fachkräfte und Betreuungsschlüssel aus?
	Heilpädagog*innen sowie Erzieher*innen mit heilpädagogischen Zusatzqualifikation sind für die unmittelbare Förderung von behinderten sowie von Behinderung bedrohten Kindern zuständig (§ 7 Landesrahmenvertrag). Die *Erziehungsstunden* pro Kind sind gestaffelt nach dem Alter und der Betreuungsdauer pro Kind. Der Personalschlüssel liegt bei 1:7,6 in der Krippe und bei 1:12,5 bei Kindergartenkindern (4.4 Richtlinie für den Betrieb von Kindertageseinrichtungen).
Hessen	Neben pädagogischen Fachkräften werden Mitarbeiter*innen, die eine berufsbegleitende Ausbildung absolvieren, beschäftigt. (§ 25b HKJHG) Der personelle Mindestbedarf eines Kindes in einer Tageseinrichtung ergibt sich aus dem Produkt von Fachkraftfaktor (nach Alter differenziert) und Betreuungsmittelwert. Es folgt ein Aufschlag von 22 % der errechneten Arbeitszeit für Ausfallzeit (Krankheit, Fortbildung und Vor- und Nachbereitung). Daraus folgt: Auf vier U3-Kinder sowie auf 12 Ü3-Kinder ist je eine Fachkraft tätig. (§ 25c HKJHG) Eine Gruppe darf 25 Kinder nicht überschreiten, wobei Kinder bis 2 Jahren 2,5 mal und zwischen 2 und 3 Jahren 1,5 mal zählen. (§ 25d HKJHG)
Mecklenburg-Vorpommern	Die Betreuung erfolgt durch Fachkräfte, die eine mindestens dreijährige sozialpädagogische Ausbildung oder Studium absolviert haben. Daneben sind Assistenzkräfte mit einer mindestens zweijährigen sozialpädagogischen Ausbildung tätig. Ausnahmen sind im Einzelfall möglich. (§ 2 (6) bis (8) und § 13 (5) KitaföG M-V). Eine Fachkraft ist für sechs U3-Kinder, 15 Kindergartenkinder und 22 Hortkinder zuständig. Sie muss mindestens fünf Stunden täglich in der Gruppe mit den Kindern tätig sein. Für Vor- und Nachbereitung etc. sind zweieinhalb bzw. fünf Stunden pro Woche eingeplant. (§ 14 KitaföG M-V) Jährlich sind fünf Arbeitstage als Fort- und Weiterbildung zu gewähren (§ 17 (2) KitaföG M-V).

Bundesland	Was sagt das Gesetz über Fachkräfte und Betreuungsschlüssel aus?
Niedersachsen	Pro Gruppe ist eine Gruppenleitung (sozialpädagogische Fachkraft) sowie eine zweite geeignete Fach- oder Betreuungskraft (z.B. Kinderpfleger*in) tätig. Auch Spielgruppenleiter*innen können tätig sein (§ 4 KiTaG). In jeder Krippengruppe mit mindestens elf belegten Plätzen muss eine dritte Fach- oder Betreuungskraft regelmäßig tätig sein (§ 4 (4) KiTaG). Die Gruppengröße liegt bei Kindergärten bei 25 und bei Krippen bei 15 Kindern (§ 2 1. DVO-KiTaG). Damit besteht ein Personalschlüssel bei Kita von 1:12,5 und bei Krippe von 1:5.
Nordrhein-Westfalen	Pro Gruppe sind eine Fachkraft und eine Ergänzungskraft tätig. Fachkräfte sind Erzieher*innen, Kinderkrankenschwestern und Heilerziehungspfleger*innen sowie Absolvent*innen der Sozialen Arbeit, Erziehungswissenschaften und Kindheitspädagogik. Ergänzungskräfte sind Kinderpfleger*innen u.ä. §§ 1 Personalverordnung zu 28 KiBiz sowie Anlage zu § 33 KiBiz).
Rheinland-Pfalz	Kitagruppen haben 25 Kinder, wenn in der Mehrzahl Ganztagsplätze vergeben werden, dürfen es 22 Kinder sein. Wenn behinderte Kinder dabei sind, sind es 15 Kinder. Bei einer Altersmischung mit jüngeren Kindern werden ebenfalls 15 Kinder betreut. (§ 2 (2) f. Landesverordnung zur Ausführung des KTagStG) In der Krippe sind 8 bis 10 Kinder in einer Gruppe (§ 4 Landesverordnung zur Ausführung des KTagStG). Im Hort werden 15 bis 20 Kinder betreut (§ 3 Landesverordnung zur Ausführung des KTagStG). Pro Kita-Gruppe sind 1,75 Stellen vorgesehen, in der Krippe sind es 2 Stellen und im Hort 1,5 Stellen (§ 2 ff. Landesverordnung zur Ausführung des KTagStG). Demnach ergibt sich ein Personalschlüssel von 1:3,8 (Krippe) und 1:9 (Kita). Aus besonderen Gründen kann nach Absprache zusätzliches Personal eingestellt werden.
Saarland	Es sollen pro Gruppe 2/3 Fachkräfte und ein Drittel Kinderpfleger*innen und Kinderkrankenpfleger*innen eingesetzt werden. Bei sechs Stunden Betreuungszeit sind in der Krippe zwei Fachkräfte mit 11 Kindern tätig, im Kindergarten und im Hort eine Fachkraft bis höchstens 16 Kinder, in altersgemischten Gruppen zwei Fachkräfte. (§ 3 (4) SKBBV) Bei längerer Betreuungszeit wird dies entsprechend angepasst.

Bundesland	Was sagt das Gesetz über Fachkräfte und Betreuungsschlüssel aus?
	Es gibt folgende Gruppenformen: Kindergärten mit mindestens 20 höchstens 25 Kindern, Kinderkrippen mit 10 bis 11 Kindern (in Ausnahme 12) sowie Horte mit mindestens 15 und höchstens 20 Kindern (§ 10 VO SKBBV)
Sachsen	In der Krippe ist eine Fachkraft für fünf Kinder zuständig, im Kindergarten für 12 Kinder. Im Hort sind 0,9 Fachkräfte für 20 Kinder vorgesehen. Dies gilt bei einer neunstündigen Betreuung und wird bei kürzerer Betreuungszeit anteilig berechnet. (§ 12 SächsKitaG) Das Gesetz unterscheidet Fachkräfte, heilpädagogische Fachkräfte sowie Personen, die berufsbegleitend einen Abschluss z.B. zur Erzieher*in erwerben (§ 1 SächsQualiVO).
Sachsen-Anhalt	Es sind Fachkräfte vorgesehen, zudem können auf Antrag beim örtlichen Träger der öffentlichen Jugendhilfe Personen mit weiteren Qualifikationen zugelassen werden. Hilfskräfte wie Kinderpfleger*innen und Sozialassistent*innen können bei Berufserfahrung und entsprechender Fortbildung in gleichem Umfang wie Fachkräfte eingesetzt werden. (§ 21 KiFöG) Bei Ü3-Kindern liegt der Personalschlüssel bei 1:12,05. Bei U3-Kindern liegt er derzeit bei 1:5,35. (§ 21 (2) KiFöG)
Schleswig-Holstein	Als Leitung und Gruppenleitung sind Fachkräfte tätig. Weitere Kräfte können beschäftigt werden. Nicht ausgebildete Kräfte können nur zusätzlich eingesetzt werden. Als Beispiel zwei Fachkräfte in Regel-Krippengruppen, Regel-Kindergartengruppen, integrativen Kindergartengruppen, Naturgruppen, Regel-Hortgruppen und altersgemischten Gruppen. (§ 26 KiTaG)
Thüringen	Grundsätzlich sind Fachkräfte vorgesehen, darüber hinaus hat das Ministerium die Möglichkeit, generell oder im Einzelfall Personal als fachlich geeignet anzuerkennen (§ 16 (1) ThürKigaG). Pro Fachkraft sollen vier Kinder im ersten Lebensjahr, sechs Kinder zwischen 1. und 2. Lebensjahr, acht Kinder zwischen 2. und 3. Lebensjahr, 12 bis 16 Kinder ab drei Jahren und 20 Kinder im Grundschulalter betreut werden. Es müssen pro Einrichtung mindestens zwei Fachkräfte tätig sein. (§ 16 (4) ThürKigaG).

Tabelle 37: Personalvorgaben in den Bundesländern

21.15 Privat-gewerbliche Träger

Bundesland	Sind privat-gewerbliche Träger gesetzlich erlaubt?
Baden-Württemberg	Ja (§1 KiTaG BW)
Bayern	Ja (Art. 3 (4) BayKiBiG)
Berlin	Nein, es sind nur anerkannte Träger der freien Jugendhilfe nach § 75 SGB VIII, die gemeinnützig sind, vorgesehen (§ 23 (3) KitaFöG).
Brandenburg	Eingeschränkt: Kitas können von Behörden, Körperschaften, Betrieben und privaten Einrichtungen betrieben werden. Sie sind zu Toleranz und religiöser Offenheit verpflichtet. (§14 KitaG)
Bremen	Nein, es sind nur gemeinnützige Träger erlaubt (§ 8 (1) BremKTG).
Hamburg	Ja, es sind Träger möglich, die die Vereinbarung zur Qualitätsentwicklung sowie die Grundsätze zur Leistungsabrechnung unterzeichnen, diese müssen sich zu einer Vereinigung sonstiger Leistungserbringer zusammenschließen. (§ 15 (1) KibeG)
Hessen	Ja, es sind auch sonstige geeignete Träger möglich (§ 25 (3) HKJHG).
Mecklenburg-Vorpommern	Ja, es werden andere Träger zugelassen, die die Voraussetzungen nach § 74 Abs. 1 Satz 1 Nr. 1, 2 und 5 SGB VIII erfüllen. Sie müssen demnach keine gemeinnützigen Ziele haben und auch keine Eigenleistung erbringen. § 2 (9) Punkt 4. KitaföG M-V
Niedersachsen	Eingeschränkt: Es sind Träger möglich, die Betriebskindertagesstätten betreiben und mindestens ein Drittel andere Kinder aufnehmen (§ 15 KiTaG).
Nordrhein-Westfalen	Ja, es sind auch Unternehmen, privatgewerbliche Träger und nicht anerkannte Träger der freien Jugendhilfe möglich (§ 25 (2) KiBiz).
Rheinland-Pfalz	Eingeschränkt: Betriebe und öffentliche Einrichtungen können nach Vereinbarung mit dem Jugendamt eine Förderung für eine Kita für den Bedarf ihrer Angehörigen und Mitarbeiter erhalten, wenn diese im Bedarfsplan ausgewiesen ist (§ 10 (3) KTagStG).
Saarland	Eingeschränkt: Andere Träger sind möglich, sie müssen durch das örtliche Jugendamt anerkannt werden (SKBBG).

Bundesland	Sind privat-gewerbliche Träger gesetzlich erlaubt?
Sachsen	Eingeschränkt: Private Träger können Kitas betreiben, allerdings haben Träger der freien Jugendhilfe Vorrang (§ 9 SächsKitaG).
Sachsen-Anhalt	Eingeschränkt: Es sind Betriebskindertagesstätten möglich, die sämtliche Kinder eines Einzugsgebietes aufnehmen. Alle anderen Träger müssen gemeinnützig sein. (§ 9 KiFöG)
Schleswig-Holstein	Ja, andere Träger wie Unternehmen, privatgewerbliche Träger und nicht anerkannte Träger der freien Jugendhilfe sind unter Vorbehalt vorgesehen (§ 12 (2) KiTaG).
Thüringen	Eingeschränkt: Sonstige Träger sind Elterninitiativen und Betriebe. Alle anderen Träger sind nicht auf Gewinnerzielung aus. (§ 6 (1) ThürKigaG).

Tabelle 38: Privat-gewerbliche Träger in den Bundesländern

21.16 Qualitätsentwicklung

Bundesland	Welche Vorgaben werden bezüglich der Weiterentwicklung der Qualität gemacht?
Baden-Württemberg	Die Qualität wird durch verpflichtende Festlegung der personellen Ausstattung gewährleistet (§ 2a KiTaG).
Bayern	Es sind geeignete Qualitätssicherungsmaßmahmen vorzuhalten. Es wird ein Qualitätsbonus zur Verbesserung der Qualität gezahlt (Art. 23(1) BayKiBiG), wenn alle Fördervoraussetzungen vorliegen (Art. 17 (1) BayKiBiG).
Berlin	Es werden verbindliche Vereinbarungen zur Qualitätssicherung und -entwicklung zwischen Senat und Trägern getroffen (§ 13 KitaFöG). Die Qualitätsvereinbarung Tageseinrichtungen (QVTAG, Stand: 20.12.2017) besagt, dass jede Kita alle fünf Jahre extern evaluiert werden soll. Jeder Träger kann zwischen verschiedenen Anbietern und Methoden wählen, damit bestehende Systematiken weiter ihre Gültigkeit behalten. Zudem richten sich die Träger nach den Inhalten des Berliner Bildungsprogramms, auch in ihrer Konzeption. Weitere Maßnahmen ergänzen die Vereinbarung.

Bundesland	Welche Vorgaben werden bezüglich der Weiterentwicklung der Qualität gemacht?
Brandenburg	Die Jugendämter können den Kindertagesstätten Qualitätsfeststellungen vorschreiben (§ 3 (4) KitaG). Zudem gelten »*Grundsätze elementarer Bildung – Kindertagesbetreuung in Brandenburg von der Geburt bis zum Ende der Grundschulzeit«, als 2. Auflage (2016) erschienen*, an die sich alle Kitas halten müssen.
Bremen	Die Qualität muss regelmäßig überprüft und weiterentwickelt werden. Zudem ist den Fachkräften Fortbildung zukommen zu lassen (§ 8 (2) BremKTG).
Hamburg	Alle zwei Jahre muss jeder Träger mit einem anerkannten Verfahren seiner Wahl die Qualität der Einrichtung überprüfen sowie diese bei Bedarf anpassen. Eine Berichterstattung darüber wird angestrebt. (§ 16 Landesrahmenvertrag) Im Rahmen der Kindertages-Inspektion können anlassbezogen Prüfungen durchgeführt werden, ob die Voraussetzungen aller gesetzlichen Rahmenbedingungen tatsächlich umgesetzt werden. Der Zugang zu den Räumen muss gewährt sowie Befragungen des Personals ermöglicht werden. (§ 17 KibeG)
Hessen	Zur Weiterentwicklung können Modellvorhaben vom Land gefördert werden (§ 32e HKJGB). Zudem ist Fachberatung für jede Kita vorgesehen (§ 32b HKJGB).
Mecklenburg-Vorpommern	Die Träger sind zur Qualitätsentwicklung und -sicherung verpflichtet, die auf Basis einer wissenschaftlichen Evaluation erfolgt, welche das zuständige Ministerium auf Grundlage der Bildungskonzeption entwickelt. (§ 12 KitaföG M-V)
Niedersachsen	Das Gesetz macht dazu keine Angaben.
Nordrhein-Westfalen	Für die Weiterentwicklung ist eine kontinuierliche Evaluierung erforderlich, wobei die Träger Qualitätskriterien entwickeln sowie Qualitätsentwicklungsmaßnahmen durchführen sollen. Es wird die schriftliche Konzeption, ein Trägerkonzept und die Darstellung über die Durchführung von Qualitätsentwicklungsprozessen genannt. Eine externe Evaluierung kann durch die oberste Landesjugendbehörde durchgeführt werden. (§ 31 KiBiz)
Rheinland-Pfalz	Die Träger sollen die Qualität sicherstellen und weiterentwickeln, insbesondere für das Vorschuljahr (§ 9a KTagStG).
Saarland	Das Gesetz macht dazu keine Angaben.

Bundesland	Welche Vorgaben werden bezüglich der Weiterentwicklung der Qualität gemacht?
Sachsen	Für Qualitätssicherung und -entwicklung ist der Träger zuständig. Die Qualitätssicherung soll in der Konzeption festgeschrieben werden. Zudem sollen Fortbildung sowie Fachberatung für alle Mitarbeiter*innen zur Verfügung stehen. (§ 21 SächsKitaG) Es können Modellprojekte gefördert werden, die sich zum Beispiel mit der Vereinbarkeit von Familie und Beruf befassen (§ 22 SächsKitaG).
Sachsen-Anhalt	Grundlage ist das Bildungsprogramm »Bildung: elementar – Bildung von Anfang an« unter besonderer Beachtung der Sprachförderung. Jede Tageseinrichtung hat nach einer Konzeption und einem durch den Träger frei zu wählenden Qualitätsmanagementsystem eigenverantwortlich zu arbeiten. (§ 5 (3) KiFöG)
Schleswig-Holstein	Fort-, Weiterbildung und Fachberatung sind von den pädagogischen Kräften in Anspruch zu nehmen (§ 19 und § 20 KiTaG). *Kommissionen* aus Vertretern von Beteiligten können im Auftrag des Ministeriums gebildet werden, die Analysen vornehmen und Empfehlungen aussprechen (§ 20 KiTaG). Modellversuche werden initiiert (§ 21 KiTaG).
Thüringen	Jede Kita soll durch kontinuierliche Selbstevaluation unter Einbezug der Eltern und in Verbindung mit Zielvereinbarungen an der Weiterentwicklung der Qualität arbeiten (§ 7 (7) ThürKigaG). Die Qualitätsentwicklung wird eng an Fachberatung geknüpft (§ 4 ThürKitaVO und § 6 (3) ThürKigaG).

Tabelle 39: Qualitätsentwicklung in den Bundesländern

21.17 Vorschriften zur Kindertagespflege

Bundesland	Wie ist die Kindertagespflege geregelt?
Baden-Württemberg	Eine Förderung der Tagespflege wird erst gewährt, wenn der Betreuungsbedarf festgestellt wurde nach § 24 sowie § 24 a SGB VIII (§ 8b KiTaG).
Bayern	Eine Tagespflegeperson darf mit höchstens acht Kindern einen Vertrag abschließen. In einer Großtagespflege-Stelle muss, wenn mehr als acht Kinder betreut werden, eine pädagogische Fachkraft tätig sein. Wenn gleichzeitig mehr als zehn Kinder anwesend sind oder insgesamt mehr als 16 Pflegeverträge abgeschlossen wurden, ist eine Betriebserlaubnis nach § 45 SGB VIII nötig. (Art. 9 (2) BayKiBiG)
Berlin	Die Tagespflegeperson muss über vertiefte Kenntnisse in der Kindertagespflege verfügen. Mit jeder Tagespflegeperson wird ein Vertrag abgeschlossen, der Vereinbarungen über Standards und Weiterbildung enthält. Es ist ein landeseinheitliches Bildungsprogramm einschließlich Sprachdokumentation umzusetzen. Folgende Betreuungszeiten sind möglich: halbtags, Teilzeit, ganztags und eine erweiterte Ganztagsförderung. (§ 17 KitaFöG). Urlaub und Krankheit werden bei der Förderung berücksichtigt (§ 18 (2) KitaFöG).
Brandenburg	Bei einer Betreuung über 15 Stunden pro Woche wird eine Pflegeerlaubnis erteilt. Darin steht auch die Höchstanzahl der zu betreuenden Kinder, welche entsprechend dem Kindeswohl, der Qualifizierung, Eignung und Leistungsfähigkeit der Tagespflegeperson eingeschätzt wird. Werden mehr als fünf Kinder betreut, muss eine Betriebserlaubnis erteilt werden. (§ 20 KitaG)
Bremen	Die Kindertagespflege darf höchstens für 60 Wochenstunden angeboten werden. Es dürfen nicht mehr als fünf Kinder betreut werden. Die Betreuung muss für das Wohl des Kindes geeignet sein, dies wird im Einzelfall geprüft. (§ 15 BremKTG)

Bundesland	Wie ist die Kindertagespflege geregelt?
Hamburg	Es geht um die höchstpersönliche Förderung der Kinder durch geeignete Tagespflegepersonen, die sich durch ihre Persönlichkeit, Sachkompetenz, Kooperationsbereitschaft sowie ihre fachliche Qualifikation auszeichnen (§ 1 u. 2 KTagPflVO). Die Qualifizierung umfasst insgesamt 180 Stunden. Ein Kurs in »Erster Hilfe am Kind« sowie eine Anmeldung als Lebensmittelunternehmer, wenn die Betreuung nicht im Haushalt des Kindes erfolgt, sind notwendig (§ 2 (7) KTagPflVO). Großtagespflege ist mit bis zu vier Tageseltern möglich, die jeweils ihre »eigenen« Kinder betreuen (§ 4 KTagPflVO). Es wird ein Tagespflegegeld gezahlt (§ 5 f. KTagPflVO).
Hessen	Fünf Kinder dürfen gleichzeitig betreut werden, insgesamt sind es nicht mehr als zehn. In den Räumen darf nicht geraucht werden. Wenn mehrere Tagespflegepersonen sich zusammenschließen, müssen sich die Kinder pro Person zuordnen lassen, ansonsten ist es eine Tageseinrichtung. (§ 29 HKJHG) Es werden Pauschalen pro Kind im Abhängigkeit vom Alter gezahlt (§ 32a HLKJH).
Mecklenburg-Vorpommern	Die Betreuungsdauer entspricht der von Kitas (§ 7 KitaföG M-V). Die Betreuung erfolgt durch eine fachlich qualifizierte Tagespflegeperson, die durch das Jugendamt der Kommune vermittelt werden. Diese müssen pro Jahr 25 Stunden Fortbildung in Anspruch nehmen. (§ 20 KitaföG M-V)
Niedersachsen	Das Gesetz erwähnt Kindertagespflege bei unvorhersehbarem Bedarf, wenn eine andere Betreuungsform nicht möglich ist (§ 12 (4) KiTaG).
Nordrhein-Westfalen	Pro Tagespflegeperson dürfen fünf gleichzeitig anwesende Kinder betreut werden, insgesamt höchstens acht. Bei der Großtagespflege betreuen höchstens drei Tagespflegepersonen bis zu neun Kinder. Eine Tagespflegeerlaubnis wird beim Jugendamt beantragt. Die Betreuung kann auch in angemieteten Räumen stattfinden. (§ 22 KiBiz) Tagespflegepersonen benötigen eine Qualifikation und sie sind den Grundsätzen der Bildungs- und Erziehungsarbeit nach § 21 KiBiz verpflichtet.
Rheinland-Pfalz	Die Tagespflege kann von geeigneten Tagespflegepersonen durchgeführt werden. Es werden bis zu fünf Kindern betreut (§ 1 (5) KTagStG).

Bundesland	Wie ist die Kindertagespflege geregelt?
Saarland	Wer als Tagespflegeperson mit mehr als 15 Stunden arbeiten möchte, bedarf einer Erlaubnis, die zu beantragen ist. Voraussetzung ist eine Qualifizierung. Die Jugendämter bzw. beauftragte Stellen beraten und bilden dazu fort. Die Erlaubnis gilt für höchstens fünf Kinder und fünf Jahre. (§ 5 SKBBV). Tagespflegepersonen erhalten vom Jugendamt eine laufende Geldleistung (§ 18 VO SKBBV).
Sachsen	Kindertagespflege ist eine Alternative zur Förderung in Kindertageseinrichtungen (§ 2 (6) SächsKitaG). Die Tagespflegeperson muss über einen pädagogischen Abschluss verfügen oder die *DJI-Fortbildung von Tagespflegepersonen* absolvieren (§ 3 SächsQualiVO). Die Kosten für die Tagespflege werden durch Elternbeiträge sowie durch die Gemeinde finanziert. Jede Tagespflegeperson trifft dazu mit der Gemeinde eine Vereinbarung. (§ 14 (6) SächsKitaG)
Sachsen-Anhalt	Die Tagespflege ist Alternative sowie Ergänzung zur Kita. Die Tagespflegestellen sollen ihr Angebot in Kooperation mit Tageseinrichtungen konzipieren. Alle Aufgaben der Kitas gelten entsprechend für die Tagespflege. (§ 6 KiFöG)
Schleswig-Holstein	Näheres zur Kindertagespflege regelt das KiTaG in § 43 bis § 50. Die Tagespflege kann in einer Tagespflegestelle als selbstständige Tätigkeit oder in Anstellung bei einem Träger ausgeübt werden. Die Förderung erfolgt durch den örtlichen Träger. Elternbeiträge werden an diesen bezahlt. Es werden pro Tagespflegeperson fünf Kinder gleichzeitig betreut, in der Summe können dies bis zu zehn verschiedene Kinder sein (§ 43 (4) KiTaG).
Thüringen	Die Tagespflege ist für Kinder unter drei Jahren anstelle oder in Ergänzung zur Kita vorgesehen. Die öffentliche Finanzierung wird über eine Vereinbarung über den örtlichen Träger der öffentlichen Jugendhilfe abgeschlossen. (§ 21 (2) ThürKigaG und ThürKitaPflegVO). Die Elternbeiträge fallen in gleicher Höhe wie in der Kindertagesbetreuung an (§ 29 ThürKigaG).

Tabelle 40: Vorschriften zur Kindertagespflege in den Bundesländern

22 Hilfreiche Webseiten

Bildungspaket

Bundesministerium für Arbeit und Soziales (2014): Das Bildungspaket. Online verfügbar unter *http://www.bildungspaket.bmas.de/das-bildungspaket.html*, zuletzt geprüft am 27.08.2020.

Buchhaltung

Collmex GmbH (2014): Einführung in die Buchhaltung. Für Praktiker aus Unternehmen mit Buchungssätzen und Kontierungslexikon. Online verfügbar unter *www.collmex.de/einfuehrung_buchhaltung.html*, zuletzt geprüft am 27.08.2020.

Datenschutz

Datenschutzinformationen über das Bundesland Hessen finden Sie unter *https://laghessen.de/beratung/datenschutz/*

Gewerbemietvertrag: Muster

Industrie und Handelskammer Frankfurt am Main (2017): Gewerberäume-Mietvertrag (Muster). Online verfügbar unter *http://www.frankfurt-main.ihk.de/recht/mustervertrag/mietvertrag_gewerbe/#_ftn5*, zuletzt geprüft am 27.08.2020.

Landesjugendämter

Bundesarbeitsgemeinschaft Landesjugendämter (2017): Landesjugendämter. Online verfügbar unter *http://www.bagljae.de/content/landesjugendaemter/kontakt-ljae/*, zuletzt geprüft am 27.08.2020.

Ländermonitor Frühkindliche Bildungssysteme

Bertelsmann Stiftung (Hrg.) (2017): Ländermonitor Frühkindliche Bildungssysteme. Online verfügbar *https://www.laendermonitor.de/de/startseite*, zuletzt geprüft am 27.08.2020.

Stiftungssuche

Bundesverband Deutscher Stiftungen (2014): Stiftungssuche. Online verfügbar unter *https://stiftungssuche.de,* zuletzt geprüft am 27.08.2020. (Von deutschlandweit 19.000 Stiftungen sind 9.000 hinterlegt).

Tarifrechner und Eingruppierung

ISAR GmbH (2014): TVöD Sozial- und Erziehungsdienst – Entgeltgruppen. Online verfügbar unter *https://oeffentlicher-dienst.info/tvoed/sue/*, zuletzt geprüft am 27.08.2020.

23 Literaturempfehlungen

Aufgaben als Arbeitgeber

Eltern helfen Eltern (Hrsg.) 2013: Betrifft: Sachversicherungen. Eigenverlag, Münster. Download unter https://www.eltern-helfen-eltern.org/service/Betrifft%20Sachversicherungen-150916.pdf, zuletzt geprüft am 27.08.2020.

KleinKinderTagesstätten (KKT) e.V.(Hrsg.) (2010): Elterninitiativen als Arbeitgeber. Eigenverlag, München. Download unter https://www.eltern-helfen-eltern.org/service/Inhalt-Arbeitgeber-020611.pdf, zuletzt geprüft am 27.08.2020.

Datenschutz

Ehmann, Eugen; Kranig, Thomas (2017): Erste Hilfe zur Datenschutz-Grundverordnung für Unternehmen und Vereine. C.H.Beck, München.

LAG Freie Kinderarbeit Hessen e.V. (Hrsg.) (2021): Datenschutz nach DSGVO. Verfügbar unter https://laghessen.de/beratung/datenschutz/, zuletzt geprüft am 28.02.2021.

Gründung

BAGE Bundesarbeitsgemeinschaft für Elterninitiativen e.V. (Hrsg.) (2011): Gründungsleitfaden für Elterninitiativen. Eigenverlag, Berlin. https://bage.de/publikationen/bage-gruendungsleitfaden/, zuletzt geprüft am 27.08.2020.

Landesarbeitsgemeinschaft Freie Kinderarbeit Hessen e.V. (Hrsg.) (2010): Leitfaden für Elterninitiativen. Wie gründe ich eine selbstorganisierte Kindertageseinrichtung? ABC für den laufenden Betrieb. 4. Aufl., Eigenverlag, Frankfurt/Main.

Von Langen, Tanja (2013): Krippe – aber sicher. FAQ zu Bau und Betrieb von Krippen und altersgemischten Gruppen. Herder, Freiburg im Breisgau.

Ernährung und Hygiene

Diakonia inhouse (Hrsg.) (2014): Rahmenhygieneplan für die Kita – Hygienestandards erfolgreich umsetzen. Carl Link, Kronach.

Arens-Azevêdo, Ulrike; Pfannes, Ulrike; Tecklenburg, Ernestine (2014): Is(s)t KiTa gut? KiTa-Verpflegung in Deutschland: Status quo und Handlungsbedarfe. Im Auftrag der Bertelsmann Stiftung. Online verfügbar unter https://www.bertelsmann-stiftung.de/fileadmin/files/BSt/Publikationen/GrauePublikationen/GP_Isst_Kita_gut.pdf, zuletzt geprüft am 08.04.2017.

Kinderschutz

Bundesarbeitsgemeinschaft Elterninitiativen BAGE e.V. (Hrg.) (2016): Leitfaden zur Umsetzung des Bundeskinderschutzgesetzes. Online bestellbar unter https://bage.de/publikationen/bage-kinderschutzleitfaden/, zuletzt geprüft am 22.01.2018.

Kindertagespflege

Bendt, Ute; Erler, Claudia (2012): Tagesmutter werden – Tagesmutter sein. Der Praxisratgeber für die professionelle Kindertagespflege; von A wie Anmeldung bis Z wie Zusammenarbeit mit den Eltern. Verlag an der Ruhr, Mülheim an der Ruhr.

Bundesministerium für Familie, Senioren, Frauen und Jugend (Hrsg.) (ohne Jahr): Handbuch Kindertagespflege. Online verfügbar unter http://www.handbuch-kindertagespflege.de, zuletzt geprüft am 27.08.2020.

Hinke-Ruhnau, Jutta (2013): Kindertagespflege. Arbeitsbuch für Tagesmütter und Tagesväter. 1. Aufl., Cornelsen (Frühe Kindheit), Berlin.

Vierheller, Iris; Teichmann-Krauth, Cornelia (2013): Recht und Steuern in der Kindertagespflege. Grundlagen und Empfehlungen für die Praxis. 2. Aufl., Carl Link, Kronach.

Räume

Bendt, Ute; Erler, Claudia (2013): Spielbudenideen. Praxislösungen zur Raumgestaltung in Kita und Kindertagespflege. Mülheim an der Ruhr: Verlag an der Ruhr.

Bettina Rühm (2016): Neue Kindergärten, Krippen, Horte. Neubau – Umnutzung – Freiraumplanung. DVA Deutsche Verlags-Anstalt.

Steuern und Gemeinnützigkeit

Finanzministerium des Landes NRW (Hrsg.) (2015): Vereine & Steuern. Arbeitshilfe für Vereinsvorstände und Mitglieder. 9. Aufl., Eigenverlag, Düsseldorf. Download/Bestellung unter https://www.finanzverwaltung.nrw.de/de/vereine-steuern-arbeitshilfe-fuer-vereinsvorstaende-und-mitglieder, zuletzt geprüft am 27.08.2020.

Trägerqualität

Bundesarbeitsgemeinschaft Elterninitiativen e.V. (Hrsg.) (2014): Die besondere Qualität. Rahmenkonzept der BAGE zur besonderen Qualität von Elterninitiativen. 2. überarb. Aufl. Eigenverlag, Berlin. Zu bestellen unter https://bage.de/publikationen/bage-qualitaetshandbuch/, zuletzt geprüft am 27.08.2020.

Hugoth, Matthias; Roth, Xenia (2007): Handbuch für Träger von Kindertageseinrichtungen. München: Link (Praxis der Kindertageseinrichtungen).

Ihlenfeld, Lars; Holger, Klaus (2014): Rechte und Pflichten in der Kita. Was Kinder dürfen und Erzieherinnen müssen. 1. Aufl. Weinheim, Basel, Berlin: Beltz.

Staatsinstitut für Frühpädagogik (Hrsg.) 2017: Träger zeigen Profil Instrument zur Selbstevaluation für Träger im System der Kindertageseinrichtungen. Download unter https://www.kita-bildungsserver.de/praxis/forschung/tqtraegerqualitaet-kriterien-zur-erfassung-der-qualitaet-von-traegern/, zuletzt geprüft am 27.08.2020.

Rechtsformen

Eltern helfen Eltern (Hrsg.) 2016: Betrifft: Vorstandsarbeit. Eigenverlag, Münster. Download unter https://www.eltern-helfen-eltern.org/service/Inhalt-Vorstandsarbeit-120416.pdf, zuletzt geprüft am 27.08.2020.

Stichwortverzeichnis

V

W

Z

TAROT
DES MITTELALTERS

Die Geheimnisse des Weges der Eingeweihten

Übersetzt und bearbeitet, mit zusätzlichem Material von
CAITLÍN MATTHEWS

nach dem Originaltext von
FRANCIS ROLT-WHEELER

Originalillustrationen von Christian Loring bearbeitet von
WIL KINGHAN

Librero

Originaltitel: *Tarot Médiéval*

www.librero-ibp.com

Ursprünglich herausgegeben von REDFeather Mind, Body, Spirit, einem Imprint von Schiffer Publishing, Ltd.

Design: Brenda McCallum

Übersetzung aus dem Englischen:
Angela Decker, Wien
Redaktion und Satz der deutschen Ausgabe:
Print Company Verlagsges.m.b.H., Wien

ISBN: 978-94-6499-061-4

Printed in China